LOS SECRETOS

del Examen

GED

Guía del Estudio

Su Llave al Éxito del Examen

Repaso del Examen GED para el

Pruebas de Desarrollo Educativo General

Written and edited by the GED Exam Secrets Test Prep Staff

Printed in the United States of America

This paper meets the requirements of ANSI/NISO Z39.48-1992 (Permanence of Paper).

ISBN 13: 978-1-62733-693-2
ISBN 10: 1-62733-693-1

Estimado/a historia de éxito futuro:

¡Felicidades en su compra de nuestra guía! Nuestra meta en escribir esta guía fue cubrir el contenido del examen y también darle información sobre los errores comunes que suelen cometer en los exámenes y explicarle cómo sobresalir de ellos.

Los exámenes estándares son un clave importante de tener éxito. Esto significa que hay mucha presión para hacer lo mejor que puede durante el día del examen. El éxito que tiene en este examen va a tener un impacto significante en su futuro – y tenemos la investigación y el consejo práctico para ayudarlo/a hacer su mejor el día del examen.

El producto que está leyendo ahora se diseño para explotar las debilidades en el examen propio y le da información para que Usted evite los errores más comunes que suelen cometer los que toman los exámenes.

Cómo usar esta guía

No queremos gastar su tiempo. Nuestra guía le da información en una manera marcada y sin cosas extras. Le sugerimos que la repase varias veces, como la repetición es una parte importante del aprendizaje de nuevos conceptos e información.

Primero, lea la guía entera para que tenga un bosquejo del contenido y organización de ella. Lea las estrategias generales para el éxito primero y luego siga a las secciones del contenido. Cada informe ha sido seleccionado para su eficacia.

Luego, lea la guía entera otra vez y tome apuntes en las márgenes y use un marcatexto para las secciones en las cuales Usted tenga una debilidad específica.

Finalmente, traiga la guía consigo el día del examen y estúdiela antes de que empiece el examen.

Su éxito es nuestro éxito

Nos gustaría que nos informaras de su éxito. Nos puede mandar un correo y contarnos su historia. Gracias por su negocio y le esperemos lo mejor-

Sinceramente,

El Equipo de Apoyo de Mometrix Test Preparation Team

ÍNDICE

Los 20 Mejores Informes Secretos Para Tomar el Examen

1. Siga con cuidado las reglas para el registro para el examen
2. Sepa las instrucciones para el examen, cuánto tiempo va a durar, los temas, los tipos de preguntas y cuántas preguntas hay
3. Organice un horario de estudios flexibles por lo mínimo unas 3-4 semanas antes del día de examen
4. Estudie durante la parte del día cuando Ud. está el más alerto/a, relajado/a y libre del estrés
5. Aproveche de su estilo de aprendizaje; los que aprenden al usar cosas visuales deben usar auxilios visuales; los que aprenden al escuchar, deben usar auxilios auditorios.
6. Enfóquese en su base de conocimiento menos fuerte
7. Busque un compañero/a con quien puede repasar y quien puede ayudar aclarar sus dudas
8. Practique, practique, practique
9. Duerma bien la noche antes del examen; no intente aprender todo la noche antes del examen
10. Coma bien antes del examen
11. Aprenda el lugar exacto en donde va a tomar el examen; maneje allí otro día antes del día del examen para saber bien cómo llegar
12. Traiga unos tapones para el oído; el lugar en donde se toma el examen puede tener mucho ruido
13. Lleve ropa cómoda. Lleve algo que se puede quitar y traiga ropa para cualquier ambiente. Puede hacer o mucho frío o mucho calor en el lugar en donde va a tomar el examen
14. Traiga por mínimo 2 formas de credencial actualizadas al examen
15. Llegue temprano; Esté preparado para esperar y tenga paciencia
16. Elimine las opciones que son obviamente incorrectas y luego adivine con la primer opción que le quede
17. Tome su tiempo. No tenga prisa, siga adelante en el examen si no sabe la respuesta a una pregunta
18. Mantenga una actitud positiva aun si le parece que no le va bien en el examen
19. Quédese con su primera respuesta al menos que esté seguro/a que es incorrecta por definitivo
20. Cheque su trabajo; no haga errores sin querer

Examen de Las Capacidades de Escribir

Examen de las Capacidades de Escribir - Parte 1

La Puntuación

Si un fragmento de un texto tiene una raya, un paréntesis o una coma al principio de una frase, entonces Usted puede estar seguro/a que debe de haber una raya, una paréntesis o una coma que cierre el fragmento al final de la frase. Si todas las palabras en una serie de palabras tienen una coma que las separe, entonces, cualquieras otras palabras en la serie también va a tener coma. No se puede intercambiar la puntuación. Si hay una raya al inicio de una frase, entonces, la frase no se puede terminar con un paréntesis.

La Confusión de Palabras.

"que" se puede referir solamente a las cosas.
El perro de John, que se llama Max, es grande y feroz.
"cual" se puede usar para referir a o las personas o las cosas.
¿Es éste el libro que escribió Louis L'Amour?
¿Es Louis L'Amour el autor que escribió las novelas de la vida del Oeste?
"Quien(es)" se puede referir solamente a las personas.
Mozart ere el compositor quien escribió estas óperas.

El Uso de los Pronombres

Para determinar cuál pronombre sería el correcto en una oración compuesta, hay que intentar cada sujeto con el verbo, cambiando la forma cuando sea necesario. Su oído le dirá cuál forma es la correcta. Por ejemplo: Bob y (yo, mi) vamos a ir. Bob va a ir. Yo voy a ir. "Mi va a ir" no hace sentido. Cuando se usa un pronombre inmediatamente después de un sustantivo (como en "nosotros chicos"), diga la oración sin el sujeto extra. Su oído le dirá cuál pronombre usar. Por ejemplo: (Nosotros/Los nosotros) jugamos al fútbol americano el año pasado.

Diga dos veces la oración, sin el sustantivo. Nosotros jugamos al fútbol americano el año pasado. Los nosotros jugamos al fútbol americano el año pasado. Obviamente, "Nosotros jugamos al fútbol americano el año pasado" hace más sentido.

Las Comas

La Fluidez

Las comas impiden la fluidez del texto. Para determinar si sean necesarias o no, mientras lee, tome una pausa a cada coma. Si la pausa le parece natural, entonces, son correctas. Si no le parecen naturales, entonces, no son naturales.

Las cláusulas y frases no necesarias

Se debe usar una coma para poner a un lado del resto de la oración las cláusulas y las frases que contienen participios que son no necesarias. Para determinar si un cláusula es necesaria o no, quítela de la oración. Si cuando se quita la cláusula el significado de la oración cambia, entonces, es necesaria. Si no lo cambia, entonces no es necesaria.
Por ejemplo: John Smith, quien era discípulo de Andrew Collins, era un arqueólogo notable.

En este ejemplo, la oración se describe la fama de Smith en el campo de la arqueología. El hecho de que era discípulo de Andrew Collins no es necesario al significado de la oración. Por eso, está puesto a un lado con el uso de una coma correctamente.

No use una coma si la cláusula o frase es necesaria al significado de la oración.
Por ejemplo: Cualquiera persona que aprecie la poesía francesa obscura se va a disfrutar del libro.

Si se quita la frase "quien aprecie la poesía francesa obscura," la oración significará que cualquiera persona que leyera el libro se disfrutaría de el, no solamente los que aprecian la poesía francesa obscura. Pero, la oración implica que no todos se van a disfrutar del libro, y por eso, la frase es necesaria.

Otra manera, que tal vez sea más fácil, de determinar si la cláusula o frase sea necesaria es ver si tiene una coma a su final o a su inicio. Se tiene que usar la puntuación consistentemente y si se puede determinar que una coma existe al inicio de la frase, entonces, puede estar seguro/a que una coma también debe estar al final y viceversa.

Las cláusulas Independientes

Use una coma ante las palabras: y, pero, o, ni, para y todavía, cuando junta las cláusulas independientes. Para determinar si dos cláusulas son independientes, quite la palabra que las vincula. Si las dos cláusulas son capaces de ser oración independiente, entonces son independientes y requieren una coma para separarlas.
Por ejemplo: Él corrió por la calle, y luego corrió por el puente.

Él corrió por la calle. Luego corrió por el puente. Las dos son cláusulas que pueden ser oraciones completas. Entonces, tiene que usar una coma con la palabra "y" para compaginarlas.

Si una o más de las cláusulas serían un fragmento sin la otra, entones, tiene que ser compaginada a la otra y no se requiere una coma entre ellas.
Por ejemplo: Él corrió por la calle y por el puente.

Él corrió por la calle. Por el puente. "Por el puente" es un fragmento de una oración y no se puede ser oración sola. No se requiere una coma para compaginarla con "Él corrió por la calle". Note que esta regla no incluye el uso de "y" cuando se usa para separar los términos en una serie, como "rojo, blanco y azul". En este caso, no es siempre necesario utilizar una coma antes del último término.

Las expresiones parentéticas

Se debe usar las comas para separar las expresiones parentéticas como las siguientes: después de todo, por ejemplo, de paso, de hecho, y por la otra mano, también.
Por ejemplo: De paso, ella está en mi clase de biología.

Si la expresión parentética está en media de la oración, una coma va a estar antes de y después de ella.
Por ejemplo: Ella está, de paso, en mi clase de biología.

Pero, estas expresiones no siempre se usan parentéticamente. En estos casos, no se usan las comas. Para determinar si una expresión sea parentética, cheque para ver si necesitaría una pausa si la estaba leyendo el texto. Si requiere una pausa, entonces, es parentética y sí requiere las comas.
Por ejemplo: Se puede ver por la manera en que toca el violín que ella disfrute de su música.

Una pausa no es necesaria cuando se lee la oración en el ejemplo. Por eso, la frase "por la manera" no se requiere que unas comas la separen de la oración.

Los guiones –

Hay que unir con guión un adjetivo compuesto que viene directamente antes un sustantivo que describe.
Ejemplo 1: Él era el mejor conocido niño en la escuela.
Ejemplo 2: El tiro vino de la colima cubierta con pasto.
Ejemplo 3: Los campos bien drenados se secaron muy pronto después de la lluvia.

Los puntos y comas

Reponer los puntos

Un punto y coma se describe o como un punto débil o una coma fuerte. Los puntos y comas deben separar las cláusulas independientes que pueden ser oraciones completas. Para determinar en dónde usar un punto y coma, cámbielo con un punto en su mente. Si las dos cláusulas le parecerán normales, entonces, el punto y coma está en su lugar adecuado.

Por ejemplo: Por dejó de llover; unos rayos del sol empezaban a salir por las nubes.

Por fin dejó de llover. Unos rayos de sol empezaban a salir por las nubes. Estas dos oraciones se pueden existir sin un punto entre ellas. Pero como son tan parecidas en el pensamiento, el uso de un punto y coma para separarlas en una buena opción para combinarlas.

Las Transiciones

Cuando hay un punto y coma al lado de una palabra de transición, como "sin embargo," el punto y coma tiene que estar ante la palabra. Por ejemplo: El hombre en la camisa roja estaba a su lado; sin embargo, no sabía su nombre.

Si estas dos cláusulas se separaban con un punto, el punto estará ante la palabra "sin embargo" creando las dos oraciones siguientes: El hombre en la camisa roja estaba a su lado. Sin embargo, no sabía su nombre. El punto y coma sirve como un punto débil y combina las dos cláusulas al tomar el lugar del punto.

La Corrección de las Oraciones

Cada pregunta incluye una oración con una parte subrayada de ella o la oración entera será subrayada. Las cinco opciones le ofrecerán maneras diferentes de decir de otra manera con palabras diferentes la frase, o usarán un orden diferente para la parte subrayada de la oración.

Estas preguntas le examinarán su capacidad para la expresión correcta y eficaz. Escoge con cuidado su repuesta y use los estándares del español escrito, incluyendo las reglas gramaticales, el uso apropiado de las palabras y la estructura de las oraciones. La respuesta correcta será fluida, clara y concisa.

Use Su Oído

Lea cada oración cuidadosamente y sustituye cada de las opciones de repuestas. No termina con la primera opción que cree que es correcta. La que le puede parecer como la mejor opción al principio puede cambiar después de que Usted lea todas las opciones. Use su oído para determinar cuál suena mejor. Suele pasar que una o dos de las opciones se pueden eliminar de inmediato porque no suenan lógica ni hacen sentido.

Las Pistas Contextuales

Vale la pena repetir que las pistas contextuales ofrecen mucho para determinar la mejor respuesta. Las palabras claves de la oración le harán posible determinar exactamente cuál de las respuestas mejor tome el lugar del texto subrayado.
Por ejemplo:
La arqueología ha mostrado que algunas de las ruinas de la antigua ciudad de Babilonia tienen 500 años tan vieja como cualquiera de los supuestos predecesores mesopotámicos.

1) tan vieja como las supuestas
2) más vieja que las supuestas

En este ejemplo, se usan las palabras claves "las supuestas." La arqueología o confirmará que las predecesores a la Babilonia son más antiguas o descontará esta suposición. Porque las palabras "las supuestas" fueron usadas, esto implica que la arqueología ha descontado una creencia aceptada, lo cual hace la Babilonia más antigua, no tan antigua como, y la respuesta 2 es la correcta.

Además, porque se usan "500 años" la opción 1 se puede eliminar. Los años se usan para mostrar edad absoluta o relativa. Si dos objetos son igual de antiguos, no es necesario usar años para describir la relación entre ellos y será suficiente decir "La antigua cuidad de Babilonia tiene aproximadamente tantos años como las supuestas predecesores mesopotámicas" sin usar "500 años."

La Simplicidad es la Gloria

La simplicidad no se puede exagerar. Nunca debe escoger una opción para tomar el lugar del texto subrayado que sea larga, más complicada o que usa más palabras cuando una opción más simple puede funcionar. Cuando se puede hacer un punto con menos palabras, escoja ésa respuesta. Pero, no sacrifique la fluidez del texto por la simplicidad. Si una respuesta es simple pero no hace sentido, entonces no es correcta.

Tenga cuidado de las frases extras que no añaden algo al significado de la oración, como "ser" o "como a las." Suele pasar que estas frases estarán ante dos puntos, lo cual puede estar antes de una lista de términos. Pero, los dos puntos no requieren una introducción muy larga. Las frases en bastardillas en los ejemplos siguientes no son necesarias. Se deben quitar y se debe colocar los dos puntos inmediatamente después de las palabras "deportes" y "siguientes."

Ejemplo 1: Hay muchas ventajas del correr como un deporte, de las cuales las principales son:
Ejemplo 2: Las provisiones para la escuela necesarias eran las siguientes, de las cuales unas son:

Crea una fluidez lógica

Ahora que sabe cuáles ideas va a usar, es necesario organizarlas. Ponga sus puntos para la escritura en una orden lógica. Va a tener las ideas principales en las cuales se va a enfocar y debe ponerlas en un orden que va a ser fluida y va a seguir de un punto al otra para que el/la lector/a las lea claramente de una idea a la siguiente de una manera lógica. Los lectores deben tener un sentido de la continuidad cuando lean su papel. No quiere un papel que cambia de una idea a otra sin ser fluida.

Empiece sus Motores

Tiene una secuencia de ideas principales con las cuales quiere empezar a escribir. Empiece por elaborar de los temas en la secuencia que ha puesto para si mismo. Tome su tiempo y marque su paso. No gaste tanto tiempo en una de las ideas en las cuales esté elaborando. Quiere tener tiempo para hablar de todas ellas. Esté seguro/a de checar su reloj. Si le quedan veinte minutos y tiene diez ideas, entonces sólo puede pasar dos minutos en cada idea. Esto de tener que trabajar rápidamente le puede intimidar, pero si tome su tiempo y marque su paso, Usted sí puede hacerlo. Si a Usted le da cuenta que no le esté acabando el tiempo, trabaje más rápidamente. Siga por las ideas más rápidamente, y gaste menos tiempo elaborando cada para recuperar el tiempo.

Ya que ha terminado de elaborar cada idea, regrese a su lista de la lluvia de ideas. Quite las ideas de la lista al terminar de escribir de ellas. Esto le dejará ver lo que le falta para escribir y también le ayudará marcar el paso para que pueda ver lo que le falta para terminar.

El Primer Párrafo

El primer párrafo debe contener unos rasgos que son fáciles de identificar. Primero, debe tener una breve descripción del tema. Use sus propias palabras para describir brevemente de que se trata el tema.
Segundo, debe explicar su opinión del tema y dar una explicación de por qué se siente así. ¿Cuál es su decisión o conclusión del tema?
Tercero, debe poner en una lista los puntos del cual va a escribir. ¿Cuáles son las ideas principales que tuvo antes? Esto es su oportunidad de dar un resumen del resto del ensayo. Debe incluir una oración para cada idea que piensa elaborar en los párrafos siguientes.

Si una persona leyera solamente este párrafo, debería tener un buen resumen del ensayo entero.

Los Párrafos del Cuerpo del Ensayo

Cada de los párrafos que siguen el primero deben elaborar un punto en la lista de ideas que escribió en el primero párrafo. Use su experiencia personal y conocimiento para apoyar cada de sus puntos. Los ejemplos deben apoyar sus ideas.

El Párrafo de Conclusión

Después de que termine de elaborar cada de los puntos principales, termine su argumento. Dé un resumen de lo que ha dicho y cubierto en el párrafo de conclusión. Explique una vez más su opinión del tema y revise rápidamente por qué se siente así. En esta fase, ya ha explicado y apoyado sus puntos en los párrafos anteriores, entonces, no es necesario hacerlo otra vez. Lo que está haciendo es dando un resumen para el/la lector/a de los puntos principales que ha hecho en el ensayo.

No Deje que Le Entre el Pánico

Dejando que le entre el pánico no va a ayudarlo/a escribir más palabras en el papel. Por eso, no le ayuda. Al ver el tema, si su mente le queda en blanca, respire profundamente. Fuércese seguir mecánicamente los pasos que ha aprendido para resolver los problemas y use las estrategias que ha aprendido.

Segundo, no se enfoque tanto en el reloj. Es fácil dejar que le entre el pánico cuando está viendo una página que está vacía de palabras y hay mucho espacio para llenar, su mente está llena de pensamientos no muy claros y se siente confundido/a, y el reloj se está moviendo más rápido que le gustará. Usted ya hizo la lluvia de idea para que no tenga que estar pensando constantemente en las ideas de las cuales va a escribir. Si le está acabando el tiempo y ve que hay unas ideas de las cuales todavía no se hablado, no tenga miedo de quitarlas de las lista. Escoja las mejores ideas tienes y elabórelas. No es necesario escribir de ni elaborar en todas las ideas que tengas.

Cheque su Trabajo

Es más importante tener un ensayo más corto que está bien escrito y bien organizado que uno más largo que está escrito mal y que no tenga organización. No siga escribiendo de un tema para simplemente aumentar el número de palabras y oraciones. También no empiece a repetirse. La meta son 250 palabras. Éste debe ser su objeto, pero no haga errores en su ensayo para llegar a las 250 palabras exactamente. Quiere que termine en una manera naturalmente su trabajo, sin tener que cortarlo. Si es un poco más largo, no importa, especialmente si es fluida. Acuérdese de elaborar en las ideas que se identificaron en la sesión de la lluvia de ideas y esté seguro/a de guardar unos minutos al final para checar su trabajo.

Deje tiempo suficiente, al mínimo tres minutos, para el final y revise su trabajo. Lea de nuevo su trabajo y esté seguro/a que todo hace sentido y es fluido. Corrija los errores del deletreo y/o de gramática que ha hecho. También, borre cualquiera de las ideas de la lista de la lluvia de ideas en las cuales no se pudo elaborar y/o que no caben en el papel.

Mientras esté checando su trabajo, esté seguro que no hay fragmentos ni oraciones sin fin fijo. Cheque su gramática para estar seguro/a que las oraciones no sean demasiadas cortas o largas. Si la oración es demasiada corta, cheque para verificar que hay un sujeto y un verbo que se puede identificar fácilmente. Si es demasiada larga, divídala en dos oraciones separadas. También, busque palabras complicadas que habrá usado. Es bueno usar palabras complicadas, pero tiene que ser seguro/a que está usándolas correctamente. Su trabajo tiene que ser correcto, no tiene que ser fino. No esté intentando impresionar a nadie con el uso del vocabulario sino con su capacidad de desarrollar y expresar sus ideas.

Nota Final

Dependiendo en sus preferencias y su personalidad, la sección de la escritura del ensayo le parecerá o la más fácil o la más difícil. Tiene que terminar la escritura entera dentro de 45 minutos, y esto le puede parecer un desafío.

Enfóquese en cada de los pasos indicados arriba. Empiece con ser creativo/a primero para generar las ideas y los pensamientos del tema. Luego, organice sus ideas para que sean fluidas. Escoja las que son las mejores de la lista que ha creado. Decida cuál será la idea principal o el ángulo del tema que va a discutir.

Crea una estructura que se puede reconocer en su trabajo, con un párrafo introductorio que explicará lo que va a decir y cuáles van a ser los puntos principales. Use los párrafos del cuerpo del ensayo para elaborar en estos puntos principales y luego, tenga una conclusión en la cual termina su ensayo.

Guarde unos momentos para poder regresar y revisar lo que ha escrito. Corrija los errores menores que ha hecho y revise el trabajo para que se lo mejor que puede. Finalmente, ¡sea orgulloso/a y confidente de lo que ha escrito!

Los Estudios Sociales

La Geografía

La Longitud- La distancia angular de la superficie de la tierra, tomado del este u oeste del primer meridiano en Greenwich, Inglaterra al meridiano que pase por un lugar. Se expresa en grados (u horas), minutos y segundos.
La latitud- La distancia angular al norte o al sur del ecuador de la tierra. Se mide en grados por el meridiano, como en un mapa o globo.
El Ecuador- El gran círculo imaginario alrededor de la superficie de la tierra. Es equidistante de los polos y está perpendicular al axis de la rotación de la tierra. Divide la tierra en dos hemisferios: el del Norte y el del Sur.
La Línea Internacional de Cambio de Fecha - Una línea imaginaria sobre la superficie de la tierra que sigue el meridiano 180.
Sepa los siete continentes y sus ubicaciones
La África, Asia, Europa, Antárctica, América del Norte, Sudamérica y Australia
Sepas los cuatro océanos
El Océano Índico, El Pacífico, El Atlántico y el Ártico
Sepa leer un mapa y su leyenda. Sea capaz de identificar e interpretar los diferentes tipos de mapas. Sepa los rasgos geográficos en los cuales se compone la tierra.
El Tiempo- El estado de la atmosfera a un tiempo y locación dada con respeto a los variables como la temperatura, la humedad y la presión barométrica.
El Clima- Las condiciones meteorológicas, incluso la temperatura, la precipitación y el viento que son predominantes en una región.
Sepa cómo las inundaciones, la sequía, los terremotos, la erosión y las tormentas de nieve afectan a la tierra
Comprenda los factores que afectan los ejemplares de la colonización y la migración.
Sepa por qué unas áreas son despobladas mientras otras son muy pobladas. Sepa los ejemplares y las tendencias dentro de los Estados Unidos durante los siglos 19 y 20. Sepa las tendencias en la composición étnica de la población estadounidense.
Las Organizaciones Internacionales:
La Unión Europea (UE)- Una unión económica y política establecida en 1993 después de la confirmación del Trato de Maastricht por los miembros de la Comunidad Europea, quienes forman su cuerpo. Al establecer la Unión Europea, el trato extendió el espacio político de la Comunidad Europea, especialmente en el área de la política extranjera y la seguridad. También resultó en la creación del Banco Europeo y la adopción de una moneda común al final del siglo 20.
La Organización Mundial del Comercio (OMC)- Administra las reglas que gobiernan el comercio entre sus 144 miembros. Estas reglas ayudan a los productores, exportadores e importadores manejar sus negocios y aseguran que el comercio funcione lo más lisamente y predictible que sea posible. Estas reglas también respetan el derecho de los gobiernos para buscar metas más amplias, como el desarrollo sostenible, la defensa de la salud de los humanos, animales y de la tierra y la provisión del servicio al público.
Las Naciones Unidas (ONU)- Una organización internacional compuesta de la mayoría de los países del planeta. Se fundó en 1945 para promover la paz, seguridad y el desarrollo económico.
La Organización del Tratado del Atlántico del Norte (OTAN)- Una organización internacional creada en 1949 por el Tratado del Atlántico del Norte para la seguridad colectiva
Organización de Países Explotadores de Petróleo (OPEP) – Una organización de países que se formó en 1961 para tener una política común para la venta del petróleo.
Sea capaz de comprender el impacto del ambiente para los sistemas humanos como los esenciales, el transporte, la recreación y los sistemas económicos e industriales. También, sepa cómo los cambios iniciados por los humanos, como la contaminación, construcción nueva, la basura, el calentamiento global y la depleción de ozona impactan el mundo.
Entienda qué son los recursos naturales y por qué son importantes. Sepa qué es el ecosistema y por qué es importante.

La Historia Mundial

La Civilización Prehistórica y Primitiva

Paleolítica – de o relacionada con el periodo cultural de la Edad de Piedra, comenzando con las herramientas hechas de piedra, hace unos 750.000 años hasta el principio de la Edad Mesolítica, hace unos 15.000 años. También se conoce como la Edad de Piedra.
Neolítica- de o relacionada con el periodo cultural de la Edad de Piedra, comenzando cerca del año 10.AC en el Oriente Medio y más tarde en otros lugares. Se caracteriza por el desarrollo de la agricultura y la acción de hacer los implementos de piedra pulida. También se conoce como la Nueva Edad de Piedra
Sepa las características más importantes de las civilizaciones siguientes:
La Mesopotamia (c. 3500-c. 2350 A.E.C.)
El Valle del Río Indo (c. 2500- c. 1750 A.E.C.)
La China Primitiva (c. 1500-c. 771 A.E.C.)
La Sociedad Olmeca de la Mesoamérica (c. 1200-c.400 A.E.C.)

Las Civilizaciones Clásicas

La influencia de la geografía para las civilizaciones:
El Egipto Antiguo (C. 2700-c. 1090 A.E.C.)
- Los Gobernadores Religiosos
- Las Pirámides y el Valle de los Reyes
- El Jeroglífico y la Piedra Roseta

La Grecia (c. 2000-c. 300 A.E.C.)
- La Mitología
- La Estructura Social y los conceptos de la ciudanía
- El comercio, la cuidad-estado y las colonias
- Alejandro el Grande – el rey de Macedonio; conquistador de Grecia y el Egipto y de Persia; fundador de Alejandría
- Atenas
- Esparta

Roma (c. 700 A.E.C.- 500 E. C.)
- La Mitología
- La dominación militar
- Las Etapas del gobierno
- El origen y la extensión del Cristianismo
- Constantinopla
- La razón por la caída del imperio

Las Civilizaciones No Europeas

La India
- El sistema del casto
- El Hinduismo- un diverso cuerpo de religión, filosofía y prácticos culturales que son nativos a la India y que predominan allí. Se caracteriza por la creencia en la reencarnación y en un ser supremo de muchas formas por el punto de vista de que las teorías opuestas son aspectos de una verdad eterna y por el deseo de la liberación de los males terrenales
- La conquista musulmana

La Islam
Una religión monoteísta que se caracteriza por aceptar la doctrina de la sumisión a Dios y a Muhammad como el principal y último profeta de Dios

La China
- El Budismo – la enseñanza de Buda que la vida es permeada por el sufrimiento causado por el deseo y que el sufrimiento se cesará cuando el deseo se cesa y que la ilustración que se obtiene por la conducta derecha, la sabiduría y la meditación se libera uno del deseo, sufrimiento y del renacimiento.
- El Confucianismo- de, o relacionado con o caracterizado por Confucio, sus enseñanzas o sus creyentes
- Taoísmo- una filosofía principal y religión de la China basad en las enseñanzas de Lao-tzu en el siglo 6 A.C. y en las revelaciones subsecuentes. Promueve la preservación y restauración del Tao en el cuerpo y en el cosmos
- La construcción de la Gran Muralla

El Japón
- El Feudalismo- un sistema político y económico basado en la sujeción de todo el

terreno de los vasallos a su señor. Fue caracterizado por el homenaje, el servicio legal y militar de los vasallos y la sujeción total al señor
- Sintoísmo- una religión nativa al Japón caracterizada por la veneración de los espíritus naturales y los antepasados y por una carencia de un dogma formal
- El Budismo- vea arriba
- Los Samuráis, los emperadores, y los shogunes

La América Central y Sudamérica
- Los Maya - los indios mesoamericanos quienes habitaban el sureste de México, La Guatemala y Belice. Su civilización llegó a su altura entre los años 300-900 A.D. Los mayas se conocen por su arquitectura y la planeación de sus ciudades, sus calendarios, sus matemáticas y su sistema de escritura jeroglífica.
- Los Aztecas- la gente del central de México cuya civilización fue a su altura durante la conquista española al principios del siglo 16
- Los Inca- miembros del grupo de gente Quechua de las tierras altas del Perú quienes establecieron un imperio que extendió del norte del Ecuador hasta el centro de Chile ante la conquista española

La África Sub-Sahara
- Los imperios comerciales
- Los reinos del bosque

La Subida y Extensión de Europa
- El Feudalismo- un sistema político y económico de la Europa que duró del siglo 9 hasta el siglo 15. Se baso en la sujeción de todo el terreno de los vasallos a su señor y la relación entre ellos. Fue caracterizado por el homenaje, el servicio legal y militar de los vasallos y la sujeción total al señor
- La Muerte Negra- una forma epidémica del plago bubónico que ocurrió en las Edades Medias cuando mató casi la mitad de la gente en la oeste de Europa
- La Revolución Francesa- la revolución en Francia contra los Borbones; 1789-1799
- Napoleón Bonaparte- Emperador de los Franceses (1804-1814). Fue un estratégico brillante quien destronó el Directorio Francés (1799) y se proclamó el primer cónsul y luego emperador (1804). Su esfuerza militar y política apretaba la Europa Continental pero no llegó a la Gran Bretaña. Después de una campaña fracasada en la Rusia (1812), fue obligado a abdicar el trono (1814). Estaba en el exilio en la isla de Elba, pero se escapó y llegó al poder otra vez por un periodo breve. Finalmente fue derrotado a Waterloo (1815) and vivió en exilio por el resto de su vida en la isla de St. Helena. La codificación de las leyes bajo su control, conocidas como el código napoleónico todavía forma el base para la ley civil de Francia
- La Revolución Industrial- refiere a los cambios socioeconómicos radicales, como los que pasaron en la Inglaterra a los finales del siglo 18. Ocurren cuando una mecanización extensiva de los sistemas de la producción resulta en un cambio de la fabricación de los bienes en la casa o a mano a la fabricación de los bienes en una fábrica grande y masiva
- Sepa las coloniales europeas en la África y en Asia al final del siglo 19
- La Ilustración – movimiento filosófico del siglo 18
    - Locke
    - Rousseau
    - Jefferson
- La Revolución Científica
    - Newton- Un matemático y científico inglés quien inventó el cálculo diferencial y formuló la teoría de la gravitación universal, una teoría sobre el carácter de la luz y las tres leyes de la moción. Su tratado de la gravitación, lo cual se presentó en *Principia Mathematica* (1687), fue inspirada supuestamente al ver una manzana cayéndose
    - Galileo- un astrónomo y matemático italiano; demostró que los objetos de diferentes pesos descienden a la misma velocidad; hizo perfecto un telescopio

que le hizo posible hacer muchos descubrimientos (1564-1642)
    - Copérnico- un astrónomo polaco quien avanzó la teoría que la tierra y los otros planetas orbitan al sol, rompiendo el sistema ptolemaico de la astronomía
- La Reformación- Un movimiento del siglo 16th en el oeste de Europa que tenía la meta que reformar las doctrinas y práctica de la Iglesia Católica Romana y que resultó en el establecimiento de las Iglesias Protestantes
    - John Calvin
    - Martin Luther
- El Renacimiento- La restauración humanística del arte clásico, la arquitectura, la literatura y el aprendizaje que se originó en la Italia en el siglo 14 y se extendió por Europa
    - Da Vinci
    - Michelangelo
    - Machiavelli
- Sepa los viajes y las conquistas de los siguientes:
    - Marco Polo- Un viajero veneciano quien exploró la Asia del 1271 hasta 1295. Sus *Viajes de Marco Polo* fue el único informe del Este accesible a los europeos hasta el siglo 17
    - Cristóbal Colón- una explorador italiano en el servicio de España quien determinó que la tierra es redonda. Intentó llegar a Asia al salir en barco al oeste de Europa. Descubrió América (1492). Hizo tres otros viajes al Caribe en su búsqueda para la ruta a la China
    - Fernando de Magallanes- un navegador portugués. Mientras intentaba encontrar una ruta del oeste para llegar a Molucas (1519), Magallanes y su expedición fueron mandado por los vientos y tormentas al estrecho que hoy día tiene su nombre (1520). Nombró y navegó por el Océano Pacífico, llegando a las Marianas y las Filipinas (1521), donde fue matado por batallar contra un rey amigo. Una de sus naves regresó a España (1522), y completó la primera circunnavegación del globo
    - Vasco da Gama- un explorador portugués y administrador colonial. Fue el primer europeo navegar a la India y (1497-1498), y abrió las ricas tierras del Este al comercio portugués y colonización portuguesa

<u>Los Desarrollos y Transformaciones del Siglo 20</u>

La Primer Guerra Mundial- una guerra entre los aliados (Rusia, Francia, el imperio de la Gran Bretaña, Italia, los Estados Unidos, Japón, Serbia, Bélica, Grecia, Portugal y Montenegro) y los poderes céntricos (Alemania, Austria-Hungría, Turquía, Bulgaria) desde el 1914 hasta el 1918

La Revolución de Rusia- el golpe de estado por los Bolcheviques bajo Lenin en noviembre del 1917 que causó un periodo de guerra civil que terminó con una victoria para los Bolcheviques en el 1922

La Revolución Mexicana- tomó lugar en el sur de Norteamérica; con ella, México se independizó de España en 1810

La Revolución China- la revolución republicano contra el dinastía Manchú en la China; 1911-1912

El Comunismo- Un sistema del gobierno en el cual el estado planea y controla la economía y un partido, normalmente autoritario, tiene el poder. Pretende hacer progreso hacia un orden social mejor en el cual todos los bienes se comparten igualmente entre la gente

La Segunda Guerra Mundial- una guerra entre los aliados (Australia, Bélgica, Bolivia, Brasil, Canadá, China, Colombia, Costa Rica, Cuba, Checoslovaquia, la República Dominicana, El Salvador, Etiopia, Francia, Grecia, Guatemala, Haití, Honduras, India, Irán, Iraq, Luxemburgo, México, Holanda, Nueva Zelandia, Nicaragua, Noruega, Panamá, las Filipinas, Polonia, Sudáfrica, el Reino Unido, los Estados Unidos, USSR y Yugoslavia) y los Axis (Albania, Bulgaria, Finlandia, Alemania, Hungría, Italia, Japón, Rumania, Eslovaquia, Tailandia) desde el 1939 hasta el 1945

El Holocausto- El genocidio de los judíos europeos y otros por los Nazis durante la Segunda Guerra Mundial: Israel salió del Holocausto y se define en relación a esta catástrofe

La Guerra Fría- (c. 1945-1990) fue el conflicto entre los dos grupos caracterizados como el Oeste (los Estados Unidos y los aliados de la Organización del Tratado del Atlántico del Norte (OTAN) y el Este (la Unión Soviética y sus aliados del Pacto de Varsovia –descrito como el Bloque del Este). Una guerra total entre el Este y el Oeste nunca llegó a pasar y por eso se usa el metáfora de una guerra "fría" con una predilección de aplastar los conflictos armados para prevenir una guerra "caliento" y armado cuando se posible. De hecho, los dos lados mostraron que el conflicto se trataba principalmente de las ideologías económicas, filosóficas, culturales, sociales y políticas. El Oeste criticó al Este por adoptar el totalitarismo no democrático y la dictadura comunista mientras el Este criticó al Oeste por promover el capitalismo burgués y el imperialismo. La actitud de ambos lados se resumía en las frases que los dos lados usaban para hablar del otro. El Este acusó al Oeste de "promover capitalismo para la clase media y el imperialismo que no incluía a los trabajadores" mientras en los 1980 el Oeste llamó al Este "el imperio maligno" que quiso someter la democracia a una ideología comunista
Lenin- el fundador Ruso de los Bolcheviques, fue el líder de la Revolución Rusia (1917) y el primer líder de la USSR (1917-1924). Como teórico comunista, Lenin creía que los trabajadores no podían desarrollar una conciencia revolucionaria sin la ayuda de un partido vanguardista y que el imperialismo es una etapa del desarrollo capitalista
Stalin- un político soviético. Fue el sucesor de Lenin. Fue el secretario general del Partido Comunista (1922-1953) y el premier (1941-1953) de la USSR. Su reino fue marcado por el exilio de Trotsky (1929), una ampliación del gobierno y el militar. También obligó que la agricultura fuera colectiva y tenía una política de la industrialización. Tenía un papel victorioso pero devastador para los Soviets en la Segunda Guerra Mundial
Mao Zedong- líder comunista y teorista chino. Fundó el Partido Comunista Chino (1921) y dirigió la Marcha Larga (1934-1935) y proclamó la República de China de la Gente en 1949. Como el jefe del partido y del estado del país (1949-1959) inició el Gran Paso Adelante y la fundación de las comunes. Siguió siendo el jefe del partido después del 1959 y fue una figura importante en la Revolución Cultural (1966-1969). En los 1970 consolidó su poder político y estableció relaciones con el Oeste
Mohandas Gandhi- el nacionalista de la India y el líder espiritual quien desarrolló la práctica de la desobediencia no violenta que forzó a la Gran Bretaña dar la independencia a la India (1947). Fue asesinado por un fanático Hindú
Nelson Mandela- el presidente de Sudáfrica (1994-1999) y líder político negro quien fue encarcelado por cerca de 30 años por sus actividades en contra de la segregación. Fue dejado libre en 1990, y sirvió como el jefe del Congreso Africano Nacional en la negociación para terminar la segregación. En 1993 compartió en Premio Nobel de Paz.

La de-colonización en el África y el Asia después de la Segunda Guerra Mundial causó que la democracia se extendiera en la Europa, incluso:

- India and Pakistán en 1947
- Las naciones Sub-Sahara en los 1960
- Kenia, Angola, Mozambique en los 1960 y 1970
- Las naciones en el este de Europa, como los países balcánicos y los que se conocieron antes como la Unión Soviética en los 1980 y 1990
- La caída de la Muralla de Berlín en 1989

Sepa la subida de la cultura global y la subida de la economía global.

La Historia de los Estados Unidos

La Expansión y Colonización Europea

Inuit- Un miembro de un grupo de gente esquimal quienes habitan en el ártico en la parte norte de Alaska hacia el este hasta la Groenlandia, especialmente los de Canadá
Anasazi- Una cultura nativa a la América que tenía importancia en el sur de Colorado y Utah y en el norte de Nuevo México y Arizona de cerca

del año 100 AD, cuyos descendentes se consideren los Pueblos de hoy día. La cultura Anasazi incluye una fase temprana en la cual hacían tejidos y más tarde una fase Pueblo marcada por la construcción de los pueblos de adobe en las rocas y la artesanía experta en los tejidos y la artesanía

Los Indios de Noroeste – La gente nativa que habitaban las partes costales de la Colombia Británica y la parte del norte de la isla de Vancouver

Los que construyen terreno- la tribu o las tribus que vivían en América del Norte quienes construían montones de terreno, especialmente en las valles de los ríos Misisipi y Ohio. Antes se pensaba que eran los precedentes de los indios, pero ahora sabemos que en general, son idénticos con las otras tribus que estaban viviendo en el lugar cuando llegaron los europeos.

Los Iroqués- Una confederación de los nativos americanos que habitaban en el estado de la Nueva York y fue compuesto originalmente de la gente Mohawk, Oneida, Onondaga, Cayuga, and Seneca. Fue conocida como las cinco naciones. Después del 1722 los Tuscaroras también se juntaba a ella para formar las seis naciones

Sepa y entienda las interacciones entre la gente nativa de América y los europeos. Entienda la cultura colonial de perspectivas diferentes

La Revolución Americana- la revolución de las colonias americanas en contra de la Gran Bretaña; 1775-1783

La Declaración de la Independencia- el documentos que contiene la proclamación del segundo Congreso Continental (4 julio del 1776) que proclamó la independencia de las colonias de la Gran Bretaña

Los Artículos de la Confederación- un acuerdo escrito que fue aprobado en 1781 por los trece estados originales; dio un símbolo legal de su unión, pero no dio poder coercitivo al gobierno central sobre los estados ni sus ciudadanos

John Adams- El primer vice-presidente (1789-1797) y el segundo presidente (1797-1801) de los Estados Unidos. Fue una figura importante durante la Revolución Americana, la escritura de la Declaración de la Independencia y la formación de la Constitución

Thomas Jefferson- El tercer presidente de los Estados Unidos (1801-1809). Fue un miembro del segundo Congreso Continental, escribió la Declaración de la Independencia (1776). Su presidencia fue marcada por la compra del territorio de Luisiana de Francia (1803) y la Guerra de Trípoli (1801-1805). Un arquitecto, educador y filósofo político, Jefferson diseño que propio estado, Monticello y los edificios para la Universidad de la Virginia.

George Washington- El líder americano militar y el primer presidente de los Estados Unidos (1789-1797). Fue el líder de las fuerzas americanas en la Guerra Revolucionaria (1775-1783) y gobernó sobre la Segunda Convención de la Constitución (1787) y fue elegido como presidente de la nueva nación (1789). No le gustaba la política partisana y en su plática de despedida (1796) advirtió contra la involucración de los extranjeros.

Benjamin Franklin – Un científico, escritor, impresor y oficial americano. Después del éxito de su libro *Poor Richard's Almanac* (1732-1757), entró a la política y tuvo una papel importante en la Revolución Americana. Franklin hizo negociones con los franceses para su apoyo para los colonialistas, firmó el Tratado de Paris (1783) y ayudó escribir la Constitución (1787-1789). Sus innovaciones científicas y prácticas incluyen el pararrayos, las gafas bifocales y un horno

Constitución- La ley fundamental de los Estados Unidos que fue formada en 1787, ratificada en 1789 y enmendada varias veces desde entonces

La Declaración de Derechos- Las primeras enmendaciones a la Constitución de los Estados Unidos que se añadió en 1791 para proteger ciertos derechos de los ciudadanos

El Desarrollo y la Expansión de la República

Sepa las origines de la esclavitud y sepa cómo se habla de ella en la Constitución de los Estados Unidos. Sepa de la adquisición de la Florida, Oregón, Texas y California

La Compra de Luisiana- Se refiere a la compra del territorio del oeste de los Estados Unidos que extiende desde el Río Misisipi hasta las Montañas Rocosas ente el Golfo de México y la frontera de Canadá. Fue comprado de Francia el 30 de abril del 1803 para $15 millones y fue explorado oficialmente por la expedición de Lewis y Clark (1804-1806).

Manifiesto del Destino- La doctrina del siglo 19 que postula que los Estados Unidos tenía el derecho y obligación de extenderse por el continente norteamericano.

La Guerra Mexicana- una guerra (1846-1848) entre los Estados Unidos y México, la cual resultó en la cesión del terreno mexicano que hoy día es todo o la mayor parte de los estados de la California, Arizona, Nuevo México, Nevada, Utah y Colorado

La Guerra de 1812-una guerra (1812-1814) entre los Estados Unidos y la Inglaterra por la interferencia inglés en el comercio de los EE UU con la Francia

La Doctrina Monroe- una política americana que opone la interferencia de los poderes extranjeros en el hemisferio oeste

Sendero de Lágrimas – la reubicación de los Indios Cherokee de Georgia por el gobierno de los Estados Unidos a lo que se llamaba el Territorio del Indio en 1838-39. Varias de las otras cinco tribus civilizadas también tenían sus propias versiones del Sendero de Lágrimas, que también se llamaban lo mismo

Eli Whitney- un inventor y fabricante americano cuya invención de la despepitadora de algodón (1793) revolucionó la industria del algodón. También estableció la primera fábrica para armar los mosquetes con partes intercambiables, lo que marca el paso a la producción moderna masiva

La Guerra Civil- La guerra en los Estados Unidos entre la Unión y la Confederación de 1861 al 1865.

Sepa del movimiento abolicionista, de las mujeres, el acto del esclavo fugitivo y el caso de Dred Scott.

Abraham Lincoln- El 16 presidente de los Estados Unidos (1861-1865) quien fue el jefe de la Unión durante la Guerra Civil. Emancipó los esclavos en el Sur (1863). Fue asesinado poco después del fin de la guerra por John Wilkes Booth

Harriet Tubman- una abolicionista americana. Nacida como esclava en una plantación en Maryland, se escapó al Norte en 1849 y fue la más famosa de los conductores del Ferrocarril Subterráneo, lo cual dirigió a más de 300 esclavos a su libertad

William Lloyd Garrison- un líder abolicionista americana quien fundó y publicó *The Liberator* (1831-1865), una jornada en contra de la esclavitud

Harriet Beecher Stowe- Una escritora americana cuya novela anti-esclavista *Uncle Tom's Cabin* (1852) tuvo gran influencia política y avanzó la causa de la abolición

El Discurso de Gettysburg – Un discurso de 3 minutos que dio Abraham Lincoln durante la Guerra Civil Americana (19 de noviembre 1863) a la advocación del cementerio nacional en el sitio de la Batalla de Gettysburg

Proclamación de la Emancipación- Un orden dado durante la Guerra Civil por el presidente Lincoln que terminó la esclavitud en los estados de la confederación

Andrew Carnegie- Un industrialista y filántropo americano nacido en Escocia que llegó a tener una fortuna muy grande en la industria del acero y donó millones de dólares para beneficiar al público

John D. Rockefeller- Un industrialista americano quien ganó una fortuna en el negocio del petróleo y donó la mitad de su fortuna (1839-1937

El Canal de Panamá- un canal para las naves de 40 millas que cruza el istmo de la Panamá. Fue construida por los Estados Unidos (1904-1914)

Los Desarrollos y las Transformaciones del Siglo 20

El Renacimiento de Harlem- originalmente se llamaba el Movimiento Nuevo de los Negros; El Renacimiento de Harlem fue un crecimiento literario e intelectual que dio luz a la identidad nueva de los negros en los 1920 y 1930

Los autores incluyen:

Langston Hughes, Countee Cullen y Zora Neale Hurston

La Prohibición- una ley que prohibía la venta de las bebidas alcohólicas; En los "1920 la 18 enmienda a la Constitución estableció la prohibición en los Estados Unidos"

El Sufragio de las Mujeres- El movimiento para el sufragio de las mujeres fue dirigido por los sufragistas; fue un movimiento social, económico y político que quería extender el sufragio de una manera igual. Quería extender el derecho de votar a las mujeres, bajo el principio de un hombre- una vota.
La Gran Depresión- un periodo de tiempo durante los 1930 cuando había una depresión económica y desempleo mundial
El Trato Nuevo- Los programas y políticas para promover la recuperación económica y la reforma social que se introdujo en los 1930 por el presidente Franklin D. Roosevelt
La Guerra Coreana- un conflicto que duró del 1950 hasta 1953 entre Corea del Norte, ayudada por la China, y la Corea del Sur, ayudada por tropas de las Naciones Unidas, principalmente las de los Estados Unidos
McCarthianismo- La práctica de anunciar públicamente las acusaciones de la deslealtad o subversión política con poca referencia a la evidencia o sin tomar en cuenta la evidencia
Las decisiones de bombardear con bombas atómicas Nagasaki e Hiroshima
La Desegregación-El abrir (de una escuela o lugar de trabajo, por ejemplo) a miembros de todas las razas o grupos étnicos, especialmente por la fuerza de la ley
La Guerra de Vietnam- un conflicto militar a prolongado (1954-1975) entre las fuerza comunistas de la Vietnam del Norte, apoyada por la China y la Unión Soviética, y las fuerzas no comunistas de la Vietnam del sur, apoyada por los Estados Unidos
Entienda la subida de la sociedad orientada al consumidor y las poblaciones demográfica que cambiantes y cómo tomaron un papel en la sociedad. También, entienda el papel del desarrollo de las computadoras y la tecnología informática.

El Gobierno y la Cívica

La Natura y el Propósito del Gobierno

El Gobierno- El acto o progreso de gobernar, especialmente el control y la administración de la política pública en una entidad política
El gobierno tiene muchos propósitos, como el hacer decisiones colectivamente y la resolución de los conflictos

Las Formas del Gobierno

Hay muchas formas del gobierno, incluso:
El Federalismo
El sistema parlamentario
Las estructuras constitucionales
Los sistemas unitarios

La Constitución de los Estados Unidos

Hay una separación de poder entre los tres ramos del gobierno:
El Ramo Legislativo – se consiste del Congreso y las agencias del gobierno, como la Oficina Impresora del Gobierno y la Biblioteca del Congreso que ayudan y apoyan los servicios del apoyo del Congreso. Artículo I de la Constitución estableció este ramo y dio al Congreso el poder de hacer leyes. El Congreso tiene dos partes: La Casa de los Representantes y el Senado
El Ramo Judicial- se consiste del sistema de la corte. La Corte Suprema es la más alta del país. Artículo III de la Constitución estableció esta Corte y todas las demás cortes federales fueron establecidas por el Congreso. Las cortes deciden los argumentos sobre el significado de las leyes, como se aplican y si van en contra de la Constitución.
El Ramo Executivo- asegura que las leyes de los Estados Unidos se obedecen. El presidente de los Estados Unidos es el jefe de este ramo del gobierno. Este ramo es muy grande y por eso, el presidente recibe ayuda del vice-presidente, los jefes departamentales (los miembros de los gabinetes) y los jefes de las agencias independientes

Los Derechos y Las Responsabilidades de los Ciudadanos

Los ciudadanos estadounidenses tienen los derechos de la libertad del discurso, la prensa, la asamblea, la petición, la religión y la privacidad. También tiene los derechos de la propiedad, el derecho de elegir su trabajo, el derecho de pertenecer a una unión si quiere y el derecho de solicitar los derechos de la propiedad literaria y los patentes
También hay obligaciones legales de obedecer las leyes, pagar impuesto y ser miembro/a de los jurados.
Entienda los procesos que los inmigrantes tienen que tomar para hacerse ciudadanos estadounidenses
Sepa las Decisiones Importantes de la Corte Suprema, como:
Roe v. Wade
Marbury v. Madison
Plessy v. Ferguson
Miranda v. Arizona
Brown v. El Consejo de la Educación Pública

El Gobierno Estatal y Local

Sepa las responsabilidades de los gobiernos estatales y locales y la relación entre el gobierno estatal y el gobierno federal.

Las Ciencias Sociales (la Antropología, la Sociología y la Psicología)

La Antropología- El estudio científico del origen, el comportamiento y el desarrollo físico, social y cultural de los humanos
La arqueología – El estudio sistemático de la vida pasada de los humanos y su cultura por el recubrimiento e inspección de evidencia material, como los tumbos, edificios, herramientas y artesanales
Sepa como los diseños de las familias se aplican a las necesidades humanas básicas. Entienda como la experiencia humana y la expresión cultural contribuyen a la transmisión de la cultura

La Sociología

La Sociología –El estudio del comportamiento social del humano, especialmente el estudio de los orígenes, las organizaciones, instituciones y el desarrollo de la sociedad humana
Entienda el papel de la socialización en la sociedad y los efectos que tiene.
La estratificación social- la condición de ser organizada en categorías sociales o clases
La movilidad social – El movimiento o cambio de los miembros de individuos o grupos de una clase a otra o entre una clase a otra
Entienda los términos: estereotipos, sesgo, valores e ideales.
La Psicología- La ciencia que tiene que ver con los procesos mentales y los comportamientos
Sepa los términos siguientes:
El ismo del Comportamiento
Desarrollo cognitivo
Carácter
Emociones
Influencias fisiológicas
Influencias sociales
Necesidades v. Deseos
Percepción
Motivos
Valores
Individual
Aprendizaje
El desarrollo y el crecimiento humano se dividen en cuatro etapas: la infancia, la niñez, la adolescencia y la edad adulta. Sepa de las influencias de los géneros

La Economía

El Mercado

Carestía – una carencia de cantidad o materiales; escasez
Costo- la cantidad que se paga o que se requiere como pago para comprar un bien
Los recursos- lo que se puede usar para apoyo o ayuda

Necesidades- Una condición o situación en la cual algo se requiere
Deseo- el desear; querer algo
El Costo de las Oportunidades – el costo en términos de las alternativas que no fueron escogidas
Mercado- El negocio de comprar y vender un artículo especificado
La Propiedad- algo poseído; una posesión
El Capital- La riqueza en la forma del dinero o la propiedad que se usa por un negocio, una persona, una asociación o una corporación
Precio- la cantidad de dinero o bienes que se da para otra cosa
La Competición- La rivalidad entre dos o más negocios que quieren el mismo consumidor o mercado
La Oferta- la cantidad a la cual un productor está capaz o quiere producir
La Demanda- la cantidad a la cual un productor está capaz o quiere comprar
La Producción- El acto o proceso de producir
El Consumo- El acto o proceso de consumir
Inflación- Una subida persistente en el nivel de los precios de los consumidores o una declinación en el poder de comprar del dinero, causada por un aumento en la moneda disponible y el crédito superior de la proporción de los bienes y servicios disponibles
La Recesión- Una declinación extendida general en la actividad de los negocios; típicamente incluye tres trimestres consecutivos en los cuales cae el Producto Nacional Bruto real
Comercio- El negocio de comprar y vender las comodidades; trato
Conozca las instituciones siguientes:

- Las Uniones de Labor
- Corporaciones
- Bancos
- Compañías de Seguros
- Las instituciones sin fines de lucro

Los Individuos y el Mercado

El empleo- El trabajo en el cual uno está empleado; la ocupación
El desempleo- No tener trabajo, especialmente cuando sea no voluntariamente; sin trabajo
El Salario Mínimo- El salario más bajo, determinado por una ley o un contrato, que un empleador puede pagarle a un/a empleado/a para un trabajo específico
El Precio de Vivir- El costo medio de las necesidades básicas, como la comida, el alojamiento y la ropa
Sepa los diferentes tipos de mercadeo como las relaciones públicas, la publicidad y el servicio al cliente.
Sepa las capacidades que los trabajadores deben tener.
Los efectos de la economía para la población y los recursos
Sepa qué son los recursos naturales, los recursos capitales y los recursos humanos. Sepa qué significa la división de labor.
El papel del gobierno en la economía y el impacto de la economía para el gobierno
Sepas las razones por la cual el gobierno impone los impuestos, por ejemplo para pagar los salarios de los militares, para construir las carreteras y las escuelas, etc. Sepa el papel del gobierno para el mantenimiento de la moneda.
La Reserva Federal- el banco central de los Estados Unidos. Incluye los 12 bancos de la Reserva Federal y los bancos nacionales y los bancos comerciales privilegios y algunos de las compañías de depósito
El Índice de Precios al Consumidor- Un índice de los precios que se usa para medir el cambio en el costo de los bienes y servicios básicos en comparación con un periodo del base fijo
Producto Nacional Bruto – el total del valor del mercado de todos los bienes y servicios que una nación produce durante un periodo específico
Productor Doméstico Bruto- el total del valor del mercado de todos los bienes y servicios que son producidos dentro de las fronteras de una nación durante un periodo específico

Los Sistemas Económicos

Sepas las características de los términos siguientes:

- Socialismo
- Capitalismo
- Comunismo
- Las economías de orden

- Las economías tradicionales
- Las economías del mercado libre

Las Economías Internacionales

Las Importaciones- traer o llevar de una fuente extranjera, especialmente traer los bienes o materiales de un país extranjero para el comercio o para la venta
Las Exportaciones- mandar o transportar (una comodidad, por ejemplo) al extranjero, especialmente para la venta o el comercio
Las Tarifas- Una lista o un sistema de derechos que se impone un gobierno para los bienes importados o exportados
Las Cuotas- un cupo, en cuanto a bienes, que se dan a un grupo o miembro de un grupo; un contingente
Sanciones Económicas – Las restricciones sobre el comercio y la finanza internacional que un país impone a otro para razones políticas.
El tipo de cambio- el cobro para cambiar la moneda de un país para otra

Repaso de la Literatura y los Artes

Los dos elementos claves de este examen son la comprensión de la lectura y el razonamiento crítico. En estas dos secciones, le van a preguntar a Ud. que interprete las gráficas, las caricaturas políticas, los principios científicos y el repaso de la literatura.

Los Opuestos

Las opciones de las respuestas de las preguntas suelen ser correctas. El párrafo o la sección normalmente contienen relaciones establecidas (cuando una cosa sube, otra cosa baja). La pregunta puede requiere que haga conclusiones para esto y le dará dos opciones de respuestas que son opuestas.
Por ejemplo:

1) Si los otros factores son constante, entones, una subida en el tipo del interés va a causar una declinación si la construcción de las casas empieza
2) Si los otros factores son constante, entones, una subida en el tipo del interés va a causar una subida en la construcción de las casas empieza

Normalmente estas opuestas no se pueden reconocer tan claramente. No se confunda por palabras diferentes; vea más allá que el significado. Tome en cuenta como estas dos opciones de respuestas son opuestas de verdad, con solamente un cambio mínimo en las palabras indicadas arriba. Ya que se de cuenta que son opuestas, debe examinarlas bien. Una de estas es probablemente la respuesta correcta.

Dando un vistazo rápido

La primera cosa que debe hacer cuando empieza a leer es contestar esta pregunta: "¿Cuál es el tema de esta selección?" Esta se puede contestar lo más rápido por dar un vistazo rápido a la lectura para obtener una idea general de que se trata, parando a leer solamente la primera oración de cada párrafo. La primera oración de un párrafo suele ser la oración del tema principal y le da un resumen del contenido del párrafo. Cuando ha dado un vistazo rápido a la lectura, parando solamente para leer las primeras oraciones, va a tener una idea general de qué se trata la lectura y también lo que se puede esperar leer en cada párrafo.

Cada pregunta va a contener pistas que indican en dónde se puede encontrar la respuesta en la lectura. No esté leyendo de azar la lectura par buscar la respuesta correcta a cada pregunta. Hay que hacer una búsqueda científica. Encuentre las palabras claves o ideas en la pregunta que van a tener o estar cerca de la respuesta correcta. Éstas suelen ser sustantivos, verbos, números o frases en la pregunta que probablemente van a ser duplicados en la lectura. Ya que se ha identificado estas palabras o ideas, dé un vistazo rápido para encontrar en dónde se encuentran estas palabras o ideas claves. La respuesta correcta va a estar cerca de ellas. Por ejemplo: ¿Qué causó Martín regresar rápidamente a Paris?

La palabra clave es Paris. Dé un vistazo rápido para encontrar en dónde se aparece esta palabra. La respuesta va a estar cerca de esta palabra.

Sin embargo, a veces las palabras claves son de las preguntas no se repitan en la lectura. En estos casos, busque la idea general de la pregunta.

Por ejemplo: ¿Cuál de los siguientes fue el impacto psicológico de la niñez del autor para el resto de su vida?

Las palabras claves son "niñez" o "psicológico". Mientras busque estas palabras, esté pendiente para otras palabras o frases que tienen significados similares, como "efectos emocionales" o "mentales" que se pueden usar en la lectura en lugar de la palabra exacta de "psicológicos".

Los números o los años pueden ser buenas palabras claves para buscar, porque se destacan del resto del texto.
Por ejemplo: ¿Cuál de los siguientes mejor describe la influencia de las obras de Monet en el siglo 20?

20 usa números y fácilmente se destacará del resto del texto. Use 20 como la palabra clave para la cual esté buscando en la lectura.

Otras palabras claves buenas pueden estar en comillas. Éstas identifican una palabra o frase que se copia directamente de la lectura. En estos casos, las palabras en comillas se toman directamente de la lectura.

Por ejemplo: En sus años universitarios, ¿qué significa su "motivación para el éxito"?

"Motivación para el éxito" es una cita directa de la lectura y debe ser fácil encontrarla.

Tenga Cuidado Con las Respuesta que Contienen Citas Directas

Al encontrar rápidamente la sección correcta de la lectura para buscar la respuesta, enfóquese en las opciones de las respuestas. Puede pasar que una opción repetirá una porción de la lectura palabra por palabra cerca de la respuesta. Sin embargo, tenga cuidado de la duplicación de palabra por palabra, porque puede ser una trampa. Suele pasar que la respuesta correcta resumirá la sección de la lectura que usar las palabras exactas.

La Verdad no Equivale la Certitud

Para las respuestas que cree que son correctas, léalas con cuidado y esté seguro/a que contestan la pregunta. Una respuesta puede ser correcta factualmente, pero TIENE QUE contestar la pregunta. Además, dos respuestas pueden parecer correctas, y hay que leer todas las opciones de las respuestas y estar seguro/a que ha elegido la MEJOR respuesta a la pregunta.

Cuando no Hay Palabra Clave
Algunas preguntas no van a tener una palabra clave.

Por ejemplo: ¿Con cuál de las siguientes estará de acuerdo el autor de esta lectura?

En estos casos, busque palabras claves en las opciones de las respuestas. Luego, dé un vistazo rápido para encontrar en donde se encuentra las palabras de las opciones de las respuestas en la lectura. Al dar un vistazo rápido para buscarlas, puede minimizar el tiempo que se toma para contestar la pregunta.

A veces puede ser difícil identificar una buena palabra clave en la pregunta por la cual debe estar buscando en la lectura. En estos casos, busque palabras claves en una de las opciones de las respuestas. Suele pasar que las opciones de las respuestas estarán en el mismo párrafo, y puede enfocar su búsqueda.

Enfóquese en el Párrafo

Enfóquese en la primera oración de cada párrafo, porque es la más importante. Normalmente, el tema principal del párrafo se encuentra en la primera oración de ello..

Al leer la primera oración del párrafo, va a tener una idea general de qué se trata el párrafo que va a leer. Mientras lee las preguntas, intente determinar cuál de los párrafos va a contener la respuesta. Los párrafos tienen temas concisos. Debe ser obvio si la respuesta va a estar allí o no. Puede ahorrar tiempo si puede buscar solamente al párrafo adecuado, así que es importante recordar lo que aprendió de la primera oración de los párrafos.

Por ejemplo: El primer párrafo se trate de poetas; el segundo de la poesía. Si la pregunta se trata de poesía, ¿en dónde se encontrará la respuesta? En el segundo párrafo.

La idea central de una lectura típicamente se extiende por todos o casi todos de los párrafos. Mientras la idea principal de un párrafo puede ser completamente diferente de la idea principal del que lo sigue, la idea principal de la lectura entera afecta a todos los párrafos en una manera u otra. Por ejemplo: ¿Cuál es la idea principal de la lectura?

Para cada respuesta, intenta ver cuántos párrafos son relacionados. Puede ayudar contar cuantas oraciones están afectas por cada respuesta, pero es más fácil ver cuántos párrafos están afectados por la respuesta. Típicamente las respuestas van a incluir respuestas incorrectas que son ideas principales de los párrafos, pero no de la lectura entera. Es por eso que es importante escoger las ideas que son apoyados por los más párrafos posibles.

Elimine Opciones

Algunas opciones se pueden eliminar fácilmente. "Andy Warhol vivió allí." ¿Menciona Andy Warhol en la lectura? Si no, se puede eliminar fácilmente esta opción.

Cuando está intentando contestar una pregunta como "la lectura indica todas MENOS el siguiente" dé un vistazo rápido del párrafo buscando referencias para cada opción de respuesta. Si una referencia existe, quítela de las opciones. Otras opciones similares también se pueden quitar, si son suficientemente similares.

Tenga cuidado con las respuestas que tienen palabras similares. Porque solamente una opción puede ser correcta, si hay dos respuestas que parecen significar la misma cosa, LAS DOS deben ser incorrectas y se pueden eliminar.
Por ejemplo:

1) Los valores y actitudes cambiantes
2) Una gran población de gente móviles o sin raíces

Estas dos opciones son similares. Ambas refieren a una cultura fluida. Por su similitud, se pueden vincular y como la pregunta solamente puede tener unas respuestas, las dos se pueden eliminar.

Pistas Contextuales

Busque las pistas contextuales. Una respuesta puede ser verdad, pero no correcta. Las pistas contextuales le pueden ayudar encontrar la respuesta que es la más verdad y la correcta. Hay que entender el contexto en el cual se hace una frase o dicho.

Cuando le pregunte el significado implicado de una frase que se hace en la lectura, vaya a la frase inmediatamente y lea el contexto en la cual se hace la frase. También, busque la respuesta correcta en una frase similar a la de la pregunta.

Por ejemplo: En la lectura, ¿qué se implica por la frase "Las iglesias se han hecho más o menos parte de los muebles"?

Busque una opción que es similar o que describa la frase "parte de los muebles" como se indica en la frase clave de la pregunta. "Parte de los muebles" quiere decir algo fijado, inmóvil o que está establecido. Todas esas son maneras similares de decir "parte de los muebles". Por eso, la respuesta correcta probablemente va a incluir palabras similares a esta expresión.

Por ejemplo: ¿Por qué John fue descrito como "moralmente desesperado"?

La respuesta probablemente va a tener una definición de lo que son los morales en ella. "Los morales" refieren a un código de comportamiento derecho o malo, y por eso la respuesta va a incluir palabras que significan algo similar.

Los Hechos/Las Opiniones

Acuérdese que las opciones de las respuestas que son hechos típicamente no contendrán palabras ambiguas Por ejemplo, ¿cuánto tiempo es un tiempo largo? ¿Qué define una persona ordinaria? Estas palabras de "largo" y "ordinaria" no aparecerán en una oración de hechos. Sin embargo, si todas las opciones contienen palabras ambiguas, hay que buscar el contexto de la lectura. Suele pasar que una oración de

hechos empieza como lo que se halló por una investigación.
Por ejemplo: "El científico halló que el ojo responde rápidamente a un cambio en la luz."

La opiniones pueden aparecer en el contexto de palabras como "se piensa, se cree, se entiende, se espera, etc."
Por ejemplo: "Él pensó que los Yankees deberían ganar la Serie Mundial."

Haga Predicciones

Una conveniencia de preguntas con párrafos cortos que son llenos de información es que puede acordar fácilmente los pocos hechos que se presentan, en comparación con los párrafos más largos. Como lee y comprende las preguntas, intente adivinar qué será la respuesta. Acuérdese que cuatro de las cinco de las respuestas son incorrectas y al empezar a leerlas, su mente empezará de llenarse con opciones de respuestas que se diseñan para confundirlo/a. Su mente es típicamente la más enfocada inmediatamente después de leer la pregunta y haber digerido el contenido de ella. Si se puede, intente prevenir cuál sería la respuesta correcta. Se puede sorprenderse a lo que puede prevenir.

Lee con rapidez las opciones y ve si su predicción se encuentra en la lista de las opciones. Si está en la lista, entonces, Ud. puede tener confianza que tiene la respuesta correcta. No le hará daño revisar las otras opciones, pero la mayoría de veces, ya la tiene.

Conteste la Pregunta

Esto de elegir la respuesta que conteste la pregunta se debe parecer obvio, pero el examen del GED puede crear unas excelentes opciones que son incorrectas. No elija una opción solamente porque suena correcta o que Ud. cree que es correcta. TIENE que contestar la pregunta. Ya que ha hecho su selección, siempre regrese y chéquela contra la pregunta y esté seguro/a que no leyó mal la pregunta y que la respuesta que Ud. eligió sí contesta la pregunta que se está haciendo.

El Estándar de las Opciones para Hacer la Comparación

Después de leer la primera opción en las respuestas, decida si cree que suena correcta o no. Si no suena correcta, entonces siga a la próxima opción. Si sí suena correcta, haga una marca en el libro al lado de ella. Esto no significa que está seguro/a que va a elegir esta opción, solamente indica que es la mejor opción que ha visto hasta aquí. Siga a la próxima opción y léala. Si la segunda opción es peor que la que ya eligió, siga a la próxima opción. Si la segunda opción es mejor que la que ya había elegido, entonces hay que marcarla mentalmente como su mejor opción.

La primera selección que hace va a ser el estándar. Va a comparar cada otra opción de respuesta con el estándar. La opción que Ud. eligió como el estándar va a seguir siéndolo hasta que encuentre otra opción que sea mejor. Ya que ha decidido que no hay otra opción que le parezca mejor, cheque que la opción que eligió sí contesta la pregunta.

Información Nueva

Las respuestas correctas suelen contener la información indicada en el párrafo y la pregunta. Raramente se presentará información nueva en la respuesta correcta. Ocasionalmente nueva información se puede presentar en una manera relacionada que el examen del GED le está pidiendo que interprete, pero esto no ocurre muchas veces.

Por ejemplo:
El argumento que se presenta arriba depende de cual de las suposiciones siguientes:
1. Los científicos han usado la Ley de Charles para interpretar la relación.

Si la Ley de Charles no se menciona en el párrafo referido o argumento, entonces, es improbable que esta opción sea la correcta. Le da toda la información que necesita para contestar la pregunta y no tendrá que hacer adivinaciones que no son apoyadas por el texto ni tendrá que escoger respuestas que contienen información no determinada ni que no se puede razonar.

Las Palabras Claves

Busque opciones de las respuestas que tienen las mismas palabras claves que se encuentran en la pregunta.
Por ejemplo:
¿Cuál de las siguientes, si cierta, mejor explica la aversión de los políticos desde los 1980 para apoyar este fondo?

Busque las palabras claves de "desde los 1980" que sean referidas en la respuesta correcta. Muchas de las opciones válidas de las respuestas probablemente incluirán una frase como "desde los 1980, los políticos han..."

Información Válida

No descuente ninguna de la información que se incluye en los párrafos cortos. Como son muy cortos, cada pedazo de información que se incluye en ellos puede ser necesario para determinar la respuesta correcta. Ninguna parte de la información en la pregunta está allí para causarle confusión (pero las repuestas sí van a contener información que le cause confusión). Si le parece que se discuten dos temas que no son relacionados, no ignore ninguno de los dos. Hay que tener confianza que va a ser una relación entre ellos, o no se incluirían en el párrafo y a lo mejor Ud. va tener que determinar cuál es la relación entre ellos para llegar a la respuesta correcta.

El Manejo de su Tiempo

Para las lecturas técnicas, no se pierda en los términos técnicos. Sáltelos y siga adelante. Quiere llegar a un entendimiento general de qué se trata, no tener un entendimiento total de la lectura.

Cuando encuentre material en la lectura que le parece difícil entender, puede ser que no sea necesaria y se puede saltar. Gaste solo el tiempo que se requiere para determinar si va a ser relevante para una pregunta. Entienda las frases difíciles solo cuando como último recurso.

Identifique cada pregunta por su tipo. Normalmente las palabras que se usan en una pregunta le van a indicar si se puede encontrar la respuesta por referir directamente a la lectura o por usar los poderes del razonamiento.

Las Preguntas Muy Técnicas No Siempre Son Así

A veces le pueden dar un pedazo de información al final de la lectura.
Por ejemplo:
Un médico examinando una tribu de gente nueva dentro de las selvas amazónicas descubrió que el área relativa total de superficie de los vascos capilares fue más grande de lo que se había reportado para cualquiera otra gente. Si el médico fuera predecir que la velocidad media de la sangre por los vascos capilares, ¿cuál de los valores sería el más razonable?
Nota: La velocidad de la sangre es más lento en los vascos capilares (3cm/segundo por medio).

1) 2 cm/segundo
2) 3 cm/segundo
3) 4 cm/segundo
4) 5 cm/segundo

Ya sabe que 3 cm/segundo es el estándar, lo cual es la opción 2. Sin entender todo el resto de la material que se presenta, es posible escoger la respuesta correcta, la 1. La razón es porque es la única que tiene una cantidad menos de 3 cm, mientras hay dos respuestas que son más que 3 cm/segundo. Como no está buscando una respuesta exacta, puede determinar que si la respuesta correcta fuera más que 3, hay dos opciones que son más de 3 cm/segundo y entonces DOS de las respuestas caben en este criterio. Pero, si la respuesta correcta es menos que 3 cm/segundo, solamente UNA respuesta cabe en este criterio, lo cual significa que es probable que sea la respuesta correcta.

Entender la Lectura

No desgaste tiempo precioso intentando entender completamente las lecturas. Pueden contener información complicada que es difícil interpretar. Dé un vistazo rápido para llegar a una idea general de qué se trata la lectura y salte directamente a las preguntas. Mientras lea las preguntas, determine qué le está preguntando y regrese a la lectura para buscar la respuesta correcta.

Las Frases que no Limitan

Otra vez, tenga cuidado con las frases que no limitan como probable, puede(n), a veces, muchas veces, casi, normalmente, suele, generalmente, raramente, de vez en cuando, etc. Los escritores de los exámenes usan estas frases que no limitan para cubrir cada posibilidad. Muchas veces, una respuesta es incorrecta simplemente porque no deja espacio para las excepciones.
Por ejemplo: Los animales viven por más tiempo en lugares fríos que los animales en los lugares calientes.

Esta opción de respuesta es incorrecta, porque hay excepciones en la cuales ciertos animales que viven en lugares calientes viven por más tiempo. Esta opción no deja espacio para las excepciones. Indica que cada especie de animal que vive en los lugares fríos vive por más tiempo que las especies que viven en lugares caliente. Las opciones correctas típicamente incluyen una palabra que no limita para dejar lugar para las excepciones.

Por ejemplo: En el frío severo, un cachorro de un oso polar probablemente sobrevivirá por más tiempo que un oso polar adulto.

Esta opción de las respuestas es correcta, porque no solamente deja espacio para implicar que los animales jóvenes pueden sobrevivir mejor en el frío, sino también deja espacio para que existan las excepciones. El uso de la palabra "probablemente" deja espacio para los casos en los cuales un cachorro de un oso polar no sobrevivirá por más tiempo que un oso polar adulto.

El Uso de las Palabras

Cuando le pregunta cómo se usa una palabra en la lectura, no use su conocimiento existente de la palabra. La pregunta se está preguntando precisamente porque hay un uso raro o no usual de la palabra en la lectura. Vaya a la sección en donde se usa la palabra y use las pistas contextuales para determinar la respuesta. No solamente use la definición popular que sabe.

Palabras que hacen que desvíe el Pensamiento

Esté alerto/a para las palabras que hacen que desvíe el pensamiento. Frecuentemente, estas palabras y frases se usan para indicar una desviación en el pensamiento. La más común es "pero." Otras incluyen: aunque, por la otro mano, mientras, a pesar de eso, por el otro lado, no obstante, sin embargo, empero, aún así.

Evite "Trampas de Hechos"

Al saber en cual párrafo se va a encontrar la respuesta, enfóquese en este. No se distraiga en las opciones que son factualmente ciertas del párrafo. Usted está buscando la respuesta que contesta la pregunta, la cual puede ser de un aspecto muy pequeño en el párrafo. Enfóquese y no elija una opción que describe el párrafo entero. Siempre vuelva a la pregunta y estar seguro/a que esté eligiendo la respuesta que de verdad contesta la pregunta y no solamente es un dicho verdadero.

El Examen de la Ciencia

Estas preguntas van a examinar su conocimiento de los principios y conceptos básicos en la ciencia.

Este examen le puede asustar. Puede ser que ha pasado mucho tiempo desde que ha estudiado los conceptos básicos que se cubren y aun para el estudiante más avanzado o exitoso, estos términos pueden ser no muy conocidos. Las capacidades generales de tomar los exámenes van a ser las más útiles. NO DEJE QUE SE LE ACABE EL TIEMPO, trabaje rápidamente y use los métodos de marcar el paso que hemos borrados en la sección de las estrategias de tomar el examen.

La más importante cosa que puede hacer es ignorar sus miedos y meterse ya de una vez al examen. No esté asustado por los términos que suenan raros. Hay que entrar de inmediato al examen como se hace al meterse a la alberca – ya de una vez es la mejor manera. El manejo del tiempo en este examen puede ser muy difícil, como algunas de las preguntas que le hacen pueden causar mucha confusión y se puede gastar innumerables minutos mientras esté pensando en la repuesta. Para tener éxito, hay que trabajar eficientemente y terminar el examen entero antes de que le acabe el tiempo.

La Biología

El Base Químico de la Vida

Átomo – Una unidad de materia, la unidad más pequeña de un elemento que tiene todas las características de un elemento, consistiendo de un núcleo denso, central con una carga positiva que está rodeada por un sistema de electronos
Molécula- La más pequeña partícula de una sustancia que retiene las propiedades químicas y físicas de las sustancia y se compone de dos o más átomos; un grupo de átomos que son parecidos o no son parecidos que son enlazados vinculados por fuerzas químicas
Enlace Químico- Cualquiera de las fuerzas o mecanismos, especialmente el enlace iónico, covalente y metálico, por el cual un átomo o ion son enlazados en una molécula o cristal
Neutrón- Una partícula subatómica de carga neutral en la familia barión, que tiene un número másico 1,839 más del electrón. Es estable cuando está enlazado en un núcleo atómico y tiene una vida media de aproximadamente 1.0×10^3 segundo como una partícula libre. El neutrón y el protón forman casi el número másico entero de los núcleos atómicos.
Protón- Una partícula estable subatómica de carga positiva en la familia barión que tiene un número másico 1,836 más del electrón.
Electrón- Una partícula estable subatómica en la familia leptón que tiene un número másico de 9.1066×10^{-28} gramos y una unidad negativa de cargas negativas de aproximadamente 1.602×10^{-19} culombios
Número Atómico-El número de los protones en un núcleo atómico
Isótopo-Uno o dos de más átomos que tienen el mismo número atómico pero que tienen número másicos diferentes
Radioactividad- La emisión espontanea de la radiación o directamente de los núcleos atómicos no estables o como consecuencia de una reacción nuclear
Enlace Covalente- Un enlace químico que se forma al compartir los átomos uno o más de los electronos, especialmente una pareja de electronos
Enlace de Iónico- Un enlace químico entre dos ionos con cargas opuestas; es característica de las sales
Enlace de Hidrógeno - Un enlace químico en el cual un átomo del hidrógeno de una molécula se atrae al átomo electronegativo, especialmente un átomo de nitrógeno, oxigeno o flúor; típicamente de otra molécula
pH - p(otencial del) H(idrógeno); el logaritmo de la concentración del ion recíproco del hidrógeno en los gramos atómicos por litro. Se usa como una manera de medir la acidez o la alcalinidad de una solución en una escala de 0-14 (con 7 siendo lo neutral)

Sepa la estructura y función de las moléculas que son importantes biológicamente. También sepa los rasgos únicos del agua.
Sepa las moléculas orgánicas siguientes:
Aminoácido- Un compuesto orgánico que contiene el grupo del amino (NH_2), un grupo ácido carboxílico (COOH) y otros de los varios otros grupos, especialmente cualquier de los 20 compuestos que tiene la fórmula básica $NH_2CHRCOOH$, y que son enlazados por enlaces péptidos para formar proteínas o que funcionan como los mensajeros químicos y como intermedios en el metabolismos
Proteínas- Cualquiera de un grupo de macromoléculas orgánicas que contienen el carbono, hidrógeno, oxigeno, nitrógeno y normalmente el azufre y que se componen de una o más cadenas de aminoácidos. Las proteínas son componentes fundamentales de las células vivas e incluyen muchas sustancias, como los enzimas, hormones, y anticuerpos, que son necesarias para el funcionamiento bien del organismo.
Nucleótidos- Cualquier de varios compuestos que se consisten de un nucleósido combinado con un grupo fosfórico y que forma el constituyente básico del ADN y ARN
Ácidos Nucleicos – Cualquier del grupo de los compuestos complejos que se encuentran en las células vivas y las virusas. Son compuestos de purinas, piramidales, carbohidratos y ácidos fosfóricos. Los ácidos nucleicos en la forma del ADN o ARN controlan la función de las células y la herencia
Termodinámica- la física que se trata de las relaciones y las conversiones entre el calor y otras formas de la energía.
Anabólica- La fase del metabolismo en la cual las sustancias simples son transformadas a las materiales complejas de los tejidos vivos.
Catabólica- La desprendida metabólica de las molécula complejas en unas más simples, la cual resulta de vez en cuando en una excreción de energía
Endergónica- Requiere la energía
Exergónica- Deja libre la energía
Enzimas- Cualquiera de los numerosas proteínas o las proteínas conjugadas por un organismo vivo y que está funcionando como un catalizador bioquímico
Coenzimas- Una sustancia orgánica no proteica que normalmente contiene una vitamina o mineral y se combina con una proteína específica, la apoenzima, para formar un sistema de enzimas activo
Fotosíntesis- El proceso en las plantas verdes y ciertos otros organismos por la cual todos los carbohidratos son transformados del dióxido del carbono y el agua, usando la luz como una fuente de energía. La mayoría de las formas de la fotosíntesis emiten el oxígeno como un sub-producto.
La Respiración Celular- La serie de los procesos metabólicos por los cuales las células vivas producen la energía por la oxidación de sustancia orgánica.
Aeróbico – viviente o se ocurre sólo en presencia de oxígeno
Anaeróbico- Un organismo, como una bacteria, que puede vivir en ausencia de oxígeno atmosférico

Estructura y Función de la célula

Núcleo- grande, unido a la membrana, la estructura protoplásmica generalmente esférica dentro de una célula viva, que contienen material hereditario de la célula y que controla su metabolismo, el crecimiento y la reproducción
Orgánulos- Una estructura diferenciada dentro de una célula, como una mitocondria, vacuolas o cloroplastos que realiza una función específica.
Nucléolo-Un cuerpo pequeño, normalmente ronda granular compuesta de proteínas y ARN en el núcleo de una célula. Por lo general se asocia con un sitio cromosómico específico y participan en la síntesis de ARN ribosómica y la formación de los ribosomas.
Ribosoma-Una partícula minuta redonda compuesta por ARN y proteínas que se encuentra en el citoplasma de las células vivas, y sirve como el sitio de reunión para los polipéptidos codificados por el ARN mensajero.
Retículo Endoplásmico Liso- Una estructura de la membrana interna de la célula eucariota. Es bioquímicamente similar al retículo endoplasmático rugoso, pero carece de la función de unión a ribosomas.

Retículo Endoplásmico Rugoso- Orgánulos de membrana de los eucariotas que forma las hojas y los túbulos.
Aparato de Golgi -Una red de vesículas membranosas apiladas presente en la mayoría de las células vivas que funciona en la formación de secreciones dentro de la célula
Los Lisosomas - un orgánulo membranoso en el citoplasma de la mayoría de las células que contienen diversas enzimas hidrolíticas que funcionan en la digestión intracelular
Vacuolas-Una pequeña cavidad en el citoplasma de una célula, unidos por una sola membrana y que contiene el agua, los alimentos o los desechos metabólicos
Las Mitocondrias - un orgánulo esférico o alargada en el citoplasma de casi todas las células eucariotas, que contienen material genético y de muchas enzimas importantes para el metabolismo celular, incluso los responsables por la conversión de los alimentos en energía utilizable
Cloroplastos- Orgánulos celulares que contiene clorofila que se encuentran en las células vegetales y algas verdes
Citoesqueleto-La estructura interna de una célula, compuesta en gran parte de los filamentos de actina y los microtúbulos
Microvellosidades-Cualquiera de las estructuras minutas parecidas a pelos que salen de la superficie de ciertos tipos de células epiteliales, especialmente las del intestino delgado.
Flagelo- Un apéndice largo que se parece filiforme, especialmente una extensión de látigo de ciertas células u organismos unicelulares que funciona como un órgano de locomoción
Cilio-Un proceso de pelos microscópicos que se extiende desde la superficie de una célula o un organismo unicelular. Son capaces de movimiento rítmico, y se actúa al unísono con otras estructuras para provocar el movimiento de la célula o del medio circundante
Procariotas-Un organismo del reino Monera (o Prokaryotae), de los cuales las bacterias y cianobacterias, que se caracteriza por la ausencia de un núcleo distinto, unido a la membrana o las orgánulos unidos a la membrana, y por el ADN que no está organizado en cromosomas
Las Células Eucariotas-Un organismo unicelular o pluricelular cuyas células contienen un núcleo encerrado dentro de una membrana
Homeostasis- La capacidad o tendencia de un organismo o célula a mantener el equilibrio interno por ajustar sus procesos fisiológicos
Meiosis- El proceso de división celular en organismos con reproducción sexual que reduce el número de cromosomas en las células reproductivas de diploides a haploides, lo que lleva a la producción de gametos de animales y esporas en las plantas
Sepa el Ciclo de las Células.

El Base Molecular de la Herencia

Herencia- La transmisión genética de las características de padres a hijos.
Genética- La rama de la biología que se ocupa de la herencia, especialmente los mecanismos de transmisión hereditaria y la variación de las características heredadas de los organismos similares o relacionados.

Desoxirribonucleótido

Una estructura de anillo que contiene nitrógeno llamada **la base**. La base se une al átomo de carbono del 1 'de la pentosa. En el ADN, cuatro bases diferentes se encuentran:

1. dos purinas, llamados adenina (A) y guanina (G)
2. dos pirimidinas, llamada timina (T) y citosina (C)

Ribonucleótido
La ARN contiene:

1. Las mismas purinas, adenina (A) y guanina (G).
2. ARN también utiliza la pirimidina citosina (C), pero en lugar de timina, utiliza la pirimidina uracilo (U).

La Clonación- La clonación-Una secuencia de ADN, como un gen, que se transfiere de un organismo a otro y se replica mediante técnicas de ingeniería genética

La Genética y la Evolución
La Evolución-

La evolución se define como:

1. Cambio en la composición genética de una población durante generaciones sucesivas, como resultado de la selección natural actuando sobre la variación genética entre los individuos, y como resultado el desarrollo de nuevas especies.
2. El desarrollo histórico de un grupo de organismos relacionados; filogenia

Charles Darwin- Naturalista británico que revolucionó el estudio de la biología con su teoría de la evolución basada en la selección natural

La Ley de Hardy-Weinberg (y Castle)

En 1908, G.H. Hardy, W. Weinberg W. y W. Castle independientemente contradijeron la suposición ingenua de que por la prevalencia numérica, un alelo se hará más común a través del tiempo (es decir, cambiar las frecuencias de genes por sí solos)
En ausencia de los procesos evolutivos, las frecuencias génicas seguirá siendo el mismo a través del tiempo
Varias hipótesis son hechas:

- No hay mutación
- No hay migración
- No hay selección
- No hay endogamia (pe., en una población infinita grande)
- No hay desvío (pe. lo mismo de arriba)
- Se reproduce sexualmente

Los tres puntos que son hechos por la Ley de H-W son:
1) Las frecuencias de los alelos no se cambian de una generación a la siguiente
2) Las frecuencias del genotipo en equilibrio no se cambian y se dan por la formula de H-W
3) El equilibrio se obtiene en una generación única (si las frecuencias de los alelos son las mismas para los dos sexos)
La Selección Natural- El proceso en la naturaleza por el cual, según la teoría de Darwin de la evolución, sólo a los organismos mejor adaptados a su medio ambiente tienden a sobrevivir y transmitir sus características genéticas de cada vez más a las generaciones sucesivas, mientras que los menos adaptados tienden a ser eliminados
Especiación-La formación evolutiva de nuevas especies biológicas, generalmente por la división de una sola especie en dos o más seres genéticamente distintos
Híbrido- Los hijos de padres genéticamente diferentes o de razas diferentes, especialmente la descendencia producida por la cría de plantas o animales de diferentes variedades, especies o razas

La Extinción-

La Extinción se define como: La Extinción se define como:

1. Cambio en la composición genética de una población durante generaciones sucesivas, como resultado de la selección natural actuando sobre la variación genética entre los individuos, y como resultado el desarrollo de nuevas especies.
2. El desarrollo histórico de un grupo relacionado de organismos

Gregor Mendel- botánico austriaco y fundador de la ciencia de la genética. A través de experimentos con plantas, principalmente guisantes, descubrió el principio de la herencia de características a través de la combinación de genes de células madre.
La Ley de la Segregación- Los principios que rigen la herencia fueron descubiertas por un fraile llamado Gregor Mendel en la década de 1860. Uno de estos principios, que ahora se llama la ley de segregación de Mendel, dice que los pares de alelos se separan o se segregan durante la formación de gametos, y se unen en la fecundación al azar.
La Ley de la Segregación Independiente- Los principios que rigen la herencia fueron descubiertas por un fraile llamado Gregor Mendel en la década de 1860. Uno de estos principios, que ahora se llama la ley de segregación independiente de Mendel, dice que los pares de alelos se separan

independientemente durante la formación de gametos y que sus características son transmitidas a sus hijos independientemente del otro alelo.

Alelos- Una forma alternativa de un gen (un miembro de un par) que se encuentra en una posición específica en un cromosoma específica.

Gametos- las células haploides reproductiva que se unen durante la reproducción sexual para formar un cigoto diploide. Los gametos masculinos son los espermatozoides y los gametos femeninos son los huevos.

Haploides-

1. Tienen el mismo número de juegos de cromosomas como las células embrionarias o la mitad de las células somáticas.
2. Tienen un solo juego de cromosomas

Diploide- Las células diploides tienen un juego de cada tipo de cromosoma, y el número básico de los cromosomas es doble

Cromosomas Sexuales- Cualquier de los pares de cromosomas que suelen ser designados como X o Y, en la células embrionarias de la mayoría de los animales y algunas plantes. Se combinan para determinar el sexo y los rasgos que son relacionados al sexo de un individuo, con la combinación XX resultando en una hembra y la XY en un macho en los mamíferos

La Ecología: El Organismo y el Ambiente

La Población- Todos los organismos que constituyen un grupo específico o que ocurren en una hábitat especificada

Comunidad-

1. Un grupo de plantas y animales que viven y se interactúan en una región específica bajo casi las mismas condiciones del ambiente.
    a. La región que se ocupa un grupo de organismos que interactúan.

La Diversidad- Una variedad o múltiples formas de algo

La Depredación- La captura de la presa como un medio de mantener la vida

Parasitismo- El comportamiento característico o manera de sobrevivir de una parasito o una población parasítica

Mutualismo- Una asociación entre organismos de dos grupos de especies diferentes en la cual los dos grupos se beneficie

Sucesión- El proceso gradual y ordenado de desarrollo de los ecosistemas provocada por los cambios en la composición de la comunidad y la producción de una característica clímax de una región geográfica particular

Ecosistema- Una comunidad ecológica, junto con su entorno, funcionando como una unidad

Sepa los siguientes tipos, características de y diversidad biológica entre las áreas bióticas:

Acuático- Consistiendo de, relacionado con, o estar en el agua

Terrestre- Viviendo o cultivando en la tierra, no acuático

Niveles Tróficos:

- **Los productores**-Una planta o una bacteria fotosintética verde quimiosintéticas, constituyendo el primer nivel trófico en una cadena alimenticia; un organismo autotrófico
- **Los consumidores**-Un organismo heterótrofo que ingiere otros organismos o materia orgánica en una cadena alimenticia
- **Descomponedores**-Un organismo, normalmente una bacteria u hongo que se alimenta y se descompone de plantas muertas o animales, lo que hace disponible los nutrientes al ecosistema.
- **Autótrofos**-Un organismo capaz de sintetizar su propio alimento de sustancias inorgánicas, utilizando la luz o energía química.
- **Heterótrofos**-Un organismo que no puede sintetizar su propio alimento y depende de sustancias orgánicas complejas para la nutrición.
- **La Cadena Alimentaria**-una sucesión de organismos en una comunidad ecológica que constituye una continuación de la energía alimentaria de un organismo a otro, ya que cada consume un miembro inferior y, a su vez es presa de un miembro superior

La Biología de los Organismos y la Diversidad de la Vida

El sistema de la clasificación de los Reinos:

- **Monera**- bacterias procariotas y las algas azul-verdes y diversos patógenos primitivos; debido a la falta de consenso sobre cómo dividir los organismos en los nombres de los filos informal son utilizados por las grandes divisiones
- **Protista**- Un grupo provisional en el que se colocan una serie de bajas organismos microscópicos de carácter dudoso
- **Los Hongos-** Cualquiera de numerosos organismos eucariotas del reino Fungi, que carecen de clorofila y de tejidos vasculares y tienen una diversidad de formas, de una sola célula a una masa corporal de las hifas ramificados filamentosos que suelen producir cuerpos fructíferos especializados
- **Plantea**- reino taxonómico que comprende todas las plantas vivas o extintas
- **Animalia**- reino taxonómico que comprende todos los animales vivos o extintos

Dominio de Sistemas:

- **Bacteria**- Cualquiera de los microorganismos unicelulares procariotas de la clase
- **Schizomicetes**, que varían en su morfología, y los requerimientos del oxígeno y nutricionales y la movilidad. Pueden existir de vida libre, de saprófitos o de patógenos en las plantas o en los animales.
- **Archaea-** Este es un super-clasificación de las bacterias extrañas que no son ni los eucariotas ni procariotas. Algunos científicos creen que representan un reino independiente. El género principal es Archaebacteria, cuyos miembros pueden agruparse en tres categorías: los microbios que pueden vivir en ambientes muy salados (halófilos), los microbios que producen metano (metanógenos), y los microbios que pueden vivir en ambientes extremadamente calientes (termófilos).
- **Eucariota**- El dominio filogenético que contiene todos los organismos eucariotas

Los esquemas de nomenclatura son los siguientes: reino, filo, clase, orden, familia, género y especie

Las Plantas

Sepa de la evolución de las plantas

Sepa los diferentes tipos de las plantas

- **Gimnospermas**-Una planta, como la cícada y las coníferas, cuyas semillas no están incluidas dentro de un ovario
- **Briófitos**-Una planta de la Briofita, una división de fotosíntesis, principalmente terrestres, de las plantas no vasculares, como los musgos, hepáticas y antoceros
- **Pterófitos**-Cualquiera de numerosas plantas sin flores y sin semillas vasculares con raíces, tallos y hojas y se reproducen por esporas
- Angiospermas-Una planta cuyos óvulos están encerrados en un ovario, una planta con flores
- **Xilema**-El tejido vegetal leñoso de las plantas vasculares, compuesto principalmente de traqueadas y vasos; tejido leñoso
- **Floema**-El tejido que transmite la comida de las plantas vasculares, compuesto de tubos cribosos, fibras, parénquima y esclarecidas
- **Gametofitos**-La fase en la cual los gametos se producen en una planta caracterizada por la alternancia de generaciones
- **Esporofitos**-La fase de esporas que producen en el ciclo de vida de una planta que presenta alternancia de generaciones
- **La germinación**-El proceso de germinación, el inicio de la vegetación o el crecimiento de una semilla o planta, el primer desarrollo de gérmenes, ya sea animal o vegetal

Los Animales

Sepa las clasificaciones basadas en la filogenia:

- **Porífera-** La gran división del reino animal que incluye a las esponjas
- **Cnidaria-** Un grupo global equivalente a la verdadera Coelenterata, es exclusiva de las esponjas
- Platelmintos-gusanos planos
- **Nematodo**- Una orden de gusanos, que tiene una larga ronda, y en general, cuerpo liso; los lombrices. La mayoría de ellos son parásitos
- **Rotífera-** Una orden de gusanos minutos que suelen tener uno o dos grupos de cilios que vibran en la cabeza, que, cuando está en movimiento, suele dar un aspecto de unas ruedas girando rápidamente
- **Molusca**- Un grupo de invertebrados con una concha dura y un cuerpo blando
- **Artrópodos**- Una división grande de articulados, que abarca todas las que tienen patas articuladas.
- **Anélida**- Una división de los articulados, teniendo el cuerpo formado por numerosos anillos o segmentos anulares, y sin patas articuladas.
- **Equinodermos**- marinos invertebrados de simetría radial, incluyendo por ejemplo, estrellas de mar y erizos de mar y pepinos de mar
- **Cordado**- Cualquiera de los numerosos animales que pertenecen al filo Cordata, que en algún momento del desarrollo de un cordón nervioso dorsal, un notocordio, y hendiduras branquiales e incluyendo todos los vertebrados y algunos animales marinos, como los pikiaia

Sepa de la circulación de los sistemas de los animales, como:

- **El Corazón**- El órgano muscular de cavidades en los vertebrados que bombea la sangre recibida de las venas a las arterias, lo cual se mantienen el flujo de sangre a través de todo el sistema circulatorio
- **Vasos sanguíneos**-Un canal tubular elástico, como una arteria, una vena o un capilar, a través del cual circula la sangre
- **Las venas**-Cualquiera de los tubos membranosos que forman un sistema de ramificación y llevan la sangre al corazón
- **Arteria**-Cualquiera de los conductos musculares elásticos que forman un sistema de ramificación y que llevan la sangre desde el corazón a las células, tejidos y órganos del cuerpo
- **Capilar**-Uno de los diminutos vasos sanguíneos que conectan las arteriolas y vénulas. Estos vasos sanguíneos forman una intrincada red en todo el cuerpo para el intercambio de diversas sustancias, tales como el oxígeno y el dióxido de carbono, entre las células de la sangre y las células del tejido

La digestión-El proceso por el cual el alimento se transforma en sustancias que pueden ser absorbidos y asimilados por el cuerpo. Se realiza en el tubo digestivo por la avería mecánica y enzimática de los alimentos en compuestos químicos más simples
Las Enzimas-Cualquiera de numerosas proteínas o proteínas conjugadas producidos por organismos vivos y funcionando como catalizadores bioquímicos
Colecistoquinina - una hormona producida principalmente por el intestino delgado en respuesta a la presencia de las grasas, causando la contracción de la vesícula biliar, la liberación de la bilis y la secreción de enzimas digestivas pancreáticas
Gastrina - Una hormona secretada por las glándulas de la mucosa del estómago que estimula la producción de jugo gástrico
La Sangre- la fluida que consiste en plasma, células sanguíneas y plaquetas que se distribuye por el corazón a través del sistema vascular de vertebrados, transportando oxígeno y nutrientes a los tejidos del cuerpo y los materiales de desecho lejos de todos de ellos
Los Eritrocitos-Una célula en la sangre de los vertebrados que transporta el oxígeno y el dióxido de carbono y de los tejidos. En los mamíferos, los glóbulos rojos son en forma de disco y bicóncava, contiene la hemoglobina, y carece de un núcleo

La hemoglobina - el pigmento respiratorio que contiene hierro en las células rojas de la sangre de los vertebrados, que consta de cerca de 6 por ciento del grupo hemo y globina 94 por ciento
Los Leucocitos- cualquiera de las células sanguíneas que tienen un núcleo y el citoplasma, se separan en una capa fina blanca cuando la sangre total se centrifuga y ayudar a proteger el cuerpo contra la infección y la enfermedad
Plasma- La porción líquida clara, amarillenta de la sangre, linfa, líquido o intramuscular en el que las células son suspendidas. Se diferencia del suero en que contiene fibrina y otros elementos solubles en la coagulación
Las Plaquetas-Un cuerpo citoplasmático minuto sin núcleo en la forma de un disco que se encuentran en el plasma sanguíneo de los mamíferos y que se deriva de un megacariocito. Funcionan para promover la coagulación de la sangre
Inmunidad-La calidad o condición de ser inmune
Anticuerpos-Una proteína en forma de Y en la superficie de células B que se secreta en la sangre o la linfa en respuesta a un estímulo antigénico, tal como una bacteria, virus, parásitos, o un órgano trasplantado, y que neutraliza el antígeno al unirse específicamente a ella, una inmunoglobulina
Antígenos-Una sustancia que cuando se introducen en el organismo estimula la producción de un anticuerpo
La Termorregulación - Mantenimiento de una temperatura corporal interna constante independiente de la temperatura del medio ambiente
Respiración-El acto o proceso de inhalar y exhalar; respiración
La Excreción-El acto o proceso de descargar materiales de desecho de la sangre, tejidos u órganos
Sistema Nervioso - El sistema de células, tejidos y órganos que regula las respuestas del organismo a los estímulos internos y externos. En los vertebrados está compuesto por el cerebro, la médula espinal, los nervios, ganglios y partes de los receptores y los órganos efectores
Sistema Cardiovascular - (el sistema circulatorio) El sistema corporal que consiste en el corazón, los vasos sanguíneos y la sangre, que circula la sangre por todo el cuerpo, proporciona los nutrientes y otros materiales esenciales para las células, y elimina los productos de desecho
Sistema Endocrino-El sistema físico que consiste en las glándulas endocrinas y funciona para regular las actividades del cuerpo
Sistema Respiratorio -el sistema integrado de órganos implicados en la ingesta y el intercambio de oxígeno y dióxido de carbono entre un organismo y el medio ambiente
Sistema Digestivo -el tubo digestivo y las glándulas digestivas que se consideran como un sistema integrado responsable de la ingestión, la digestión y absorción de los alimentos
Sistema Reproductivo - el sistema corporal de las gónadas, los conductos asociados, y las genitales externas relacionadas con la reproducción sexual
Sistema Renal -el sistema corporal que consiste en los riñones y funciona para regular las actividades del cuerpo
Sistema Esquelético - el sistema corporal que consiste en los huesos, sus cartílagos asociados, y las articulaciones, y apoya y protege el cuerpo, produce las células sanguíneas, y guarda los minerales
Sistema Inmunológico - el sistema corporal integrado de los órganos, tejidos, células y productos celulares, como los anticuerpos que diferencia la cosas de uno a las cosas que no son de uno y neutraliza los microorganismos o sustancia potencialmente patógenos
Sistema Muscular - el sistema corporal que se compone del tejido musculoso, esquelético, liso y cardíaco y funciona en el movimiento del cuerpo o de los materiales a través del cuerpo, el mantenimiento de la postura, y la producción de calor
El Cerebro- La parte del sistema nervioso central de los vertebrados que está encerrado en el cráneo, continua con la médula espinal, y compuesto de materia gris y materia blanca. Es el centro principal para la regulación y control de las actividades corporales, recibe e interpreta los impulsos sensoriales, y la transmisión de información a los músculos y órganos del cuerpo. Es también la sede de la conciencia, el pensamiento, la memoria y la emoción

La Médula Espinal- la cuerda gruesa, blanquecina de tejido nervioso que se extiende desde el bulbo raquídeo a través de la columna vertebral y de la que los nervios espinales se ramifican en varias partes del cuerpo

La Ciencia de la Tierra y del Espacio

La Tierra- El tercer planeta del sol, que tiene un período sideral de revolución alrededor del Sol de 365,26 días a una distancia media de aproximadamente 149 millones de kilómetros (92.960.000 millas), un período de rotación axial de 23 horas 56,07 minutos, un radio medio de 6378 kilómetros (3963 millas), y una masa de aproximadamente 5.974 × 1.024 kilogramos (1.317 × 1.025 libras)
El Sol- Una estrella que es la base del sistema solar y que sostiene la vida en la Tierra, siendo la fuente de calor y luz. Tiene una distancia media de la Tierra de unos 150 millones de kilómetros (93 millones de millas) de diámetro de aproximadamente 1.390.000 kilómetros (864.000 millas) y una masa de unas 330.000 veces la de la Tierra
El Calor Interno
La Gravedad-

1. La fuerza natural de la atracción ejercida por un cuerpo celeste, como la Tierra, a los objetos en o cerca de su superficie, que tiende a atraerse hacia el centro del cuerpo.
2. La fuerza natural de la atracción entre dos cuerpos masivos, que es directamente proporcional al producto de sus masas e inversamente proporcional al cuadrado de la distancia entre ellos.

Las Ondas-

1. Una perturbación que se propaga a través de un medio por el cual la energía se transfiere de una partícula del medio a otro sin causar deformación permanente del medio en sí mismo.
2. Una representación gráfica de la variación de dicha perturbación con el tiempo.
3. Un único ciclo de esa perturbación.

Las Tectónicas y los Procesos Internos de la Tierra

La Tectónica de Placas-Una teoría que explica la distribución global de los fenómenos geológicos, como sismicidad, vulcanismo, la deriva continental y la formación de montañas en cuanto a la formación, la destrucción, el movimiento y la interacción de las placas litosféricas de la Tierra
Las Zanjas-A largo valle, encajonados en el fondo del océano
La Deriva Continental-El movimiento, la formación, o re-formación de los continentes descrito por la teoría de la tectónica de placas
Falla-Una fractura en la continuidad de una formación rocosa causada por un desplazamiento o desprendimiento de la corteza terrestre, en los que las superficies adyacentes se desplazan uno respecto al otro y en paralelo al plano de fractura
Una **onda sísmica** es una onda que viaja a través de la Tierra, normalmente como el resultado de un terremoto o una explosión. Las ondas sísmicas son estudiadas por los sismólogos, y medidas por un sismógrafo.
Las ondas de cuerpo viajan a través del interior de la Tierra. Siguen caminos curvos debido a la densidad variable y composición del interior de la Tierra. Este efecto es similar a la refracción de las ondas de luz. Las ondas de cuerpo transmiten los temblores preliminares de un terremoto, pero tienen poco efecto destructivo. Las ondas de cuerpo se dividen en dos tipos: olas primarias (P) y olas secundarias (S).
Las ondas superficiales son análogas a las ondas de agua y se desplazan sobre la superficie de la Tierra. Ellos viajan más lentamente que las ondas de cuerpo. Debido a su baja frecuencia, son más probables que las ondas de cuerpo de estimular la resonancia en los edificios, y por eso son las más destructivas de las ondas sísmicas. Hay dos tipos de ondas superficiales: las ondas de Rayleigh y ondas de Love.

La Historia de la Tierra y sus Formas de Vida

Fósil- La combustión de un remanente o vestigio de un organismo de una edad geológica pasada, como un esqueleto o impresión de la hoja, integrados y conservados en la corteza de la Tierra.
Paleontología-El estudio de las formas de vida existentes en tiempos prehistóricos o geológicos, representado por los fósiles de plantas, animales y otros organismos
Extinción-El acto de extinción, que ya no existe

La Atmósfera de la Tierra y la Hidrosfera

El ciclo del agua se compone de unas pocas partes principales:

- **La Evaporación**
- **Condensación**
- **Precipitación**
- **Colección**

Los Tipos de las Nubes:

Nubes Estratificadas- Las Nubes Estratificadas son horizontales, en capas que se extienden a través del cielo como una manta. A veces una capa de aire cálido y húmedo pasa por encima de una capa de aire frío. Las nubes estratificadas suelen formarse en el límite donde estas capas se encuentran. Cuando dos capas de aire de este tipo se encuentran, el aire caliente se enfría. Si el aire caliente se enfría por debajo de su punto de rocío, el agua se condensa el exceso de vapor para formar una manta.
Las Nubes Cúmulos- Las nubes cúmulos son hinchada en apariencia. Se ven como bolas de algodón de gran tamaño. Las Nubes Cúmulos por lo general se forman cuando el aire cálido y húmedo es forzado hacia arriba.
Las Nubes Cirros- Las nubes cirros son muy tenues y se aparecen como plumas. Estas son formadas sólo a gran altura, a unos 7 km sobre la superficie de la tierra. Las nubes cirros están compuestas de cristales de hielo y son tan delgadas que la luz solar pueda pasar por ellas.
El Clima- Las condiciones meteorológicas, incluyendo la temperatura, precipitación y viento, que se caracterizan por prevalecer en una región en particular.
El Efecto Invernadero- Efecto invernadero: el fenómeno por el cual la atmósfera solar de la Tierra atrapa la radiación, causada por la presencia de gases como el dióxido de carbono, vapor de agua y metano en la atmósfera que permiten a la luz solar pasar, pero absorben el calor irradiado de vuelta de la superficie de la tierra.
La Contaminación- El acto o proceso de contaminar o el estado de ser contaminado, especialmente en cuanto a la tierra, el agua, o la atmósfera por la descarga de sustancias nocivas.
Glaciar- Una enorme masa de hielo que fluye lentamente sobre una masa de tierra, formado a partir de nieve compactada en una zona donde la acumulación de nieve supera fusión y sublimación.
La Edad de Hielo- Un periodo de frío caracterizado por episodios de glaciación extensiva que alterna con episodios de calor relativo
Onda- Una dorsal u oleaje que se mueve a través o por lo largo de la superficie de un gran cuerpo de agua.
Marea-La variación periódica en el nivel de la superficie de los océanos y de las bahías, golfos, ensenadas y estuarios, causada por la atracción gravitacional de la luna y el sol.
Erosión- El grupo de los procesos naturales, incluso la desintegración, la abrasión, la corrosión, y el transporte, por la cual el material se desgasta la superficie de la tierra.
Deposición- El acto de depositar, especialmente la fijación de la materia por un proceso natural.

Las Materiales de la Tierra y Los Procesos del Superficie

Minerales- Una sustancia homogénea sólida de origen natural que tiene una composición química definida y estructura cristalina característica, color y dureza."
Hay tres tipos de rocas:
1. Rocas Ígneas: Se forman por la solidificación del magma.
   a. Las rocas ígneas volcánicas se forman del magma que se enfría rápidamente en o cerca

de la superficie de la tierra.
b. Las rocas ígneas plutónicas son el resultado del lento enfriamiento del magma muy debajo de la superficie.

2. Las Rocas Sedimentarias: Se forman en capas como el resultado de una presión moderada en los sedimentos acumulados.
3. Las Rocas Metamórficas: Se forman de otra roca anterior que se llama su "padre" (o ígneas o sedimentarias) bajo calor muy intenso o una prensión muy debajo de la superficie de la Tierra.

Hay cuatro capas principales que componen la tierra:

1. El Núcleo Interno - Una masa de hierro con una temperatura de unos 7000 grados F.
2. El Núcleo Externo - Una masa de hierro fundido sobre 1.425 millas de profundidad que rodea el núcleo interno sólido.
3. El Manto - Una capa de roca cerca de 1.750 kilómetros de espeso que llega a la mitad de la distancia al centro de la tierra.
4. La Corteza - Una capa de 4 a 25 kilómetros de espeso compuesta de arena y roca.

Desgaste Mecánico- Proceso por el cual la roca se rompe en fragmentos más pequeños y más pequeños como resultado de la energía desarrollada por fuerzas físicas. También conocido como la desintegración.
Desgaste Biológico- La desintegración de rocas y minerales debido a la química y / o agentes físicos de un organismo.
Desgaste Químico- La desintegración de las rocas y minerales en pequeñas partículas a través de la descomposición química.
Erosión- El grupo de los procesos naturales, incluso la desintegración, la abrasión, la corrosión, y el transporte, por la cual el material se desgasta la superficie de la tierra.
Los Combustibles Fósiles- Los combustibles sólidos, líquidos o de gas formados en el suelo después de millones de años por los cambios químicos y físicos en los residuos vegetales y animales bajo alta temperatura y presión.

La Astronomía

La Astronomía- El estudio científico de la materia en el espacio ultraterrestre, especialmente las posiciones, las dimensiones, la distribución, el movimiento, la composición, la energía y la evolución de los cuerpos celestes y los fenómenos.
Una Estrella- Un cuerpo celeste auto-luminosa consistente en una masa de gas se mantienen unidos por su propia gravedad en que la energía generada por reacciones nucleares en el interior se compensa con la salida de energía a la superficie, y las fuerzas gravitatoria dirigida hacia dentro están balanceadas por el gas dirigida hacia el exterior y las presiones de radiación
Galaxias- Cualquiera de los numerosos agregados a una gran escala de estrellas, gas y polvo que constituyen el universo, con un promedio de 100 mil millones (1011) de masas solares y con un diámetro de 1.500 a 300.000 años-luz
El Sistema Solar- Un sistema de planetas u otros cuerpos que orbitan a otra estrella
Los Planetas- Un cuerpo celeste no luminoso más grande que un asteroide o una cometa, iluminado por la luz de una estrella, como el sol, alrededor del cual gira
La Luna- El satélite natural de la Tierra, visible por la reflexión de la luz solar y que tiene una órbita ligeramente elíptica, a unos 356 mil kilómetros (221.600 millas) de distancia en el perigeo y 406.997 kilómetros (252,950 millas) en el apogeo.
Una Cometa- Un cuerpo celeste, observado sólo en esa parte de su órbita que está relativamente cerca del sol, que tiene una cabeza que consiste en un núcleo sólido rodeado por una nebulosa coma hasta 2,4 millones de kilómetros (1.5 millones de millas) de diámetro y una cola de vapor curvada y alargada que se deriva de la coma cuando está suficientemente cerca del sol.
Los Eclipses- El oscurecimiento parcial o total, en relación a un observador designado, de un cuerpo celeste por otro.
Equinoccio- Cualquiera de las dos veces durante un año, cuando el Sol cruza el ecuador celeste, y cuando la duración del día y la noche son aproximadamente iguales; el equinoccio de primavera o el equinoccio de otoño.

Solsticio- Cualquiera de las dos épocas del año cuando el Sol está en su mayor distancia del ecuador celeste.
Zona Horaria- Cualquiera de las 24 divisiones longitudinales de la superficie de la Tierra en el que se mantiene un tiempo estándar, la división principal es la que se atraviesa por el meridiano de Greenwich. Cada zona es de 15 ° de longitud de ancho, con variaciones locales, y se advierte una hora del reloj una hora antes que la zona inmediatamente al este.
Cinturón de Asteroides- La región del sistema solar entre las órbitas de Marte y Júpiter, donde la mayoría de los asteroides se encuentran
Meteoro- Un sendero luminoso o una raya que aparece en el cielo cuando un meteorito se calienta hasta la incandescencia por la fricción con la atmósfera terrestre.
Metereoides- Un cuerpo sólido, que se mueva en el espacio, que es más pequeño que un asteroide y por lo menos tan grande como una mota de polvo.
Meteoritos- Una masa de piedra o metálica de la materia que ha caído a la superficie de la Tierra desde el espacio exterior.
Galaxia Vía Láctea- La galaxia que contiene el sistema solar; se compone de millones de estrellas que se puede ver como una banda difusa de luz se extiende por el cielo nocturno

La Química

La Materia y la Energía

Materia- Algo que tiene masa y existe como sólido, líquido o gas, o plasma
La Energía- La capacidad para el trabajo o la actividad vigorosa; vigor; poder
Átomo- Una unidad de materia, la unidad más pequeña de un elemento que tiene todas las características de un elemento, consistiendo de un núcleo denso, central con una carga positiva que está rodeado por un sistema de electronos
Molécula- La más pequeña partícula de una sustancia que retiene las propiedades químicas y físicas de las sustancia y se compone de dos o más átomos
Iono- Un átomo o grupo de átomos que ha adquirido una carga eléctrica neta al ganar o perder uno o más electrones
Estados de la Materia

- **Sólidos**
- **Líquidos**
- **Gases**

Elementos- Una sustancia compuesta de átomos que tiene un número de protones idénticos en cada núcleo.
Compuesto- Una sustancia pura, macroscópicamente homogénea compuesta de átomos o iones de dos o más elementos diferentes en proporciones definidas que no se pueden separar por medios físicos.
Solución- Una mezcla homogénea de dos o más sustancias, que pueden ser sólidos, líquidos, gases, o una combinación de estas
Mezcla- Una composición de dos o más sustancias que no son químicamente combinados entre sí y son capaces de ser separadas
Propiedad Física- Una propiedad utilizada para caracterizar los objetos físicos
Propiedad Química- Una propiedad utilizada para caracterizar las materias en las reacciones que cambian su identidad
Cambios Físicos- un cambio de un estado (sólidos, líquido o gas) a otro sin un cambio en la composición química
Cambio Químico- cualquier proceso determinado por la composición atómica y molecular y la estructura de las sustancias involucradas
La Tabla Periódica- Un arreglo tabular de los elementos de acuerdo a sus números atómicos de manera que los elementos con propiedades similares en la misma columna.

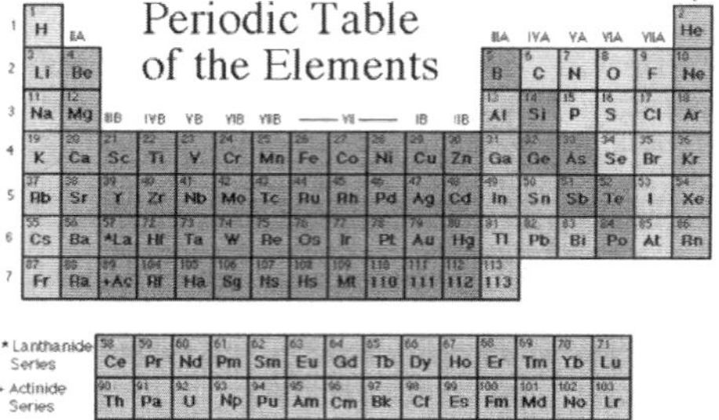

Reacción Nuclear- Una reacción, como en la fisión, la fusión, o la desintegración radiactiva,

que altera la energía, la composición o la estructura del núcleo atómico
La Desintegración Radioactiva- la desintegración espontánea de un radionúclido acompañada por la emisión de radiaciones ionizantes en forma de partículas alfa o beta o rayos gamma
La Datación por Carbono- La determinación de la edad aproximada de un objeto antiguo, como una muestra arqueológica, mediante la medición de la cantidad de carbono 14 que contiene

El Calor, La Termodinámica y La Termoquímica

El Calor- Una forma de energía asociada con el movimiento de los átomos o moléculas y capaz de ser transmitida a través de medios sólidos y líquidos por conducción, a través de los medios de comunicación fluidos por convección, y por el espacio vacío por la radiación
La Temperatura- una medida de la energía cinética media de las partículas en una muestra de la materia, expresada en términos de unidades o grados designados en una escala estándar
Celsius- De o relacionada con una escala de temperatura que registra el punto de congelación del agua de 0 ° y el punto de ebullición como 100 ° a presión atmosférica normal
Kelvin- Una unidad de la temperatura absoluta igual al 1/273.16 de la temperatura absoluta del punto triple del agua. Un grado Kelvin es igual a un **grado Celsius"**
Termodinámica- el área de la física que se trata de las relaciones y las conversiones entre el calor y las otras formas de la energía.
Vaporización- Para convertir o convertirse en vapor
Sublimación- un cambio directo del estado sólido al estado de gaseoso sin convertirse en líquido
Capacidad del Calor- la cantidad de calor necesaria para elevar la temperatura de un lunar o un gramo de una sustancia en un grado Celsius, sin cambio de fase

Las Leyes de la Termodinámica

La Primera Ley de la Termodinámica: La energía puede cambiar de una forma a otra, pero no puede ser creada ni destruida. La cantidad total de la energía y la materia en el Universo se mantiene constante, cambiando simplemente de una forma a otra. La primera ley de la termodinámica (conservación) establece que la energía siempre se conserva; no puede ser creada ni destruida. En esencia, la energía puede ser convertida de una forma a otra."
La Segunda Ley de la Termodinámica dice que "en todos intercambios de energía, si ninguna energía entra o sale del sistema, la energía potencial del estado siempre será menor que la del estado inicial" Esto también es comúnmente conocida como entropía." Un resorte de un reloj impulsado se ejecutará hasta que la energía potencial en el resorte se convierte, y no volver hasta que la energía se vuelve a aplicar a la fuente para que se enrolle. Un coche que se queda sin gasolina no va a funcionar otra vez hasta que camine 10 millas a la estación para reponer la gasolina en ello. Una vez que la energía potencial encerrado en los hidratos de carbono se convierte en energía cinética (energía en la utilización o el movimiento), el organismo no recibirá más, hasta que la energía es de entrada. En el proceso de transferencia de energía, parte de la energía se disipa como calor. La entropía es una medida del desorden: las células NO son desordenados y así tienen una entropía baja. El flujo de la energía mantiene el orden y la vida. La entropía gana cuando los organismos dejan de tomar en materia de energía y se mueren.
Entalpía de una reacción o el cambio de energía de una reacción ΔH, es la cantidad de energía o calor absorbido en una reacción. Si la energía se requiere, ΔH es positivo, y si la energía se libera, el ΔH , es negativo
Entropía- Para un sistema termodinámico cerrado, una medida cuantitativa de la cantidad de energía térmica no disponible para hacer el trabajo.
Los Compuestos Inorgánicos - cualquier compuesto que no contiene carbono

Los Compuestos Binarios Iónicos- un compuesto iónico con solamente 2 tipos de átomos

La Mole, La Vinculación Química y La Geometría Molecular

La Fórmula Química- una representación de una sustancia usando los símbolos para los elementos constitutivos
La Mola- La cantidad de una sustancia que contiene el número de átomos, moléculas, iones, u otras unidades elementales como el número de átomos en 0,012 kilogramos de carbono 12
Composición Química- una relación que indica que las masas relativas de los elementos corregidos en una sustancia química dada
La Fórmula Empírica- Una formula química que indica las proporciones relativas de los elementos en una molécula más que el número real de los átomos de los elementos
La Fórmula Molecular – Una fórmula química que indica el número y tipos de los átomos en una molécula
Enlace de Iónico- Un enlace químico entre dos iones con cargas opuestas; es característica de las sales
Enlace Covalente- Un enlace químico que se forma al compartir los átomos uno o más de los electronos, especialmente entre los átomos
Polaridad- La calidad o condición de un cuerpo en virtud de la cual se exhibe las propiedades o facultades opuestas o contrarias, en partes o direcciones contrarias; o una condición que da lugar a un contraste de propiedades correspondientes a un cambio de posiciones.
Reacción Química- un proceso en el cual una o más sustancias se convierte en otra
La Estructura Electrón- Punto (de Lewis)- Una manera de representar los átomos o moléculas por mostrar los electronos como puntos que rodean el símbolo elemental. Un enlace se representa como dos electrones

Las Reacciones Químicas

Estequiometria-
1. El cálculo de las cantidades de reactivos y productos en una reacción química.
2. La relación cuantitativa entre reactivos y productos en una reacción química

Oxidación-
1. La combinación de una sustancia con el oxígeno.
2. Una reacción en la que los átomos de un elemento pierden electrones y la valencia del elemento es correspondientemente mayor.

El Número de la Oxidación- el grado de oxidación de un átomo o ion o molécula; por átomos o iones simples el número de oxidación es igual a la carga iónica
La Vida Media- El tiempo necesario para convertir la mitad de un reactivo al producto.
Catalizador- Una sustancia, por lo general se usa en cantidades pequeñas en relación con los reactivos, que modifica y aumenta la velocidad de una reacción sin consumirse en el proceso

Las Soluciones y La Solubilidad

Solubilidad- La calidad, condición o grado de ser soluble en agua o solubles, como, la solubilidad de una sal, la solubilidad de un problema o una dificultad compleja
Solución- Una mezcla homogénea de dos o más sustancias que pueden ser sólidos, líquidos gases o una combinación de estos
Diluir- disminuir la fuerza, potencia, pureza o brillantez de, especialmente por una mezcla
Concentrado- hacer (una solución o mezcla) menos diluida
Iónico- conteniendo o involucrando o existiendo en la forma de los iones
No iónico- no convertido en los iones
Supersaturado- hacer (una solución química) ser más concentrada que es normalmente posible en determinadas condiciones de temperatura y presión
Saturado- causar (una sustancia) vincularse con la cantidad más grande que sea posible de otra sustancia
No saturado- De o relacionado con un compuesto orgánico, especialmente un ácido grasos que contiene más, doble o triple de los enlaces entre los átomos del carbono
La Disolución- El acto de disolver, dividir o separar en partes componentes; la separación

Molar-

- Relativas a o la designación de una solución que contiene una mola de soluto por litro de solución.
- Contiene una mola de una sustancia.

La Química de los Ácidos /La Química de los Bases

Los Ácidos-

- Cualquiera de una clase de sustancias cuyas soluciones acuosas se caracterizan por un sabor ácido, la capacidad de cambiar el tornasol azul al color rojo, y la capacidad de reaccionar con las bases y ciertos metales para formar sales.
- Una sustancia que produce iones de hidrógeno cuando se disuelve en el agua.
- Una sustancia que puede actuar como un donante de protones.
- Una sustancia que puede aceptar un par de electrones para formar un enlace covalente.

Base-

- Cualquiera de una clase de compuestos cuyas soluciones acuosas se caracterizan por un sabor amargo, una sensación resbalosa, la capacidad de convertir el tornasol en color azul, y la capacidad de reaccionar con ácidos para formar sales.
- Una sustancia que produce iones hidroxilo cuando se disuelve en el agua.
- Una sustancia que puede actuar como un aceptor de protones.
- Una sustancia que puede donar un par de electrones para formar un enlace covalente.

pH - p(otencial del) H(idrógeno); el logaritmo de la concentración del ion recíproco del hidrógeno en los gramos atómicos por litro. Se usa como una manera de medir la acidez o la alcalinidad de una solución en una escala de 0-14 (con 7 siendo lo neutral)

La Bioquímica y la Química Orgánica

Péptido- Cualquiera de varios compuestos naturales o sintéticos que contienen dos o más aminoácidos unidos por el grupo carboxilo de un aminoácido con el grupo amino de otro

Alcanos- Un hidrocarburo que contiene sólo enlaces simples carbono-carbono.

Alquenos- Un hidrocarburo que contiene un doble enlace carbono-carbono

Alquinos- Es un hidrocarburo que contiene un triple enlace carbono-carbono.

Alcoholes- Cualquiera de una serie de compuestos hidroxilo, el más simple de lo que se deriva de los hidrocarburos saturados, tiene la fórmula general CnH2n +1 OH, e incluyen el etanol y el metanol.

Los Procedimientos y las Técnicas Científicos

Esté familiarizado con el cálculo de tiempo en términos de horas, minutos y segundos. También esté familiarizado con el sistema de medición de inglés que incluye: pulgadas, pies, yardas, millas, pinta, cuarto, galón, onza, tonelada, y grados Fahrenheit. Esté familiarizado con el sistema métrico como: metros, litros, gramos, kilómetros, grados centígrados. Sepa cómo convertir de una unidad a otra dentro del mismo sistema.

Colección- Un grupo de objetos u obras a ser visto, estudiado, o mantenido unidos

Análisis- La separación de un todo intelectual o material en sus partes constituyentes para el estudio individual

Interpretación- El acto o proceso de interpretar

Presentación-

- El acto de presentar.
- El estado de ser presentado

Análisis Crítico- una evaluación basada en la evaluación analítica cuidadosa

Sea capaz de interpretar y llegar a conclusiones de los diferentes tipos de tablas y gráficas.

Variable Independiente- Una variable manipulada en un experimento o estudio cuya presencia o el grado determina el cambio en la variable dependiente"

Variable Dependiente- La variable observada en un experimento o estudio cuyos cambios están determinados por la presencia o el grado de una o más variables independientes.

La Física

La Mecánicas y las Dinámicas

La Física- la ciencia de la materia y la energía y sus interacciones

Las leyes del movimiento de Newton

I. **Cada objeto en un estado de movimiento persevera en su estado de reposo o movimiento uniforme rectilíneo a no ser que sea obligado a cambiar su estado por fuerzas impresas sobre él.**

Inercia- La tendencia de un cuerpo para resistir la aceleración; la tendencia de un cuerpo en reposo a permanecer en reposo o de un cuerpo en movimiento en línea recta a permanecer en movimiento en línea recta a menos que sea obligado a cambiar su estado por una fuerza externa.

Galileo- astrónomo y matemático italiano; Demostró que diferentes pesos descienden al mismo ritmo; Perfeccionó el telescopio refractor que le permitió hacer muchos descubrimientos

II. La relación entre la masa del objeto *m*, su aceleración *a* y la fuerza aplicada al objeto *F* *F =ma*. La aceleración y la fuerza son vectores (según lo indicado por los símbolos que aparecen en negrita inclinación); en esta ley, la dirección del vector de fuerza es la misma que la dirección del vector aceleración.

Fuerza- Una magnitud vectorial que tiende a producir una aceleración de un cuerpo en la dirección de su aplicación

Aceleración- El ritmo del cambio de la velocidad con respecto al tiempo.

III. Con toda acción ocurre siempre una reacción igual y contraria

Masa- Una propiedad de la materia igual a la medida de la resistencia de un objeto a los cambios en la velocidad o dirección de su movimiento.

Peso- La fuerza con la que un cuerpo está atraído a la Tierra u otro cuerpo celeste, igual al producto de la masa del objeto y la aceleración de la gravedad.

Fricción- Una fuerza que resiste el movimiento relativo o una tendencia al movimiento de dos cuerpos en contacto

Equilibrio-El estado de un sistema corporal o físico en reposo o en movimiento no acelerado en el que la resultante de todas las fuerzas que actúan sobre él es cero y la suma de todos los momentos alrededor de cualquier eje es cero.

La Fuerza Centrípeta- El componente de fuerza que actúa sobre un cuerpo en movimiento curvilíneo que se dirige hacia el centro de la curvatura o el eje de rotación. La fuerza centrípeta es necesaria para que un objeto se mueva con movimiento circular

Formas de la Energía

- Química
- Electromagnética
- Eléctrica
- Calor
- Cinética
- Mecánica
- Nuclear
- Potencial

Trabajo- La transferencia de energía de un sistema físico a otro, especialmente la transferencia de energía a un cuerpo por la aplicación de una fuerza que mueve el cuerpo en la dirección de la fuerza.

Potencia- La velocidad a la que se realiza trabajo, expresado como la cantidad de trabajo por unidad de tiempo y normalmente se mide en unidades como el vatio y el caballo de fuerza.

Colisiones- Un breve acto dinámico que consiste en el acercamiento de dos o más partículas, tales como los átomos, lo que resulta en un cambio brusco de movimiento o el intercambio de energía.

El Impulso - El impulso de una partícula se define como el producto de su masa por su velocidad. Es una cantidad vectorial."

Vector

1. Una cantidad, como la velocidad, especificada específicamente por una magnitud y una dirección
2. Una matriz unidimensional
3. Un elemento de un vector espacial.

Cinemática

Cinemática- La rama de la mecánica que estudia el movimiento de un cuerpo o un sistema de cuerpos sin dar consideración a su masa o las fuerzas que actúan sobre él.
Desplazamiento-

1. Un vector o la magnitud de un vector desde la posición inicial a una actitud posterior asumida por un cuerpo."
2. El peso o el volumen de fluido desplazado por un cuerpo flotante, se utiliza especialmente como una medida del peso o la mayor parte de los naves

Aceleración- El ritmo del cambio de la velocidad con respecto al tiempo.
Velocidad- Una cantidad vectorial cuya magnitud es la velocidad de un cuerpo y cuya dirección es la dirección del cuerpo de movimiento.
Velocidad Relativa - la velocidad con la que se aproxima un cuerpo o se aleja de otro cuerpo, si ambos estén en movimiento o sólo uno.

Las Ópticas y las Ondas

Longitud de Onda- La distancia entre un pico o cresta de una onda de luz, calor, u otra energía y el pico de la próxima pico o cresta correspondiente.
Amplitud-El valor máximo absoluto de una cantidad que varía periódicamente.
Frecuencia- El número de veces que un fenómeno periódico especificado se produce dentro de un intervalo especificado
Reflexión- Algo, como la luz, el calor radiante, el sonido o una imagen, que se refleja.
Refracción- El giro o flexión de cualquier onda, como una onda de luz o sonido, cuando pasa de un medio a otro de densidad óptica diferente.
Absorción- El acto o proceso de absorción o la condición de ser absorbido.
Transmisión- El acto de transmitir o el estado de ser transmitido
La Dispersión- La desviación (radiación o de partículas)
Efecto Doppler- Un cambio en la frecuencia observada de una onda, de sonido o la luz, que ocurre cuando la fuente y el observador están en movimiento relativo entre sí, con la frecuencia aumentando cuando la fuente y el observador se acercan y disminuye cuando se separan.
Polarización- La producción o condición de la polaridad, como:

1. Un proceso o estado en el cual los rayos de luz rayos de luz presentan propiedades diferentes en diferentes direcciones
2. La separación polar parcial o total de la carga eléctrica positiva y negativa en un sistema nuclear, atómico, molecular o químico.

Tono- la propiedad del sonido que varía con la variación en la frecuencia de vibración
Espectro Electromagnético - Toda la gama de la radiación se extiende en la frecuencia de aproximadamente 1.023 hertzios a 0 Hz, o en longitudes de onda correspondientes, de 10-13 cm hasta el infinito, y que consiste, en orden decreciente de frecuencia, de fotones de rayos cósmicos, rayos gamma, rayos X, ultravioleta la radiación, la luz visible, radiación infrarroja, las microondas y las ondas de radio.
Difracción- Cambio en las direcciones e intensidades de un grupo de ondas después de pasar por un obstáculo o a través de una abertura cuyo tamaño es aproximadamente la misma que la longitud de onda de las ondas
Dispersión

1. Separación de una onda compleja en sus partes componentes según una característica dada, como su frecuencia o longitud de onda.
2. Separación de la luz visible en colores por la refracción o la difracción.

Opciones Geométricas

Fibra óptica- La ciencia o la tecnología de transmisión de luz a través de muy fina y flexible de vidrio o fibras de plástico
Prisma- Un cuerpo transparente de esta forma, a menudo de vidrio y por lo general con los extremos triangulares, que se utiliza para separar la luz blanca pasa a través de él en un espectro o para reflejar rayos de luz.
Instrumento Óptico- un instrumento diseñado para ayudar a la visión

Energía- La capacidad de un sistema físico para trabajar
Circuito- Un camino cerrado seguido o susceptible de ser seguido por una corriente eléctrica o una configuración de la electricidad o los componentes eléctricos o dispositivos conectados electromagnéticamente.

Magnético

Campo Magnético- Una condición que se encuentran en la región alrededor de un imán o una corriente eléctrica, caracterizada por la existencia de una fuerza magnética detectable en todos los puntos de la región y por la existencia de polos magnéticos.
Imán- Un objeto que está rodeado por un campo magnético y que tiene la propiedad, ya sea natural o inducida, de atraer el hierro o el acero.
Fuerza Magnética- La fuerza ejercida entre los polos magnéticos, produciendo la magnetización

La Historia y la Naturaleza de la Ciencia

Hecho- Conocimiento o información basada en ocurrencias reales
Hipótesis- Una posible explicación para la observación, fenómeno o problema científico que puede ser probado por más investigación
Teoría- Un juego de declaraciones o principios establecidos para explicar un grupo de hechos o fenómenos, especialmente uno que ha sido repetidamente probado o es ampliamente aceptada y puede ser utilizado para hacer predicciones acerca de los fenómenos naturales
Modelo- Una descripción esquemática de un sistema, teoría o fenómeno que toma en cuenta de sus propiedades conocidas o inferidas y puede ser utilizado para estudiar más a fondo sus características
Observación-

1. El acto de notar y grabar algo, como los fenómenos, con instrumentos.
2. El resultado o grabación de tal notación

Conclusión- El resultado de un acto o proceso
El Método Científico- Los principios y los procesos empíricos de descubrimiento y demostración que se consideran característicos de o necesario para la investigación científica, generalmente incluye la observación de los fenómenos, la formulación de una hipótesis sobre los fenómenos, la experimentación para demostrar la verdad o falsedad de la hipótesis y la conclusión de que valida o modifica la hipótesis.

Sepa estas capacidades del proceso científico

- Observación
- Hacer hipótesis
- Poner en orden
- Categorizar
- Comparar
- Inferir
- Aplicar
- Comunicar

Dé marcha atrás para las Unidades

Cuando enfrente un problema para el cual no sabe la fórmula, intente resolverlo para las unidades que se encuentran en las opciones de las respuestas. Las unidades en las opciones de las respuestas son la clave para entender cuál relación matemática existe entre los números en las opciones de las respuestas y los números en la pregunta.
Por ejemplo: Una onda de 600 Hz de sonido tiene una velocidad de 160 m / s. ¿Cuál es la longitud de onda de esta onda de sonido?

Aún si no sabe la fórmula para la longitud de ondas, se puede llegar a la respuesta por usar las unidades en las opciones de las respuestas. Las respuestas son:

A. 0.17 m
B. 0.27 m
C. 0.35 m
D. 0.48 m

Ya sabe que Hz es igual a 1/s. Para llegar a la respuesta en m, cuando está trabajando con una m/s y una 1/s del problema, tiene que dividir m/s por 1/a, lo cual dará una respuesta en metros o m. Entonces, (160 m/s) / (600 1/s) = .27 m, lo que hace la respuesta B la correcta.

No Caiga en lo Obvio

Cuando no está seguro de la respuesta, es fácil ir con lo que usted está familiarizado. Si usted reconoce sólo un término en cuatro opciones de respuesta, usted puede estar inclinado a adivinar en ese plazo. Tenga cuidado sin embargo, y no escoge las respuestas conocidas simplemente porque son familiares.
Por ejemplo: Cambiar la temperatura de la solución al 373K probablemente resultará en:

- Hirviendo la solución
- Congelando la solución
- Disolver el compuesto
- Saturar la solución

Ya sabe que 373K es el punto de ebullición del agua pura. Por lo tanto una elección es familiar, porque tiene una conexión mental entre la temperatura de 373K y la palabra "ebullición". Si no está seguro de la respuesta correcta, puede decidir sobre una elección, simplemente debido a su familiaridad. No se deje engañar sin embargo. Piense en las otras opciones antes de hacer su selección final. Sólo porque usted tiene una conexión mental entre dos términos, no significa que sea la opción correcta.

Aproveche de la Pregunta en Su Entereza

Algunas de las preguntas pueden servir para confudirlo/a. Se deben tratar de un tema al cual Usted no conoce o uno que no ha repasado en años. Mientras la falta de conocimiento puede ser una debilidad, la pregunta en sí se puede dar muchas pistas que pueden ayudar llegar a la respuesta correcta. Lea con cuidado y busque pistas. Mire bien para adjetivos o sustantivos que describen los términos o palabras que no reconozca. Si no entiende por completo una palabra, si la puede reponer con un sinónimo u otra palabra que conoce puede ayudar a entender de qué se trata la pregunta.
Por Ejemplo: Un bacteriófago es un virus que infecta bacterias ....

Aunque puede ser que no sepa mucha información sobre las características de un bacteriófago, la quinta palabra en la frase le que dice que un bacteriófago es una virus. Cada vez que una pregunta se refiere a un bacteriófago, que puede sustituir mentalmente la palabra "bacteriófago" con la palabra "virus". Su conocimiento general de los virus le permitirá responder a la pregunta de manera inteligible.

Busque cuidadosamente para estos sinónimos (sustantivos) y adjetivos y úselos para entender los términos difíciles. En lugar de pensar en la información detallada sobre un término o una palabra en la pregunta, intente usar la descripción general o sinónimos para que sea más fácil para Usted.

Sugerencias al Azar

Para las preguntas que requieren elegir entre los números, no adivine la selección mayor o menor a menos que estés seguro de la respuesta (recuerde-"seguro" significa que está dispuesto de apostar $ 5 en ella).
Para las preguntas para las cuales no está seguro/a de la respuesta, use el proceso de eliminación. Elimine las opciones de respuesta que usted sabe que están mal antes de elegir una respuesta.
No se caiga para las opciones “raras” que mencionan cosas que no tienen nada que ver con la sección. También, evite las respuestas que suenan “inteligentes.” Otra vez, si está dispuesto/a a apostar $5, ignore estas sugerencias y quédese con su apuesta.

El Examen de las Matemáticas

La sección de las matemáticas del examen GED consiste de una sección de 90 minutos con 50 preguntas. Las 50 preguntas se dividirán en dos secciones, con 25 preguntas cada una.
Parte 1: Se le dará una calculadora Casio fx-260 solar para usar.
Parte 2: Usted no podrá usar una calculadora

No todas las preguntas serán de múltiples opciones múltiples. Habrá diez preguntas en las cuales será necesario que calcule su propia respuesta y luego "marque" esas respuestas en su hoja de respuestas.

Un conocimiento detallado del álgebra y la trigonometría NO es necesario para responder para tener éxito en los problemas de matemáticas del GED. No se deje intimidar por las preguntas presentadas en la prueba de matemáticas. No se requieren conocimientos de matemáticas muy avanzados, pero sólo la capacidad de reconocer los tipos de problemas básicos y aplicar fórmulas simples y los métodos para resolverlos.

Ese es nuestro objetivo, mostrarle el resultado de las fórmulas y métodos sencillos para resolver estos problemas, por lo que, si bien no va a obtener un dominio de las matemáticas de esta guía, usted aprenderá los métodos necesarios para tener éxito en el GED. Esta guía ataque problemas que son simples en la naturaleza, pero puede haber sido pasado por alto durante su educación.

- Todos los números utilizados son números reales.
- Las figuras o dibujos junto a las preguntas se proporcionan como información adicional que debe ser útil para resolver el problema. Se establecen con bastante exactitud, a menos que la cifra es de señalar que "no está dibujado a escala".
- Ambas las líneas rectas o dentadas pueden suponerse ser rectas.
- A menos que se indique lo contrario, todos los dibujos y figuras se encuentran en un plano.

Variables

Muchas preguntas se involucran variables (en que una letra como "x" se utiliza para representar cualquier número). Intente de resolver estos problemas al usar un número para la variable y busque la solución para la respuesta. Es mejor usar números diferentes para asegurarse de su respuesta. Los números como 100, 1, 0, -1 y -100 le permiten comprobar una seria amplia de respuestas posibles, y le guardará de ser desviado por las preguntas difíciles. No esté limitado de sólo usar los números como 100 o 1. Cualquier número es válido. Estos números son solamente sugerencias, ya que son fáciles de multiplicar y dividir.

¡Tenga cuidado con información extra! Muchas preguntas se cuentan con información adicional en las notas anteriores el problema. Esta información es fundamental para resolver el problema. Por ejemplo, puede ser un comentario como "x" > 0". Esto significa que cuando usted está usando un número (como el 100, 1, 0, -1, o -100), sólo números mayores que cero (1 o 100) se pueden utilizar. Asegúrese de leer todas las notas y entender lo que significan.

Las preguntas variables son a menudo problemas de "usar y trabajar". Deje que su calculadora trabaje para usted. ¡Use el número (100, 1, 0, -1, -100) para las variables en el problema y dejar que la calculadora haga el trabajo!

Al resolver para las variables, recuerde que usted puede hacer cualquier cosa a un lado de una ecuación, al menos que lo hagas al otro lado de ella también.
Por ejemplo: Resuelva para la x en la ecuación 2x + 3 = 5.

Respuesta: Primero quiere poner la "2x" a un lado para que sea aislada. Para hacer esto, hay que quitar el 3. Reste 3 de ambos lados de la ecuación 2x + 3 – 3 = 5 – 3 o 2x = 2. Ahora que la x se está multiplicando por 2 en "2x," tiene que dividir por 2 para quitarlo. Entonces, divida ambos lados por 2, lo cual resulta en 2x / 2 = 2 / 2 o x = 1.

Dibuje la Forma

Otros problemas pueden describir una forma geométrica, como un triángulo o un círculo, pero no incluyen un dibujo de la forma. El GED está probando si usted puede leer una descripción y hacer inferencias apropiadas mediante la visualización del objeto e información relacionada. Hay una manera sencilla de superar este obstáculo. ¡DIBUJE LA FORMA! Un buen dibujo (o incluso un mal dibujo) es mucho más fácil de entender e interpretar que una breve descripción.

Hacer un dibujo rápido o croquis de la forma descrita. Incluya cualquier de los ángulos o longitudes que le dan en la descripción. Una vez que usted puede ver la forma, ya se ha resuelto parcialmente el problema y será capaz de determinar la respuesta correcta.
Por Ejemplo: ¿Cuál es la relación de área de un círculo con un radio de 2 al área de un cuadrado con un radio con una longitud de un lado de 2?

Dibuje rápidamente un círculo y dele un radio de 2. Luego, justo al lado del círculo, dibujar un cuadrado que tiene un lado de la misma longitud que el radio del círculo. Con las formas dibujadas, es mucho más fácil de usar las fórmulas para calcular el área de cada uno y luego determinar el radio correcto necesario para la respuesta, sin confundirse y cometer un error simple.

Los Número Positivos/Negativos

Multiplicación/División
Un número negativo multiplicado o dividido por un negativo = un número positivo.
Por ejemplo: -3 * -4 = 12; -6 / -3 = 2
Un número negativo multiplicado por un positivo = un número negativo.
Por ejemplo: -3 * 4 = -12; -6 / 3 = -2
Adición/Sustracción
Trate un signo negativo como un signo de sustracción.
Por Ejemplo: 3 + -2 = 3 – 2 o 1

Recuerde que usted puede invertir los números, mientras esté haciendo la adición o la sustracción.
Por ejemplo: -4+2 = 2 + -4 = 2 – 4 = -2

Un número negativo restado de otro número es el mismo que sumar un número positivo.
Por Ejemplo: 2 - -1 = 2 + 1 = 3

¡Tenga cuidado de hacer un error simple!

Ejemplo: Un termómetro de aire libre baja de 42 º - 8 º. ¿Por cuántos grados se ha refrescado el aire exterior?

Respuesta: Un error común es decir que 42º – 8º = 34º, pero esto no es correcto. Es en realidad 42º - - 8º o 42º + 8º = 50º

Exponentes

Cuando los exponentes se multiplican entre sí, los exponentes se suman para obtener el resultado final.
Por ejemplo: $x*x = x^2$, cuando x^1 se implica (x^1*x^1) y 1 + 1 = 2.

Cuando los exponentes en paréntesis tienen un exponente, los exponentes se multiplican para llegar al resultado final.
Por ejemplo: $(x^3)^2 = x^6$, porque 3*2 = 6.

Otra manera de pensar en eso es que $(x^3)^2$ es el mismo que $(x^3)*(x^3)$. Ahora puede usar la regla de la multiplicación dada arriba y puede sumar los exponentes, 3 + 3 = 6, entonces $(x^3)^2 = x^6$

Los Exponentes Decimales (también conocido como La Notación Científica)

Esto generalmente implica la conversión de un lado a otro entre la notación científica y números decimales (por ejemplo, 0,02 es el mismo que 2 x 10-2). Hay una trampa vieja a este problema: si el número es menor que 1, el número de dígitos detrás del punto decimal es el mismo que el exponente que se eleva a 10 en notación científica, excepto que el exponente es un número negativo, si el número es mayor que 1, el exponente de 10 es igual al número de dígitos antes del punto decimal menos 1.
Por ejemplo: Convierte 3000 a una notación decimal.

Respuesta: 3 x 10^3, porque hay 4 dígitos que están enfrente del decimal, el número es más que 1, y (4-1) = 3.

Ejemplo: Convierte 0,05 a una notación decimal.
Respuesta: 5 x 10-2, porque el cinco está dos lugares detrás del decimal (recuerde que el exponente es negativo para los números menores que 1).

Cualquier número elevado a un exponente de cero es siempre 1. Además, a menos que esté definitivamente a gusto con la notación científica, es siempre mejor para convertir la notación científica a números "normales" antes de hacer la aritmética decimal, y convertir la respuesta de nuevo si es necesario para responder al problema.

Área, Volumen, y Área del Superficie

Usted puede estar seguro/a que las preguntas sobre el área, volumen y superficie van a ser una parte importante del GED. Mientras las fórmulas de uso común estarán incluidas en el libro de GED, es mejor familiarizarse con las fórmulas de antemano. Una lista está incluida en el apéndice para su conveniencia.

Porcentajes

Un porcentaje se puede convertir en un decimal simplemente dividiendo por 100.
Por ejemplo: ¿Qué es 2% de 50?
Repuesta: 2% = 2/100 o .02, entonces .02 * 50 = 1

Problemas de Palabras

Porcentajes
Por ejemplo: La venta de boletos para el concierto anual en el Parque Minutemaid fue $125000. El fundador está prediciendo que la venta del próximo año, en dólares, será 40% más que este año. ¿Cuántos dólares están prediciendo el fundado para el año que viene?

Respuesta: La venta del año que viene es 40% más. 40% = 40/100 = .4, entonces .4 * $125,000 = $50,000. Pero, el ejemplo dijo que la venta del año que viene será más por esta cantidad, entonces, la venta seré la cantidad de este año ($125,000), más el aumento de $50,000. $125,000 + $50,000 = $175,000

Distancias
Ejemplo: En una triangulo cierta, el lado más largo es una pie más largo que el segundo lado más largo, y el segundo lado más largo es un pie más largo que el lado más corto. Si el perímetro es de 30 pies, ¿cuántos pies de largo es el lado más corto?

Respuesta: Hay tres lados, vamos a llamarlos A, B y C. A es el más largo, B es mediano y C es el más corto. Porque A es descrito en referencia a la longitud de B y B es descrito en referencia a la longitud de C, todas las calculaciones deben hacerse por C, la última referencia. Use un variable para representar la longitud de C, "x". Esto significa que C es "x" de largo, B es "x + 1" porque B es un pie más largo que C, y A es "x + 1 + 1" porque A es 1 pie más largo que B. Para calcular el perímetro, hay que sumar todos lados juntos, entonces P = la longitud de A + la longitud de B + la longitud de C, o (x) + (x + 1) + (x + 1 + 1) = x + x + x + 1 + 1 + 1 = 3x + 3. Sabe que el perímetro equivale 30 pies, así que 3x + 3 = 30.

Sustraer 3 de ambos lados resulta en 3x + 3 – 3 = 30 – 3 o 3x = 27. Divida ambos lados por 3 para aislar "x" da 3x / 3 = 27 / 3 o x = 9. Entonces C = x = 9, y B = x + 1 = 9 + 1 = 10, y A = x + 1 + 1 = 9 + 1 + 1 = 11. Una verificación rápida de 9 + 10 + 11 = 30 para la distancia del perímetro y confirma que la respuesta de x = 9 sea correcta

Las Relaciones

Ejemplo: Un arquitecto dibuja un modelo a escala de un edificio de apartamento que va a ser 100 pies de ancho y 250 pies de largo. En el dibujo, si el edificio es 25 pulgadas de largo, ¿cuántas pulgadas de ancho tiene que ser?

Respuesta Hay que reconocer que la palabra "a escala" indica que un dibujo similar. Los dibujos o figuras similares se pueden resolver por usar las relaciones. Primero, cree la fracción de las relaciones para el número que falta, en este caso el número de pulgadas de ancho que el dibujo debe ser. El numerador de la primera fracción de las relaciones será el lado correspondiente que se conoce, en este caso "100 pies" de ancho. La cuestión"100 pies de ancho es cuántas pulgadas de ancho?" nos da la primera fracción de 100 / x. La cuestión "250 pies de largo es de 25 pulgadas de largo?" nos da la segunda fracción de 250 / 25. Una vez más, tenga en cuenta que ambos numeradores (100 y 250) son de la misma figura. Los denominadores ("x" y 25) son de la misma forma o dibujo también. La multiplicación en una forma de un x da 100 * 25 = 250 * x o 2500 = 250x. Divida ambos lados por 250 para aislar x y eso da 2500 / 250 = 250x / 250 o 10 = x.

Fórmulas Especiales

PEIU (Primera, Exterior, Interior, Últimas)

Cuando se le da un problema como (x + 2) (x - 3), debe utilizar el método PEIU de la multiplicación. En primer lugar, se multiplican las primeras partes de cada ecuación (x * x). A continuación, se multiplican las partes exteriores de cada ecuación (x *- 3). Tenga en cuenta que usted debe tratar el - 3 en la segunda ecuación como 3 negativo. A continuación, se multiplican las partes interiores de cada ecuación (2 * x). Por último, se multiplican las últimas partes de cada ecuación (2 *- 3). Ya que ha terminado, suma cada parte (x*x)+(x*-3)+(2*x)+(2*-3) = x2 + -3x + 2x + -6 = x^2 – 3x + 2x – 6 = x^2 – 1x –6 = x^2 – x – 6.

La fórmula de Inclinación-Intercepto

y = mx + b, donde m es la inclinación de una línea y b es la y-intercepto.

Por ejemplo: En el plano de coordenadas (x,y) ¿cuál es la inclinación de la línea 2y = x – 4?

Respuesta: Primero, es necesario convertir esto a la forma inclinación-intercepto. Divida ambos lados por 2, lo cual da 2y/2 = (x-4)/2 o y= x/2 – 2. x/2 equivale ½ *x, y como m en la fórmula y = mx+b es la inclinación, entonces, la ecuación y = ½ * x – 2, ½ equivale la inclinación.

Ejemplo: En el plano de coordenadas (x,y), ¿dónde se cruza la línea y = 2x – 3 el eje de y?

Respuesta: En la fórmula y = mx + b, b es la intercepto y o el lugar en donde la línea se cruza el eje y. En este caso, b está representado por –3, y –3 es en donde la línea se cruza el eje y.

Ejemplo: En el plano de coordenadas (x,y), ¿cuál es la inclinación de la línea y = x + 2?

Respuesta: Esta ya está en la forma de inclinación intercepto de y = mx + b. Cuando x no tiene un número enfrente de ella, se puede asumir que hay un 1 allí. Entonces, esta ecuación también se puede escribir como y = 1x + 2, lo cual significa que m = 1, y que la inclinación es 1.

Fórmula de la inclinación

m = $(y_1 - y_2)/(x_1 - x_2)$, donde m es la inclinación de la línea y dos puntos en ella se dan por (x_1,y_1) y (x_2,y_2). Esta a veces se puede acordar por el dicho "subir sobre la línea," lo cual significa que los valores que "y" representa son la subida porque se suben y se bajan según la dimensión vertical y los valores que "x" representa son "la línea" porque se encuentra en un lado según la dimensión horizontal.

Por ejemplo: ¿Cuál es la inclinación de una línea que pasa por los puntos (5,1) y (-2, 3).

Respuesta: m = (y1 – y2)/(x1 – x2) o (1 – 3)/(5 - -2) o –2 / (5 + 2) o –2 / 7

<u>Trazado de Líneas</u>
Si usted está tratando de trazar una línea, hay una manera fácil de hacerlo. En primer lugar convierta la línea en forma inclinación intercepto (y = mx + b). Luego, ponga un punto en el eje y en el valor de b. Por ejemplo, si usted tiene una línea dada por y = 2/3x + 1, entonces el primer punto en la línea estaría en (0,1), porque una es la ordenada en el origen, o donde la línea cruza el y- eje. Para encontrar el siguiente punto de la línea, utilice la inclinación, que es de 2 / 3. Primero vaya incrementos de 2, y luego 3 incrementos a la derecha. Para encontrar el siguiente punto de la línea, vaya dos incrementos más arriba, y luego 3 incrementos más a la derecha. Usted siempre debe ir ya sea hacia arriba o hacia abajo dependiendo del numerador de la fracción de la inclinación. Así que si la inclinación es 3 / 5, a continuación, el numerador es 3, y hay que ir incrementos de 3 y 5 incrementos a la derecha. Usted siempre debe ir a la derecha la cantidad del denominador. Así que si la inclinación es -2, entonces primero que usted debe recordar que -2 es lo mismo como -2 / 1. Como -2 es el numerador, usted debe bajar incrementos de 2 y un incremento a la derecha.

Recuerde que las inclinaciones positivas tienen su inclinación hacia arriba, de izquierda a derecha y que las inclinaciones negativas tienen su inclinación hacia abajo de izquierda a derecha.

La Probabilidad Simple

Los problemas de probabilidad del GED son más o menos sencillos. La idea básica es la siguiente: la probabilidad de que algo va a pasar es el número de maneras posibles en que algo puede suceder, dividido por el número total de maneras posibles para que todas las cosas que pueden suceder.

Ejemplo: Tengo 20 globos, 12 son rojos, 8 son amarrillos. Le doy a alguien uno de los globos amarrillos; si el próximo globo se escoge al azar, ¿cuál es la probabilidad que será amarrillo?

Respuesta: La probabilidad es 7/19, porque después de haber dado uno de ellos, hay 7 maneras diferentes que "algo" puede pasar, dividido por las 19 posibilidades que restan.

Las Relaciones

Cuando una pregunta se trata de dos formas similares, puede esperar una pregunta de las relaciones.

Ejemplo: La siguiente figura muestra dos triángulos, en el triángulo ABC ~ A'B'C '. En estos triángulos semejantes a = 3, b = 4, c = 5, y a' = 6. ¿Cuál es el valor de b'?

Respuesta: Ya le dieron la dimensión de un lado que es similar para los dos triángulos (a y a'). Está buscando b' y le dan las dimensiones de b. Entonces, puede poner una relación de a/a' = b/b' o 3/6 = 4/b'. Para resolver, multiplique los dos lados en la forma de una x por multiplicar 6*4 = 3*b' o 24 = 3b'. Divida ambos lados por 3 (24/3 = 3b'/3) que da 8 = b', y entonces 8 es la respuesta.

Note que muchos problemas pueden dar la oportunidad de usar una relación. Busque para problemas donde está tratando de encontrar las dimensiones de una forma y tiene las dimensiones de una forma similar. Estos casi siempre pueden ser resueltos mediante el establecimiento de una relación. Sólo tenga cuidado y establecer las medidas correspondientes en las relaciones.
Primero decida lo que se le pidió en forma de B, representada por una variable, tal como x. Luego pregúntele a si mismo, de qué lado de forma similar A es el lado del mismo tamaño que x. Ese es su primera fracción relación, cree una fracción como 2 / 2 x si es el lado de tamaño similar en la forma A. A continuación, busque un lado de cada figura que es similar. Si 4 es el tamaño del otro lado de la forma A y corresponde a un lado con

un tamaño de 3 en forma de B, entonces su fracción relación es de 4 / 3. Tenga en cuenta que 2 y 4 son los dos numeradores de las fracciones de relación y son tanto de forma A. También tenga en cuenta que "x" del lado desconocido y 3 son los denominadores de las fracciones de relación y son a la vez de la forma B.

Gráficos

Puntos Medios

Para encontrar un punto medio, encuentre la diferencia en la dirección de x entre los dos extremos dado, y divida por dos. Luego, añada este número al punto medio a la coordenada de x más a la izquierda. Esa será la coordenada x del punto medio. Ahora encuentre la diferencia en la dirección y entre los dos extremos dados, y divida por dos, Sume el número al punto medio de la coordenada y. Esto sería el coordenado del punto medio.

Ejemplo: ¿Cuál es el punto medio del segmento de la línea que tiene los extremos de (-2 , 5) y (4 , 1)?

Respuesta: Primero, sustrae los puntos medios que se encuentra a la izquierda en la coordenada x de la de los puntos medios derecha: 4 - -2 = 4 + 2 = 6. Luego, divida por dos 6 / 2 = 3. Ahora, suma este número a la coordenada x que está a la más izquierda: -2 + 3 = 1, que es el punto medio de la coordenada x. Segundo, sustrae el punto medio de la coordenada y que está abajo de la que está más arriba 5 – 1 = 4. Ahora, divida por dos, 4 / 2 = 2. Luego, suma este número a la coordenada y abajo: 1 + 2 = 3, que es la coordenada del punto medio y. Entonces, el punto medio se da por (1 , 3).

Los Ángulos

Si tiene dos líneas que se cruzan, recuerde que la suma de todos los ángulos en su intersección sólo puede ser de 360°. De hecho, los dos ángulos a ambos lados de cada línea se suman al 180°. En el ejemplo de abajo, a ambos lados de cada línea, hay un ángulo de 137° y un ángulo de 43° (137° + 43°) = 180°. También tenga en cuenta que los ángulos opuestos son iguales. Por ejemplo, el ángulo de 43° se corresponde con un ángulo de 43° similar en el lado opuesto de la intersección.

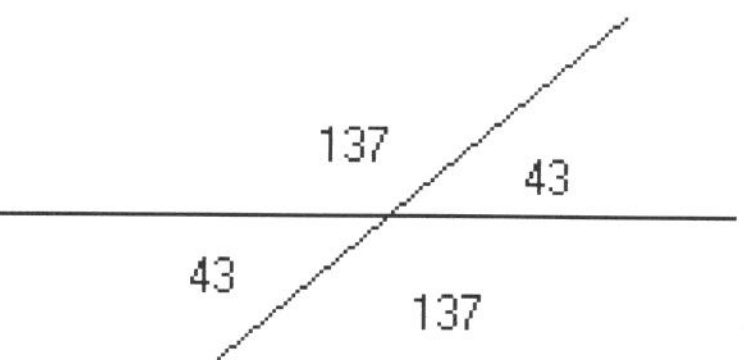

Además, las líneas paralelas cortadas por una tercera línea compartirán los ángulos. En el ejemplo siguiente, tenga en cuenta cómo cada ángulo de 128° se corresponde con un ángulo de 128° en el lado opuesto. Además, todos los otros ángulos en este ejemplo son de 52°, porque todos los ángulos en un lado de una línea que la igualdad de 180° y ya que sólo hay dos puntos de vista, si usted tiene el grado de uno, entonces usted puede encontrar el grado de los otros. En este caso, el ángulo que falta es sabido por 180° - 128° = 52°.

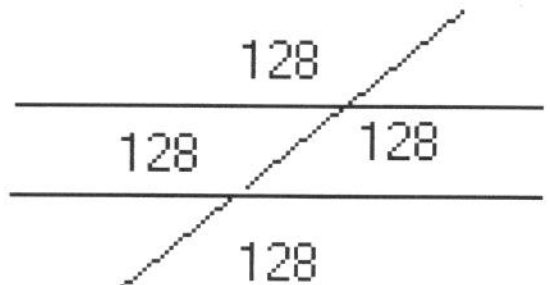

Por último, recuerde que todos los ángulos de un triángulo suman 180°. Si le dan dos de los ángulos, entonces resta a los dos de 180° y tendrá la medida del tercer ángulo ausente.

Por ejemplo: Si tiene un triángulo con dos ángulos dados de 20° y 130°, ¿de cuál ángulo sería el tercer ángulo?

Respuesta: Todos los ángulos tiene que sumar 180°, entonces180° – 20° – 130° = 30°.

Los Triángulos Rectángulos

Siempre que vea las palabras "triángulo rectángulo" o "ángulo de 90°," las campanas de alarma deben apagarse. Estos problemas casi siempre implican la ley de los triángulos

rectángulos, también conocido como el Teorema de Pitágoras:
A2 + B2 = C2.
A = la longitud de una de los lados más cortos
B = la longitud del otro lado corto
C = la longitud de la hipotenusa o el lado opuesto del ángulo 90°

ESTÉ SEGURO/A QUE SEPA ESTA FÓRMULA. Al menos 3-5 preguntas van a referirse a esta fórmula por darle dos o tres de los variables y preguntándole resolver por el tercero.

Por ejemplo: Un triángulo rectángulo tiene lados de 3 y 4; ¿cuál es la longitud de la hipotenusa?

Respuesta: Al resolver esta ecuación, A2=9, B2=16, entonces C2=25; la Raíz Cuadrada de 25 es 5, la longitud de la hipotenusa C.

Ejemplo: En el rectángulo abajo, ¿cuál es la longitud de la línea diagonal?

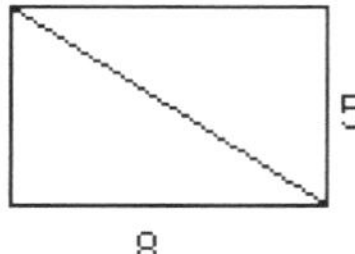

Respuesta: Este rectángulo se compone de dos triángulos rectángulos. Cuando tiene un triángulo rectángulo, el Teorema de Pitágoras se puede usar. Como el lado derecho del triángulo es equivalente a 5, entonces el lado izquierdo también tiene que ser equivalente a 5. Esto crea un triángulo con un lado que equivale 5 y otro que equivale 8. Para usar el Teorema de Pitágoras, decimos que $5^2 + 8^2 = C^2$ o $25 + 64 = C^2$ o $89 = C^2$ o C = Raíz Cuadrada de 89

Interés

La mayoría de las cuestiones financieras se basan en la sencilla fórmula I = CTP, donde I = interés, C= capital, T = tasa = y P =Plazo en días.

Ejemplo: ¿Qué tasa de interés anual se cobra para una casa de $100.000 con una hipoteca de 30 años que al final resultará en el pago de 210.000 dólares de intereses?

Ya sabemos que I = CTP y eso es igual de T = (I) / (CP) o P = $210,000 / ($100,000 * 30), s P = .07 o 7%.

Preguntas de Respuesta en una Red

¡Estas preguntas no son de opciones múltiples! Van a requerir que resuelva el problema y luego que llene los círculos en una red. Cada red tiene cinco columnas de los número 0-9. Hay lugares arriba de cada columna en la cual puede escribir el número, punto o signo /. Estos lugares no se califican, solamente los círculos que se encuentran abajo en la red, pero le permiten estar más organizado/a.

Ya que ha resuelto el problema, escriba la respuesta en los lugares arriba de la red.
Ejemplo: La respuesta es 5/12.
En los lugares arriba de la red, escriba "5 / 1 2"

Luego, en la red, llene el círculo que corresponde a "5" en la primera columna de los números.
Luego, llene el círculo que corresponde a "/"en la segunda columna de los números.
Luego, llene el círculo que corresponde a "1"en la tercera columna de los números.
Luego, llene el círculo que corresponde a "2"en la cuarta columna de los números.

Escriba la respuesta numérica antes en los espacios de arriba. Aunque no es necesario hacerlo, le ayudará poner en línea la red abajo y llenar correctamente los círculos correctos.

Los porcentajes no se pueden utilizar en las preguntas de una respuesta en una red. No hay lugar para llenar el círculo que corresponde al símbolo de porcentaje (%). Entonces, convierta su porcentaje en una cifra decimal o en una fracción. Esta situación ocurre a menudo en los problemas de probabilidad.

Es mejor justificar todas las respuestas al lado izquierdo y comenzar a llenar el círculo en la primera columna. Mientras puede llenar las respuestas en cualquiera de los círculos, al comenzar en la primer columna cada vez, tendrá una técnica estándar que le va a ahorrar tiempo y le dejará empezar ya de una vez de llenar los círculos que corresponden a sus respuestas. Como se mencionó antes, las preguntas de palabas que describan las formas siempre se deben dibujarse. Es importante acordar que una imagen vale más de mil palabras. Si se describan las formas geométricas (los segmentos de líneas, los círculos, los cuadrados, etc.) dibújelas en lugar de visualizar cómo se deben aparecer.

Algunos problemas pueden tener varias respuestas correctas. Para estos problemas, sólo marque una respuesta en la red. Dado que no habrán respuestas negativas, si se calcula una respuesta negativa y positiva, debe llenar en la red sólo la respuesta positiva. Si la respuesta sólo tiene una respuesta y se calcula una respuesta negativa, entonces, vuelva a resolver el problema otra vez.

Los problemas de las variables de frecuencia pueden permitir múltiples respuestas. En tales casos, puede ser más fácil "usar y trabajar", al escoger un número como 1 o 2 y ver si eso resuelve el problema. Un 1 o 2 son buenos números con los cuales debe empezar porque son fáciles de resolver con la multiplicación o la división. Si el 1 ó 2 no resuelva el problema, puede intentar un número más grande o un número más pequeño, hasta que finalmente tenga el resultado.

Ejemplo:
6 < 2x < 10
¿Cuál es un valor posible de “x” que puede resolver la expresión de la desigualdad arriba? En lugar de resolver dividiendo ambos lados por 2, lo que daría (3 < x < 5), puede ser más fácil de primero usar un número, vamos a intentar un "1".
Esto crea (6 < 2*1 < 10), que es obviamente erróneo. Usted sabe que un "1" es demasiado pequeño, así que la próxima vez debería probar un "3".
Esto crea (6 < 2*3 < 10) o (6 < 6 < 10), que también es obviamente erróneo. Sin embargo, en este momento usted está muy cerca y con éxito puede tratar de un "4". ¡Esto crea (6 < 2*4 < 10) o (6 < 8 < 10), que es correcto!

Las fracciones que incluyen números enteros, como 1 y ½, se deben convertir para eliminar el número entero (3/2) o en un decimal (1.5) antes de poner la respuesta en la red. Los decimales que se repiten (0.66666) deben ser redondeados para permitir la máxima precisión (0.6667), no (0.67), o se deben ser convertidos en una fracción (2/3).

Enfrente el problema sistemáticamente. Tome tiempo para entender lo que se está preguntando. En muchos casos hay un dibujo o gráfica en el cual puede escribir. Dibuje líneas, tome apuntes, o haga lo que sea necesario para crear una imagen visual y le dejará entender lo que se está preguntando.

Notal Final

Como se mencionó anteriormente, los problemas de la palabra que describe las formas siempre deben ser dibujados. Recuerde el viejo dicho que una imagen vale más que mil palabras. Si se describen las formas geométricas (segmentos de líneas, círculos, cuadrados, etc.) dibújelos en lugar de tratar de visualizar la forma en que debe aparecer.

A cada oportunidad, deje que su calculadora haga el trabajo. “Use y trabaje” al escoger un número como 1 o 2 y cheque si esto resuelva el problema. Un 1 o 2 son buenos números con los cuales debe empezar porque son fáciles de resolver con la multiplicación o la división. Si el 1 ó 2 no resuelva el problema, puede intentar un número más grande o un número más pequeño, hasta que finalmente tenga el resultado.

Enfrente los problemas sistemáticamente. Tome tiempo para entender lo que se está preguntando. En muchos casos hay un dibujo o gráfica en el cual puede escribir. Dibuje líneas, tome apuntes, o haga lo que sea necesario para crear una imagen visual y le dejará entender lo que se está preguntando.

Aun si usted siempre ha tenido éxito en las matemáticas, puede ser que no tendrá éxito en el GED. Mientras que las pruebas de matemáticas en la preparatoria examinan competencias específicas en temas específicos, el GED con frecuencia pone a prueba su capacidad de aplicar conceptos matemáticos a partir de materias de matemáticas muy diferentes en un problema. Pero, en raros casos es algún problema de matemáticas en el examen del GED más de dos "capas" de profundidad.

¿Qué significado tiene eso para Usted? Usted puede aprender fácilmente las matemáticas para el GED al tomar múltiples veces los exámenes de

práctica. Si su conocimiento de las matemáticas carece, le sugerimos que compre una guía básica de las matemáticas para darle una base más estable antes de aplicar los secretos de este manual. Cheque nuestro reporte especial para ver cuál guía más vale su tiempo.

Ejemplo de las Preguntas: La Prueba de la Ciencia

Tabla 1

Longitud de diámetro de 0.10 de cable de aluminio(m)	Resistencia (ohm) a 20° C
1	3.55
2	7.10
4	14.20
10	35.50

Basándose en la información en la Tabla 1, uno predeciría que una longitud de 20 m de cable de aluminio con un diámetro de 0.10 mm tendrá una resistencia de:
1. 16 ohm
2. 25 ohm
3. 30 ohm
4. 34 ohm
5. 71 ohm

Vamos a ver algunos métodos diferentes y los pasos para resolver este problema.

1. Crea una proporción o una relación
La primera forma que se puede enfrentar este problema es mediante la creación de una proporción o relación. Usted encontrará que muchos de los problemas en el GED pueden ser resueltos con esta técnica simple. Por lo general, siempre que tenga un par determinado de números (este número va con ese número) y se le da un tercer número y le pide que encuentre lo que el número sería su partido, entonces usted tiene un problema que se puede convertir en una proporción o relación fácil.
En esto caso, puede tomar cualquier de los pares de los números de la Tabla 1. Como ejemplo, vamos a escoger el segundo juego de números (2 m y 7.10 ohm).

Forme una pregunta con la información que ya tiene: ¿2 metros se convierte a 7.10 ohm como 20 metros (de la pregunta) se convierte a cuál resistencia?

De su relación: 2m/7.10 ohm = 20m/x
"x" se usa como el número que falta y lo que está buscando.

La multiplicación en la forma de una x nos da 2*x = 7.10*20 o 2x = 142.

Dividir ambos lados por 2 nos da 2x/2 = 142/2 o x = 71, lo que hace la respuesta 5 la correcta.

2. Use el Álgebra

La pregunta está buscando la resistencia de un pedazo de cable de 20 m. La resistencia es una función de la longitud del cable, entonces sabe que se podría crear un problema del álgebra en el cual se podría multiplicar 20 por algún factor "x" que le daría su repuesta.

Entonces, ahora tiene 20*x = ?

Pero, ¿qué exactamente es "x"? Si 20*x daría la resistencia de un pedazo de cable que es de 20 m, entonces 1*x le daría la resistencia de un pedazo de cable de 1 m. Acuerde que aunque la tabla ya indica que la resistencia de un pedazo de cable de 1 m equivale 3.55 ohm.

Entonces, si 1*x = 3.55 ohm, entonces resolviendo para "x" le da x = 3.55 ohm.

Poniendo otra vez su respuesta "x" en la ecuación inicial de 20*x = ?, le da 20*3.55 ohm = 71 ohm, lo que hace la respuesta 5 la correcta.

3. Busque un Patrón

Muchas veces puede resolver el problema al buscar un patrón para los problemas que le dan muchos números diferentes. En este caso, hay que considere la tabla que le dan.

1 - 3.55
2 - 7.10
4 - 14.20
10 - 35.50

¿Cuáles patrones ve en las secuencias de los números arriba? Parece que cuando el número en la primera columna se duplica de 1 a 2, el número en la segunda columna también se duplica, de 3.55 a 7.10. Una inspección más profunda muestra que cuando los números de la primera columna se duplican de 2 a 4, el número en la segunda columna se duplica otra vez, cambiando de 7.10 a 14.20. Ahora tiene un patrón: cuando la primera columna se duplica, la segunda columna también lo hace.

Como la pregunta estaba preguntando sobre una resistencia de 20, usted debe reconocer que 20 es la duplicación de 10. Como un pedazo de 10 tenía una resistencia de 35.50 ohm, entonces duplicando el pedazo de 10 debe duplicar la resistencia, lo cual hace 71 ohm, o la respuesta 5 la correcta.

4. Use la Lógica

Un método que funciona incluso más rápido que la búsqueda de patrones o la creación de ecuaciones es usando la lógica simple. Parece que como el primer número (la longitud del cable) se hace más grande, también lo hace el segundo número (la resistencia).

Como la longitud de 10 (la longitud más larga que se da en la tabla) tiene una resistencia correspondiente de 35.50, entonces otra longitud (como de 20 en la pregunta) debe tener una longitud más grande que 35.50. Al ver las respuestas, hay sola una respuesta que es más grande que 35.50, lo cual hace la respuesta 5 la correcta.

Las Pruebas de Práctica y Sus Respuestas

Las Pruebas de Práctica

La Prueba de Escritura
Instrucciones: Para cada pregunta, dibuje un círculo alrededor del número de la respuesta que mejore conteste la pregunta o que complete la oración.

Las preguntas 1–8 se refieren al TEXTO:

¿Cómo Prepare Su Vehículo Para el Invierno?

A

1. Cualquier persona que viva en un clima cual trae la nieve durante el invierno sabe lo importante que es tener un vehículo que funciona. 2. Antes de que el invierno comienza, haga el servicio para el coche o camioneta. 3. Considere los siguientes consejos. 4. Pocas cosas son los peores que no poder ver en la nieve o aguanieve. 5. La mayoría de los limpiaparabrisas no duran aún más de un año. (6) Asegúrese de que mientras usted está en él, el depósito de líquido limpiador de parabrisas tenga fluido. (7) En primer lugar, ¿los limpiaparabrisas funcionan correctamente? (8) No lo llene con agua, porque agua corriente no va a funcionar en el invierno -- se congela.

B

(9) Algunas cosas para notar bajo el capó. (10) ¿Las correas y mangueras están en buen estado está la batería en buen estado de funcionamiento? (11) ¿Cuándo fue el último cambio de aceite? (12) Asegúrese de que usted tiene la mezcla correcta de anticongelante y agua en el radiador. (13) Añada al kit de emergencia de su vehículo comida, agua y ropa caliente o una manta. (14) En invierno, lleve un rascador de hielo y una pala pequeña. (15) Considere la posibilidad de cadenas para los neumáticos y la sal, arena, o la arena para gatos que no agrupe para dar tracción a su vehículo si es necesario.

C

(16) Tenga un plan si se queda sin recursos. (17) No se vaya del vehículo a menos que sepa exactamente en donde está y lo lejos que está de ayuda. (18) Seguir estas precauciones le mantendrá a usted y los que quiere seguros cuando maneja durante el invierno.

PREGUNTAS:

1. Oración 1: "Cualquier persona que viva en un clima cual trae la nieve durante el invierno sabe lo importante que es tener un vehículo que funciona."

¿Cuál corrección se debe hacer a la oración 1?

1. haga viva singular
2. ponga comillas alrededor de "que trae nieve"
3. aparte durante el invierno con marcas especiales
4. cambie cual a que
5. cambie es a son

2. Oración 4: "Pocas cosas son los peores que no poder ver en la nieve o aguanieve."
¿Cuál corrección se debe hacer a esta oración 1?

1. cambie son a es
2. cambie pocas a menos
3. cambie los peores a peor
4. intercambie o con y
5. no es necesario hacer corrección a esta oración

3. Oración 5: "La mayoría de los limpiaparabrisas no duran aún más de un año."

¿Cuál de las maneras siguientes es la mejor para escribir la porción subraya de esta oración? Si usted cree que la original es la mejor, escoja la opción 1.

1. no duran aún más de
2. no duran más de
3. no duraban no más de
4. no han durado no más de
5. posiblemente no durarán aún más de

4. Oración (6): "Asegúrese de que mientras usted está en él, el depósito de líquido limpiador de parabrisas tenga fluido."

¿Cuál corrección se debe hacer a esta oración?

1. ponga mientras usted está en él al primero de la oración y ponga una coma después de esta frase
2. ponga Asegúrese al final de la oración
3. use un signo de interrogación al final de la oración
4. ponga una coma detrás de ella
5. no es necesario corregirla

5. Oración (7): "En primer lugar, ¿los limpiaparabrisas funcionan correctamente?"

¿Cuál revisión se debe hacer a la oración (7) para mejor la organización del párrafo?

1. ponga la oración (7) al primero del párrafo A
2. ponga la oración (7) detrás de la oración 3.
3. ponga la oración (7) al fin del párrafo A
4. ponga la oración (7) al inicio del párrafo B
5. elimine la oración (7)

6. Oración (9): "Algunas cosas para notar bajo el capó."

¿Cuál corrección se debe hacer a la oración (9)?

1. ponga tener entre para y notar
2. ponga bajo el capó al inicio de la oración
3. cambie Algunas a Una
4. elimine notar
5. añada Aquí hay al inicio de la oración

7. Oración (10): "Las correas y mangueras están en buen estado está la batería en buen estado de funcionamiento?"

¿Cuál de las maneras siguientes es la mejor para escribir la porción subraya de esta oración? Si usted cree que la original es la mejor, escoja la opción 1.

1. buen estado está la
2. buen estado, está la
3. bueno estado y está la
4. bueno estado; está la
5. buen estado? Está la

8. Oración (13): "Añada al kit de emergencia de su vehículo comida, agua y ropa caliente o una manta."

¿Cuál corrección se debe hacer a esta oración?

1. quite 'de' de de su vehículo
2. cambie la ortografía de emergencia a emergancia
3. ponga comas después de las palabras comida y agua
4. ponga una coma después de la palabra ropa caliente
5. no es necesario corregirla

9. Oración (17): "No se vaya del vehículo a menos que sepa exactamente en donde está y lo lejos que está de ayuda."

Si fuera a escribir de nuevo la oración (17) empezando con las palabras a menos que sepa exactamente en donde está y lo lejos que está de ayuda, las palabras siguientes serán

1. no se vaya
2. el vehículo
3. vaya del
4. no se
5. vaya no

LAS PREGUNTAS 10–18 SE REFIEREN AL TEXTO SIGUIENTE:

¿Qué Tan Lenta Está Su Comida?

A

1. Un movimiento de base en la población está tomando lugar alrededor del mundo. 2. Las naciones desarrolladas han gastado el último medio siglo creando los productos de la comida rápida, que son diseñados más para la facilidad y disponibilidad que para el sabor. 3. Mientras la gente se preocupa más por las cosechas modificadas genéticamente, la seguridad de la comida, y la costa del transporte de la comida por la nación, las comidas lentas está haciendo una reaparición.

B

4. La comida lenta pone el dar énfasis en la comunidad y compartir. 5. Una gran preocupación es apoyar a los agricultores y artesanos locales, en particular los que están tratando de salvar a las especies en peligro de extinción de animales, granos, las frutas y las verduras. (6) Un nuevo interés en las variedades de la herencia ha vuelto a despertar los paladares acostumbrados a la comida que había perdido ambos recurso nutricional y sabor. (7) La comida lenta también quiere usar la agricultura sostenible, para que los suelos puedan ser repuestos sin el uso de químicos.

C

(8) La comida lenta usa ha tomado su programa a los estudiantes en las escuelas primerias y secundarias por su programa del Jardín a la Mesa. (9) Enfocándose en el placer, la tradición y la sostenibilidad, los proyectos ofrecen a la gente joven el chance de estar involucrada en manos a la jardinería y cocinar. (10) Una vez tenía un jardín en mi patio trasero. (11) Los estudiantes aprenden de dónde viene su comida y quién la coseche y cómo cocinarla y la necesidad de compartir con otros. (12) Un programa similar, la Comida Lenta en el Campus, se conduce por los estudiantes de los colegios y las universidades si mismos. (13) Todos los programas se adhieren a la idea básica de la Comida Lenta: un sistema bueno, limpio y justo de comida.

PREGUNTAS:

10. Oración 2: "Las naciones desarrolladas han gastado el último medio siglo creando los productos de la comida rápida, que son diseñados más para la facilidad y disponibilidad que para el sabor."

¿Cuál de las maneras siguientes es la mejor para escribir la porción subraya de esta oración? Si usted cree que la original es la mejor, escoja la opción 1.

1. los productos de comida rápida, que son
2. los productos de comida que son
3. el producto de comida, que son
4. los productos de comida, que es
5. los productos de comida, son que

11. Oración 3: "Mientras la gente se preocupa más por las cosechas modificadas genéticamente, la seguridad de la comida, y la costa del transporte de la comida por la nación, las comidas lentas está haciendo una reaparición."

¿Cuál corrección se debe hacer a esta oración?

1. quite las comas extras
2. cambie *está* a *están*
3. escriba en letra mayúscula *modificadas genéticamente*
4. ponga los términos en una seria paralela
5. cambie el punto con un signo interrogativo

12. Oración 4: "La comida lenta pone el dar énfasis en la comunidad y compartir."

¿Cuál de las maneras siguientes es la mejor para escribir la porción subraya de esta oración? Si usted cree que la original es la mejor, escoja la opción 1.

1. pone el dar énfasis en
2. ubica el énfasis en
3. ponen el dar énfasis en
4. pone el énfasis en
5. pone unos énfasis en

13. Oración 5: "Una gran preocupación es apoyar a los agricultores y artesanos locales, en particular los que están tratando de salvar a <u>las especies en peligro de extinción de animales, granos, las frutas y las verduras</u>."

¿Cuál de las maneras siguientes es la mejor para escribir la porción subraya de esta oración? Si usted cree que la original es la mejor, escoja la opción 1.

1. las especies en peligro de extinción de animales, granos, las frutas y las verduras
2. la especie en peligro de extinción de animales, granos, las frutas, y las verduras
3. las especies en peligro de extinción de animales, granos, las frutas, y la verdura
4. las especies en peligro de extinción de animales, granos, las frutas, y las verduras
5. las especies en peligro de extinción de animales, granos, frutas y verduras

14. Oración (7): "La comida lenta también quiere usar la agricultura sostenible, para que los suelos puedan ser repuestos"

Si fuera a escribir de nuevo la oración (7) empezando con las palabras <u>para que los suelos puedan ser repuestos</u>, las palabras siguientes serán

1. la agricultura sostenible
2. use sostenible
3. la comida lenta
4. también quiere
5. usar

15. Oración (8): "La comida lenta usa ha tomado su programa a los estudiantes en las escuelas primarias y secundarias por su programa del Jardín a la Mesa."

¿Cuál corrección se debe hacer a esta oración?

1. quite las letras mayúsculas de <u>Jardín</u> y <u>Mesa</u>
2. use letras mayúsculas para <u>Comida Lenta USA</u>
3. cambie la escritura de <u>primarias</u> a <u>primerias</u>
4. cambie la escritura de <u>por</u> a <u>pro</u>
5. no es necesario corregirla

16. Oración (10): "Una vez tenía un jardín en mi patio trasero. "

¿Cuál revisión se debe hacer a la oración (10) para mejorar la organización de este párrafo?

1. mueva la oración al primero del párrafo
2. use la oración como la frase de conclusión del artículo
3. quite la oración (10)
4. mueva la oración al párrafo anterior
5. mueva la oración al final del párrafo

17. Oración (11): "Los estudiantes aprenden de dónde viene su comida y quién la coseche y cómo cocinarla y la necesidad de compartir con otros."

¿Cuál corrección se debe hacer a esta oración?

1. añada comas
2. hagan que los términos sean paralelos
3. cambie su a son
4. haga que sea dos oraciones
5. cambie dónde a lleva

18. Oración (12): "Un programa similar, la Comida Lenta en el Campus, se conduce por los estudiantes de los colegios y las universidades si mismos."

¿Cuál corrección se debe hacer a esta oración?

1. haga los estudiantes de los colegios y las universidades el sujeto
2. quite las comas
3. quite las letras mayúsculas de Lenta, Comida, y Campus
4. cambie la escritura de similar a simular
5. cambie por a comprar

LAS PREGUNTAS 19–25 SE REFIEREN AL TEXTO SIGUIENTE:

¿Está Usted Triste?

A

1. Si Usted es como muchas personas, la venida del invierno le pone triste. 2. Algunas tendencias de la hibernación son normales. 3. Si le nota la depresión verdadera un sentido de la desesperación menos energía o ansiedad, usted estará sufriendo de enfermedad afectiva de las estaciones, conocida como EAS. 4. Algunas personas experimentan EAS durante la primavera y el verano pero la mayoría de la gente, sin embargo, el invierno es la estación para estar triste.

B

5. Los investigadores no están seguramente de lo que causa EAS. (6) Una sugerencia es que teniendo nuestros ritmos regulares del cuerpo interrumpidos cuando hay menos sol estás disponible es lo culpable. (7) Otro estudio le culpa la producción aumentado de melatonina, un hormono relacionado con dormir. (8) Durante los meses oscuros del invierno, el cuerpo hace más melatonina. (9) Al mismo tiempo, hace menos serotonina, el químico del cerebro que efectúa nuestros estados de ánimos. (10) Poco sol significa menos serotonina. (11) Los factores de riesgo no ha sido identificados.

C

(12) La mayoría de gente con EAS lo aguantan y esperan para la primavera. (14) Si tiene síntomas que duran más que dos semanas, es tiempo de ver a un médico. (15) La gente con casos leves de EAS necesitan pasar tiempo afuera, hace ejercicio regularmente, y asistir a eventos sociales o viajar. (16) ¿La buena noticia es que la primavera siempre vendrá?

PREGUNTAS:

19. Oración 1: "Si Usted es como muchas personas, la venida del invierno le pone triste."

Si fuera a escribir de nuevo la oración (1) empezando con las palabras la venida del invierno le pone triste, las palabras siguientes serán

1. como muchas
2. Usted es
3. es como
4. muchas personas
5. Si Usted es

20. Oración 3: "Si le nota la depresión verdadera un sentido de la desesperación menos energía o ansiedad, usted estará sufriendo de enfermedad afectiva de las estaciones, conocida como EAS."

¿Cuál corrección se debe hacer a esta oración?

1. quite la coma después de estaciones
2. ponga una coma después de desesperación
3. use letras mayúsculas para enfermedad afectiva de las estaciones
4. empiece la oración con sufriendo
5. no es necesario corregirla

21. Oración 4: "Algunas personas experimentan EAS durante la primavera y el verano pero la mayoría de la gente, sin embargo, el invierno es la estación para estar triste."

¿Cuál de las maneras siguientes es la mejor para escribir la porción subraya de esta oración? Si usted cree que la original es la mejor, escoja la opción 1.

1. y el verano para la mayoría de la gente
2. y el verano, para la mayoría
3. y el verano: para la mayoría
4. y el verano;
5. y el verano. para la mayoría

22. Oración 5: "Los investigadores no están seguramente de lo que causa EAS."

¿Cuál corrección se debe hacer a esta oración?

1. cambie seguramente a seguros
2. no use letras mayúsculas para EAS
3. termine la oración con un signo de interrogativo
4. cambie Los Investigadores a Los Investigedores
5. no es necesario corregirla

23. Oración (8): "Durante los meses oscuros del invierno, el cuerpo hace más melatonina."

Si fuera a escribir de nuevo la oración (8) empezando con las palabras El cuerpo hace más melatonina, las palabras siguientes serán

1. meses oscuros del invierno
2. durante los
3. oscuros del invierno
4. los meses oscuros
5. meses el

24. Oración (9): "Al mismo tiempo, hace menos serotonina, el químico del cerebro que efectúa nuestros estados de ánimos."
¿Cuál corrección se debe hacer a esta oración?

1. cambie efectúa a afecta
2. cambien el lugar de la primera frase a después de serotonina
3. cambie menos a poca
4. use letras mayúsculas para serotonina
5. no es necesario corregirla

25. Oración (10): "Poco sol significa menos serotonina."

¿Cuál corrección se debe hacer a esta oración?

1. cambie significa a significan
2. use letras mayúsculas para serotonina
3. cambie sol a soles
4. cambie poco a menos
5. cambie menos a inferior

26. Oración (11): "Los factores de riesgo no ha sido identificados."

¿Cuál de las maneras siguientes es la mejor para escribir la porción subraya de esta oración? Si usted cree que la original es la mejor, escoja la opción 1.

1. Los factores de riesgo no ha sido
2. los factores de riesgo no ha sido
3. Los factor de riesgo no han sido
4. Los factores de riesgo no han sido
5. los factores de riesgo no ha nunca sido

27. Oración (12): "La mayoría de gente con EAS lo aguantan y esperan para la primavera."

¿Cuál corrección se debe hacer a esta oración?

1. escriba EAS como eas
2. cambie aguantan a aguantando
3. cambie esperan a esperar
4. cambie gente a gentes
5. no es necesario corregirla

28. Oración (16): "¿La buena noticia es que la primavera siempre vendrá?"

¿Cuál corrección se debe hacer a esta oración?

1. cambie buena a bien
2. cambie el signo interrogativo a un punto
3. cambie que a cual
4. cambie vendrá a vendrás
5. no es necesario corregirla

LAS PREGUNTAS 29–34 SE REFIEREN AL TEXTO SIGUIENTE:

Sólo Temporal

A

1. Muchos negocios en los Estados Unidos contratan regularmente los "temporales", o los trabajadores temporales. 2. Ahora conocida como la industria de dotación de personal, el trabajo temporal emplee casi 3 millones de personas y generando más que $40 billones anualmente. 3. Porque los trabajos ya no son seguros, muchas personas encuentran que mover de trabajo al trabajo es una buena manera de mejorar son capacidades. 4. De vez en cuando encuentran el trabajo perfecto y están contratados como un empleado de tiempo completo. 5. Los negocios aman a los temporales, salvan a la compañía dinero porque los temporales no reciben beneficios.

B

(6) ¿El trabajo temporal sería bueno para Usted? (7) Si es el tipo de trabajador/a que se aburre rápidamente y que necesita desafíos nuevos, trabajando temporalmente puede ser la manera de escoger. (8) El trabajo temporal puede ofrece un horario más flexible y le da un ambiente de trabajo cambiante. (9) Por el lado negativo, no va a recibir beneficio, como las vacaciones pagadas o el seguro médico. (10) Puede ser que no le tratan bien, porque los trabajadores temporales vienen y van.

C

(11) Si actualmente está buscando un trabajo, trabajo temporal puede añadir experiencia valiosa a su currículum. (12) También le da para buscar y entrevistando para un trabajo nuevo permanente. (13) Además, trabajo temporal es una buena manera de explorar las carreras diferentes. (14) Muchos trabajos temporales son temporales a tiempo completo, porque la compañía necesita llenar un puesto y está buscando entre los trabajadores temporales para un empleado permanante. (15) ¡Tal vez Usted es el empleado que están buscando!

PREGUNTAS:

29. Oración 1: "Muchos negocios en los Estados Unidos contratan regularmente los "temporales", o los trabajadores temporales."

¿Cuál corrección se debe hacer a esta oración?

1. quite las comillas de temporales
2. ponga la coma adentro de las comillas
3. cambie la escritura de temporales a temparales
4. quite la coma después de temporales
5. no use letras mayúsculas para Estados Unidos

30. Oración 2: "Ahora conocida como la industria de dotación de personal, el trabajo temporal emplee casi 3 millones de personas y generando más que $40 billones anualmente."

¿Cuál corrección se debe hacer a esta oración?

1. cambie industria a industrias
2. cambie trabajo a trabajos
3. cambie emplee a empleando
4. cambie generando a genera
5. termina la oración con un signo interrogativo

31. Oración 3: "Porque los trabajos ya no son seguros, muchas personas encuentran que mover de trabajo al trabajo es una buena manera de mejorar son capacidades."

¿Cuál corrección se debe hacer a esta oración?

1. cambie Porque a Como
2. quite la coma después de seguros
3. cambie buena a bien
4. cambie capacidades a capacidad
5. cambie son a sus

32. Oración 4: "De vez en cuando encuentran el trabajo perfecto y están contratados como un empleado de tiempo completo."

¿Cuál de las maneras siguientes es la mejor para escribir la porción subraya de esta oración? Si usted cree que la original es la mejor, escoja la opción 1.

1. están contratados como un empleado de tiempo completo.
2. están contratados como empleados de tiempo completo.
3. está contratado como empleado de tiempo completo.
4. está contratado como un empleado de tiempo completo.
5. están contratados como un empleado de tiempo completos.

33. Oración 5: "Los negocios aman a los temporales, salvan a la compañía dinero porque los temporales no reciben beneficios."

¿Cuál de las maneras siguientes es la mejor para escribir la porción subraya de esta oración? Si usted cree que la original es la mejor, escoja la opción 1.

1. Los negocios aman a los temporales, salvan
2. Los negocios ama a los temporales, salva
3. Los negocios aman a los temporales; salvan
4. Los negocios ama a los temporales, ellos salva
5. Los negocios ama a los temporales, salvan

34. Oración (8): "El trabajo temporal puede ofrece un horario más flexible y le da un ambiente de trabajo cambiante."

¿Cuál de las maneras siguientes es la mejor para escribir la porción subraya de esta oración? Si usted cree que la original es la mejor, escoja la opción 1.

1. un horario flexible y le da
2. un horario flexible y le das
3. horarios flexibles y le da
4. horarios flexibles; y le da
5. horario flexible, y le da

35. Oración (11): "Si actualmente está buscando un trabajo, trabajo temporal puede añadir experiencia valiosa a su currículum."

Si fuera a escribir de nuevo la oración (11) empezando con las palabras Trabajo Temporal puede añadir experiencia valiosa a su currículum, las palabras siguientes serán

1. si actualmente está
2. buscando un
3. actualmente está buscando
4. está actualmente
5. buscando

36. Oración (12): "También le da para buscar y entrevistando para un trabajo nuevo permanente."

¿Cuál corrección se debe hacer a esta oración?

1. cambie permanente a permanante
2. cambie buscar a buscando
3. cambie entrevistando a entravistando
4. cambie entrevistando a entrevistar
5. no es necesario corregirla

37. Oración (14): "Muchos trabajos temporales son temporales a tiempo completo, porque la compañía necesita llenar un puesto y está buscando entre los trabajadores temporales para un empleado permenente."

¿Cuál de las maneras siguientes es la mejor para escribir la porción subraya de esta oración? Si usted cree que la original es la mejor, escoja la opción 1.

1. los trabajadores temporales para un empleado permenente
2. los trabajadores temporales para un empleado permanente
3. un trabajador temporal para un empleado permanante
4. los trabajadores temporales para empleados permanantes
5. un trabajador temporal para un empleado permanente

LAS PREGUNTAS 38–43 SE REFIEREN AL TEXTO SIGUIENTE:

Escogiendo la Mascota Perfecta

A

1. Las opciones de hoy día para las mascotas va más allá que la pregunta de escoger un gato o un perro? 2. Los jerbos, los conejos, y los anfibios es todas opciones populares. 3. Ante salir al refugio de animales, es importante saber cual mascota hace sentido para su casa o aula. 4. Una pregunta obvia para contestar es si renta es si se permiten mascotas. 5. Algunos complejo de apartamentos pone límites de pesa y tamaño para las mascotas o cobran cuotas. (6) Si las mascotas son permitidas, se debe considerar otros asuntos.

B

(7) Si las alergias efectan a alguien en su casa, esté seguro de escoger una mascota no va a irritar la condición. (8) Algunas razas de perros, como los schnauzers o los caniches, son mascotas aceptables para los que son sensibles al pelo y la caspa.

C

(9) Al pesar de la mascota que escoge, piense en los gastos extras como el cuidado veterinario y vacunas, el costa de la comida, las licencias, y el equipo. (10) ¿Se requiere una casa especial la mascota? (11) ¿Quién se va a encargar de dar de comer y limpiar para el animal? (12) Tomando tiempo para hacer un poco de investigación se puede salvar de muchos gastos y mucha angustia después.

PREGUNTAS:

38. Oración 1: "Las opciones de hoy día para las mascotas va más allá que la pregunta de escoger o un gato o un perro?"

¿Cuál corrección se debe hacer a esta oración?

1. cambie el signo interrogativo a un punto
2. cambie de hoy día a hoy día
3. cambie pregunta a preguntas
4. cambie o un gato a clima un gato
5. no es necesario corregirla

39. Oración 2: "Los jerbos, los conejos, y los anfibios es todas opciones populares."

¿Cuál corrección se debe hacer a esta oración?

1. quite la coma después de jerbos
2. cambie anfibios a amphibios
3. cambie es a son
4. cambie jerbos a hámsteres
5. no es necesario corregirla

40. Oración 5: "Algunos complejo de apartamentos pone límites de pesa y tamaño para las mascotas o cobran cuotas."

¿Cuál de las maneras siguientes es la mejor para escribir la porción subraya de esta oración? Si usted cree que la original es la mejor, escoja la opción 1.

1. Algunos complejo de apartamentos pone límites de pesa
2. Algunos complejo de apartamentos pone esperar
3. Algunos complejos de apartamentos pone límites de pesa
4. Algunos complejos de apartamentos ponen límites de pesa
5. Algunos complejo de apartamentos pone esperar

41. Oración (6): "Si las mascotas son permitidas, se debe considerar otros asuntos."

Si fuera a escribir de nuevo la oración (6) empezando con las palabras Se debe considerar otros asuntos, las palabras siguientes serán

1. son permitidas
2. si permitidas
3. son permitidas
4. mascotas son
5. si las mascotas

42. Oración (7): "Si las alergias efectúan a alguien en su casa, esté seguro de escoger una mascota no va a irritar la condición."

¿Cuál de las maneras siguientes es la mejor para escribir la porción subraya de esta oración? Si usted cree que la original es la mejor, escoja la opción 1.

1. Si las alergias efectúan a alguien
2. Si las alergias afectan a alguien
3. Si las alergias afecta a alguien
4. Si las alergias efectúa a alguien
5. Si las alergias afecta a cualquiera persona

43. Oración (9): "Al pesar de la mascota que escoge, piense en los gastos extras como el cuidado veterinario y vacunas, el costa de la comida, las licencias, y el equipo."

¿Cuál corrección se debe hacer a esta oración?

1. cambie Al pesar de a A pesar de
2. cambie licencias a lisenias
3. cambie el punto a un signo interrogativo
4. quite las comas extras
5. no es necesario corregirla

LAS PREGUNTAS 44-50 SE REFIEREN AL TEXTO SIGUIENTE:

Señora Presidente

A

1. Aún antes de que las mujeres tenía el derecho de votar, las mujeres han intentado llegar a la oficina executiva más alta de la nación. 2. Victoria Woodhull hizo una campaña como candidata del tercer partido en 1872. 3. Aunque no ganó, ella se hizo la primera mujer que era dueña de un negocio de inversión de wall street. 4. En 1884 y 1888, la abogada Belva Lockwood también hizo una campaña como candidata del tercer partido. 5. Margaret Chase Smith (quien sirvió en ambas casas del Congreso) fue la primera mujer nominada por un gran partido, los Republicanos.

B

(6) Nueve otras mujeres han buscado por la presidencia desde los 1970. (7) Cinco de ellas fueron Demócratas y una fue una Republicana y tres representaron terceros partidos. (8) Creo que ya es tiempo que este país tiene una mujer como presidente. (9) Solamente dos mujeres han sido nominadas como vi-presidenta—Demócrata Geraldine Ferraro en 1984 y Republicana Sarah Palin en 2008. (10) Muchas personas creen que pronto los Estados Unidos va a unirse con países como la Gran Bretaña, la India, Alemania, Chile y Liberia, cuales tienen mujeres como los jefes del estado.

PREGUNTAS:

44. Oración 1: "Aún antes de que las mujeres tenía el derecho de votar, las mujeres han intentado llegar a la oficina executiva más alta de la nación."

Si fuera a escribir de nuevo la oración (6) empezando con las palabras Se debe considerar otros asuntos, las palabras siguientes serán

1. de votar
2. las mujeres tenían
3. aún antes
4. el derecho
5. tenía el

45. Oración 3: "Aunque no ganó, ella se hizo la primera mujer que era dueña de un negocio de inversión de wall street."

¿Cuál corrección se debe hacer a esta oración?

1. cambie se hizo a se hace
2. use letras mayúsculas para wall street
3. cambie Aunque a Por
4. use letras mayúsculas para negocio de inversión
5. ponga un signo interrogativo al final de la oración

46. Oración 5: "Margaret Chase Smith (quien sirvió en ambas casas del Congreso) fue la primera mujer nominada por un gran partido, los Republicanos."

¿Cuál corrección se debe hacer a esta oración?

1. ponga comas antes y después de los paréntesis
2. no use letras mayúsculas para Republicanos
3. cambie mujer a mujeres
4. cambie nominada a nomminada
5. no es necesario corregirla

47. Oración (6): "Nueve otras mujeres han buscado por la presidencia desde los 1970."

¿Cuál de las maneras siguientes es la mejor para escribir la porción subraya de esta oración? Si usted cree que la original es la mejor, escoja la opción 1.

1. mujeres han buscado por
2. mujer han buscado por
3. mujeres han buscan por
4. mujeres han buscado
5. mujer habían buscado por

48. Oración (7): "Cinco de ellas fueron Demócratas y una fue una Republicana y tres representaron terceros partidos."

¿Cuál corrección se debe hacer a esta oración?

1. añada una coma después de Demócratas y quite y
2. cambie ellas a esas
3. cambie fueron a fue
4. escriba terceros partidos con letras mayúsculas
5. no es necesario corregirla

49. ¿Cuál revisión mejoraría la organización total de este artículo?

1. cambie el orden de los párrafos A y B
2. ponga la oración final al principio del párrafo B
3. quite la oración (8)
4. ponga la oración (2) al final del párrafo A
5. empiece el artículo con la oración (6)

50. Oración (10): "Muchas personas creen que pronto los Estados Unidos va a unirse con países como la Gran Bretaña, la India, Alemania, Chile y Liberia, cuales tienen mujeres como los jefes del estado."

¿Cuál corrección se debe hacer a esta oración?

1. cambie cuales a que
2. quiete las comas no necesarias
3. escriba con letras mayúsculas jefes del estado
4. cambie la escritura de creen a crean
5. no es necesario corregirla

La Prueba de Los Estudios Sociales

Ejercicios: Historia

Instrucciones: Para cada pregunta dibuje un círculo encima de la respuesta que mejor contesta la pregunta o que mejor completa la frase.

LAS PREGUNTAS 1–3 SE REFIEREN A LA TABLA SIGUIENTE:

Fechas Importantes en el Trato Internacional de los Esclavos

Fecha	País	Evento
1517	España	Comienza la trata regular de esclavos
1592	Gran Bretaña	Comienza la trata regular de esclavos
1792	Dinamarca	Suprime la trata de esclavos
1794	Francia	Suprime la trata de esclavos
1807	Gran Bretaña	Suprime la trata de esclavos
1834	Gran Bretaña	Suprime la trata de esclavos en todas las colonias
1865	Estados Unidos	Suprime la esclavitud
1888	Brasil	Suprime la esclavitud

PREGUNTAS:

1. ¿Cuál nación fue la primera en suprimir la esclavitud?
    1. España
    2. Gran Bretaña
    3. Dinamarca
    4. Francia
    5. Estados Unidos

2. Si los Estados Unidos no hubiera ganado la Guerra Revolucionaria, ¿cuando habría suprimido la esclavitud?
    1. 1792
    2. 1794
    3. 1807
    4. 1834
    5. 1888

3. ¿Cuál de las conclusiones siguientes es válida, basándose en su conocimiento previo y la información en la tabla?
    1. Más esclavos trabajaban en Brasil que en cualquiera otra nación.
    2. Francia obtuvo sus ideales de independencia antes de los Estados Unidos.
    3. La Dinamarca fue el estado más grande con esclavos en Europa.
    4. La Gran Bretaña liberó a las personas en la esclavitud sólo después de perder las naciones asiáticas del Imperio Británico.
    5. El trato de los esclavos continua a florecer en España.

LAS PREGUNTAS 4 Y 5 SE REFIEREN AL MAPA SIGUIENTE:

PREGUNTAS:

4. ¿Cuáles de las naciones de Sudamérica fueron *las últimas* en recibir la independencia?
   1. Argentina y Paraguay
   2. Ecuador y Venezuela
   3. Bolivia y Uruguay
   4. Perú y Brasil
   5. Chile y Colombia

5. ¿Cuál de las generalizaciones siguientes es válida?
   1. Las naciones de América del Norte también luchaban para independencia al mismo tiempo que las naciones citadas arriba de Sudamérica.
   2. Francia perdió la mayoría de sus territorios en el Nuevo Mundo debido a estas revoluciones.
   3. Las naciones en la costa del oeste recibieron su independencia primero.
   4. Los países que no tienen una costa fueron en las que primero recibieron su independencia.
   5. Sudamérica experimentó revoluciones múltiples durante los primeros tres décadas del siglo diecinueve.

LAS PREGUNTAS 6 y 7 SE REFIEREN A LA TABLA SIGUIENTE:

Las Civilizaciones Nativas en Centroamérica y Sudamérica

Civilización	Ubicación	Conquistada por	La Fecha cuando se terminó los Imperios
Maya	Centroamérica	Derrumbamiento Interno	950
Azteca	México	Los Españoles bajo Hernán Cortés	1519
Inca	Perú	Los Españoles bajo Francisco Pizarro	1533

PREGUNTAS:

6. La civilización maya no es como las civilizaciones aztecas e incas porque
   1. se derrumbó sin un conquistador externo.
   2. fue la última en terminarse.
   3. fue ubicada en América del Norte.
   4. fue conquistada por los españoles.
   5. fue la única que practicaba el sacrificio humano.

7. ¿Cuál de las conclusiones siguientes es apoyada por la tabla?
   1. Varias naciones en Sudamérica fueron conquistadas por Portugal.
   2. La civilización azteca fue la más vieja de las tres citadas.
   3. España siguió una política agresiva de capturar tierras nuevas durante el siglo dieciséis.
   4. Los guerreros incaicos intentaron ayudar a los aztecas en contra de los españoles.
   5. Ningún descendente de los maya vive todavía en Centroamérica.

PREGUNTA 8 SE REFIERE AL TEXTO SIGUIENTE:

Islam se extendió a Europa durante el periodo medieval, llevando puntos de vista científicos y tecnológicos. El énfasis musulmana en el conocimiento y el aprendizaje se puede remontar a un énfasis en ambos el Qur'an [Corán], el libro sagrado del islam. Debido a este énfasis, estudiosos conservaron algunos de los textos griegos y romanos que se perdieron al resto de Europa. Los escritos de Aristóteles, entre otros, fueron salvados por traductores musulmanes. Los estudiosos del Islam modificaron un sistema de numeración hindú. Su modificación se convirtió en el más comúnmente utilizado sistema árabe, que sustituyó a los números romanos. También desarrollaron el álgebra. Las contribuciones musulmanas también incluyen la invención del astrolabio, un dispositivo para decir la hora que también ayudaron a los marineros a navegar. En medicina, los médicos musulmanes limpiaban las heridas con antisépticos. Cerraron las heridas con suturas intestinales y la seda. También utilizaban sedantes.

8. Basándose en la información arriba, ¿cuál de las conclusiones siguientes es probablemente verdadera?
   1. Las personas de fe musulmana fueron más valientes que los demás cuando se enfrentaban a la cirugía.
   2. Menos pacientes musulmanes se murieron de infecciones de las heridas que sus contrapartes europeas.
   3. El mercado de la seda se extendió debido al uso musulmán de suturas de seda.
   4. Las clases de las matemáticas serían más fáciles sin la influencia musulmana.
   5. Nadie leería Aristóteles hoy si los musulmanes no habían conservado las transducciones.

PREGUNTA 9 SE REFIERE AL TEXTO SIGUIENTE:

En julio de 1862, el presidente Abraham Lincoln le dijo a su gabinete que tenía la intención de emitir una proclamación de emancipación antes de que él lo hiciera. Sin embargo, el Ejército del Norte no estaba ganando muchas batallas de la Guerra Civil de ese verano. Lincoln estaba de acuerdo con sus asesores del gabinete que era un mal momento para anunciar la intención. Al mes siguiente, Horace Greeley, un destacado periodista, publicó una carta abierta criticando a Lincoln por esperar. Lo que sigue es parte de la respuesta de Lincoln.

"... Mi objetivo primordial en esta lucha es salvar la Unión, y no es ni salvar o destruir la esclavitud. Si pudiera salvar la Unión sin liberar a ningún esclavo, lo haría, y si pudiera salvarla liberando a todos los esclavos, lo haría, y si pudiera hacerlo liberando a algunos y dejando a los demás solo, yo también haría eso. Lo que hago en cuanto a la esclavitud y la raza de color, lo hago porque creo que ayuda a salvar a esta Unión, y lo que abstengo, abstengo, porque no creo que ayudaría a salvar la Unión. ..."

9. El objetivo primordial dicho de Lincoln es
   1. liberar a los esclavos.
   2. repagar a los dueños de los esclavos por sus perdidas.
   3. salvar a la Unión.
   4. ganar la guerra.
   5. confundir al público del Sur.

LAS PREGUNTAS 10 Y 11 SE REFIEREN A LA TABLA SIGUIENTE:

La Migración al Oeste

Año	Número Estimado de Gente Saliendo para el Oeste
1844	2,000
1849	30,000
1854	10,000
1859	30,000
1864	20,000

PREGUNTAS:

10. Basándose en su conocimiento general, ¿cuál fue el evento que causó un aumento en la tasa del movimiento al oeste entre 1844 y 1848?
   1. Se descubrió la plata en Nevada.
   2. Se terminó La Ferrocarril Transcontinental.
   3. Los católicos romanos desarrollaron misiones en la costa de California.
   4. Se empezó la industria de las películas de moción en California.
   5. Se descubrió el oro en la Molina de Sutter en California.

11. Debido al aumento en la población, ¿cuál de las oraciones siguientes es la más probable de ser verdadera?
   1. Más niños nacieron entre 1849 y 1858.
   2. La mayoría de los migrantes nuevos fueron mujeres quienes querían abrir negocios.
   3. La Guerra Civil aumentó la migración al oeste.
   4. Las ciudades y los pueblos en el Oeste aumentaron y apoyaron a muchos negocios.
   5. Muchas personas murieron en irse al oeste, primordialmente por las condiciones difíciles del clima.

LAS PREGUNTAS 12 y 13 SE REFIEREN A LA TABLA SIGUIENTE:

El Tiempo que Se Necesita Para Enviar Cargo de Cincinnati, Ohio, a la Ciudad de Nueva York

Fecha	Ruta	El Tiempo Promedio
1817	Una quilla del Río Ohio a Pittsburgh, un vagón a Filadelfia, un vagón o un vagón y el río a Nueva York	52 días
1843–1851	Un buque de vapor del Río Ohio a Pittsburgh, por el canal a Filadelfia, el ferrocarril a Nueva York	18–20 días
1852	El canal por el Río Ohio, el Lago Erie, el Canal Erie, y el Río Hudson	18 días
1852	Todo por ferrocarril por el Ferrocarril Erie y las líneas de conexión	6–8 días
1850s	Un buque de vapor a Nueva Orleans y enviar por paquete a Nueva York	28 días

12. Como dueño de un negocio en Cincinnati durante los 1850, ¿cuál método de transporte probablemente elegiría usted?
    1. buque al vapor
    2. ferrocarril
    3. canal
    4. quilla
    5. buque al vapor y ferrocarril

13. ¿Cuál desarrollo en el transporte resultó en el más ahorro del tiempo que sus predecesores?
    1. ferrocarril sobre buque al vapor y paquete
    2. ferrocarril sobre canales
    3. canal sobre buque al vapor y paquete
    4. quilla y vagón sobre buque al vapor
    5. buque al vapor, canal, y ferrocarril sobre quilla y vagón

PREGUNTA 14 SE REFIERE A LA TABLA SIGUIENTE:

Grupo	Llegó en el Mundo Nuevo	Se Estableció en
Católicos Británicos	1632	Maryland
Peregrinos Británicos	1620	La Colonia de Plymouth, Massachusetts
Puritanos Británicos	1607	Virginia
Cuáqueros Británicos	1681	Pennsylvania
Comerciantes Holandeses	1625	Manhattan Island
Comerciantes Franceses	1608	Quebec

14. ¿A cuál de las siguientes conclusiones se puede llegar, basándose en la información de la tabla?
    1. Las influencias religiosas afectaron fuertemente el desarrollo de las colonias norteamericanas.
    2. Los franceses tenía fundaciones grandes en lo que se hizo el este de los Estados Unidos.
    3. Los holandeses no recibieron trato justo para la tierra que compraron.
    4. Los españoles fueron los primeros en establecerse en América del Norte.
    5. A los portugueses no les interesaba el Mundo Nuevo.

PREGUNTA 15 SE REFIERE AL TEXO SIGUIENTE:

En 1917, Orville Wright escribió de la invención del avión: "Cuando mi hermano y yo construimos y volamos la primera maquina volante que llevara hombre, pensamos que estábamos introduciendo un invento al mundo que haría más guerras prácticamente imposible. Que no estábamos solos en este pensamiento se evidencia por el hecho de que la Sociedad Francesa de la Paz nos presentó las medallas a causa de nuestra invención. Pensamos que los gobiernos se darían cuenta de la imposibilidad de ganar por los ataques sorpresa, y que ningún país entraría en guerra con otro cuando se sabía que tendría que ganar con sólo el desgaste del enemigo. "

15. ¿Cuál de las oraciones siguientes cree que expresaría lo que los hermanos Wright pensaron de la Primera Guerra Mundial?
   1. "¡Oh, esta guerrita esplendida!"
   2. "¡Qué impresionante ver los aviones extender las batallas al aire!"
   3. "Utilizar los aviones en la guerra no es aceptable."
   4. "Nos gustaría conocer al General Rickenbacker."
   5. "Quería que nunca hubiera volado."

PREGUNTA 16 SE REFIERE AL TEXO SIGUIENTE:

En 1988, el gobierno federal, como parte del Acto del Aire Limpio, empezó a observar la visibilidad en los parques nacionales y en las áreas desiertas. Once años después, la Agencia de la Protección de Ambiente intentó mejorar la calidad del aire en las áreas desiertas y en los parques nacionales.

16. ¿Quién de las personas históricas siguientes NO había aplaudido esta intención?
   1. El Presidente Richard M. Nixon, quien firmó el acto en 1970.
   2. Rachel Carson, una ambientalista temprana y autora de *Silent Spring*.
   3. El Presidente Theodore Roosevelt, quien apartó tierra para los parques públicos.
   4. El Senador quien hizo una campaña en los primero años del 1900 en la promesa de no "¡Ni otro centavo para el paisaje!"
   5. John Muir, fundador del Club Sierra y la persona responsable de hacer Yosemite un parque nacional.

LA PREGUNTA 17 SE REFIERE AL TEXTO SIGUIENTE:

Madre Jones, quien era una activista de los trabajadores, escribió lo siguiente de los niños que trabajaban en los molinos de algodón en Alabama: "Las niñas y los niños, descalzos, caminaban arriba y abajo entre las hileras interminables de husos, alcanzando manitas delgadas en la maquinaria para reparar hilos rotos. Se metieron debajo de la maquinaria para poner aceite de la misma. Se sustituían husos durante todo el día; y toda la noche entera ... los que tenía seis años de edad con las caras de sesenta trabajaban un turno de ocho horas por diez centavos al día; las máquinas, construidas en el norte, se construyeron bajo para las manos de los niños pequeños."

17. ¿Cuál de lo siguiente prediga usted que ocurriera después de que éste se publicó?
   1. Más niños se solicitaron para trabajar en las fábricas.
   2. Las fábricas de algodón en el Sur se cerraron.
   3. Se aprobaron leyes para prevenir el trabajo de los niños.
   4. Subieron lo que pagaban a los niños.
   5. Los turnos de noche se terminaron.

LA PREGUNTA 18 SE REFIERE A LA TABLA SIGUIENTE:

Los Encarcelados por Sexo y Raza

Año	1990	1995	2000	2005
Hombre	365,821	448,000	543,120	646,807
Mujer	37,198	51,300	70,414	93,963
Juveniles	2,301	7,800	7,613	6,759
Anglo	169,600	203,300	260,500	331,000
Negro	172,300	220,600	256,300	290,500
Hispánico	58,100	74,400	94,100	111,900

[Fuente: El Departamento de Justicia; no incluye los cárceles federales o estatales.]

PREGUNTA:

18. Basándose en la tabla, ¿cuál de las oraciones siguientes NO es verdadera?
   1. Menos mujeres que hombres están encarceladas en cada año en la lista.
   2. La tasa de la encarcelación se aumentó por cada subgrupo de encarcelado.
   3. En 2000 y en 2005, se encarcelaron más anglos en las cárceles que cualquiera otra raza.
   4. La tasa de la encarcelación para los hispanos se ha estado aumentando de una manera constante por los quince años representados en la tabla.
   5. El número de los encarcelados negros se aumentó por 40,000–50,000 cada cinco años.

LA PREGUNTA 19 SE REFIERE A LA TABLA SIGUIENTE:

En 1781, una corte del condado en Massachusetts escuchó el caso de Brom & Bett v. Ashley. Lo poco usual del caso es que ambos los demandantes fueron esclavos de la familia de John Ashley. Habían salido y hablado con un abogado después de que la Sra. Ashley había intentado pegar a la hermana de Mum Bett. Mum Bett, cuya nombre real era Elizabeth Freeman, proclamó que si todas las personas eran libres e iguales como había escuchado cuando estaba sirviendo comida en la mesa de los Ashley, entonces los esclavos también fueron iguales. La corte estaba de acuerdo, basando su decisión en la constitución de Massachusetts del año previo. La decisión, que fue afirmada en casos subsecuentes, llevó a la abolición de la esclavitud en ese estado.

19. ¿Cuál de las siguientes oraciones es la más verdadera?
   1. A lo mejor a la Sra. Ashley le estaba pasando un mal día cuando intentó a pegar a otra persona.
   2. Las acciones de Elizabeth Freeman ayudaron a que las mujeres recibieran el derecho de votar.
   3. Los anglos en el Sur aplaudieron la decisión de la corte.
   4. Los ideales de la Revolución Americana fueron aún más de lo que los fundadores originales habrían querido.
   5. Todos los dueños de esclavos tenía mucha prisa para liberar a sus esclavos.

LA PREGUNTA 20 SE REFIERE AL TEXTO SIGUIENTE:

En 1949, el Servicio de los Parques Nacionales añadió el Monumento Nacional de los Montones Efigies en el noreste de Iowa a su lista de los parques protegidos. Los Montones Efigies, que tienen la forma de animales, fueron construidos por los Americanos Nativos. De los más de 200 montones creados por la Cultura Misisipi en el parque, 31 tienen la forma de animales. Los más famosos son los llamados Osos Marchantes, que son visibles claramente de un avión. Otros montones son efigies de aves o tienen la forma de los conos o las líneas. Los montones fueron creados por un periodo de al menos 1,500 años. Este es solo uno de los sitios de los construye-montones en el tercer este de América del Norte. Los historiadores piensan que los montones fueron usados para propósitos religiosos y eran sitios de entierro.

20. ¿Cual de las siguientes NO es verdadera?
   1. Los Montones Efigies fueron construidos por los Americanos Nativos en 1949.
   2. Los montones también se encuentran en otros estados.
   3. Presidente Harry S. Truman firmó la ley que hizo que los montones fueran un monumento nacional.
   4. Los montones efigies tienen la forma de animales.
   5. Los montones han sido descubierto en el tercer este de América del Norte.

Ejercicios: Económica

Instrucciones: Para cada pregunta, dibuje un círculo sobre el número de la respuesta que mejor contesta la pregunta o que completa la frase.

LAS PREGUNTAS 1 Y 2 SE REFIEREN A LA TABLA SIGUIENTE:

Comercio Exterior de los Estados Unidos de 1960 al1970
(por Porcentajes de Categorías)

Categoría	1960		1970	
	Exportaciones	Importaciones	Exportaciones	Importaciones
Químicos	8.7	5.3	9.0	3.6
Materiales Crudos (excepto los combustibles)	13.7	18.3	10.8	8.3
Comida y bebidas, incluyendo tabaco	15.6	22.5	11.8	15.6
Maquinaria y transporte	34.3	9.7	42.0	28.0
Combustibles de minerales y materiales asociadas	4.1	10.5	3.7	7.7

PREGUNTAS:

1. En 1960, ¿cuál de las categorías siguientes tuvo la disparidad más grande entre los porcentajes de ambos las exportaciones y las importaciones?
   1. químicos
   2. materiales crudos
   3. comida y bebidas
   4. maquinaria y transporte
   5. los combustibles de minerales y las materiales asociadas

2. ¿Cuál categoría tuvo el decrecimiento más grande en las importaciones entre 1960 y 1970?
   1. químicos
   2. materiales crudos
   3. comida y bebidas
   4. maquinaria y transporte
   5. los combustibles de minerales y las materiales asociadas

LAS PREGUNTAS 3 Y 4 SE REFIEREN A LA TABLA SIGUIENTE:

La Deuda Nacional Per Cápita

Año	Contexto Histórico	Cantidad
1790	Después de la Revolución Americana al principio de la construcción del gobierno nacional	$19
1816	Después de la Guerra de 1812	$15
1866	Después de la Guerra Civil	$78
1919	Después de la Primera Guerra Mundial	$240
1948	Tres años después de que se terminó la Segunda Guerra Mundial	$1,720
1975	Después de la Guerra de Vietnam	$2,475
1989	Al final de la administración de Reagan	$11,545

PREGUNTAS:

3. ¿Cuál de los conflictos armados siguientes subió la deuda nacional por el *porcentaje* más grande del conflicto anterior que está en la lista?
    1. La Guerra de 1812
    2. La Guerra Civil
    3. La Primera Guerra Mundial
    4. La Segunda Guerra Mundial
    5. La Guerra de Vietnam

4. ¿Qué probablemente indica el cambio de la deuda nacional per cápita entre 1790 y 1816?
    1. Los Estados Unidos pidió prestado más dinero para pagar para la Guerra de 1812.
    2. La nueva nación trabajó duro para pagar las deudas que se debían de la Guerra Revolucionaria.
    3. La gente gastaba poco dinero entre esos años.
    4. Más ciudadanos compraron bonos de tesoro en estos días.
    5. El nuevo gobierno no pudo obtener crédito y fue incapaz de obtener dinero prestado.

LAS PREGUNTAS 5 Y 6 SE REFIEREN A LA TABLA SIGUIENTE:

Las Mujeres en la Fuerza de Trabajo, Años Selectos

Año	Mujeres en la Fuerza de Trabajo (millones)	Porcentaje de la Fuerza de Trabajo Total
1900	5,114	18.1
1920	8,430	20.4
1940	12,845	24.3
1950	18,412	28.8
1970	31,560	36.7

PREGUNTAS:

5. ¿En qué año de la tabla componían las mujeres más de 25 porcentaje de la fuerza de trabajo total?
    1. 1900
    2. 1920
    3. 1940
    4. 1950
    5. 1970

6. ¿Cómo expresaría el cambio en el porcentaje de las mujeres como parte de la fuerza total de trabajo del 1900 a 1970?

1. La tasa del porcentaje decreció por mitad.
2. La tasa del porcentaje se quedó igual.
3. La tasa del porcentaje creció por doble.
4. La tasa del porcentaje hizo fluctuaciones para arriba y para abajo por los años.
5. No había un cambio en la tasa del porcentaje.

7. Cuando el euro fue introducido en enero del 2002, un euro único se valoró 88 centavos en la moneda de los Estados Unidos. En un punto del verano del 2008, se requirió $1.60 de la moneda de los Estados Unidos para comprar 1 euro. Al final de octubre del 2008, el euro se cayó a su nivel más bajo contra el dólar en dos años. ¿Cuál de las oraciones siguientes representa una conclusión verdadera?

1. En 2008 el mundo estaba dirigiéndose a otra Gran Depresión.
2. El dólar recuperó su fuerza después de una devaluación significante contra el euro.
3. El euro sigue siendo la moneda más fuerte del mundo.
4. Los inversores necesitan seguir comprando acciones.
5. La globalización es una idea muy mala.

LAS PREGUNTAS 8 Y 9 SE REFIEREN A LA TABLA SIGUIENTE:

Fuentes de Ingresos: 2004

Fuente	Cantidad en Millones	Porcentaje del Presupuesto
Los impuestos sobre la renta de las corporaciones	$189.3	10.1
Los impuestos al consumo [ventas]	$69.9	3.7
Los impuestos sobre la renta de los individuos	$809.0	43.0
El seguro social y los recibos de la jubilación	$733.4	39.0
Otro	$78.4	4.2

PREGUNTAS:

8. Si el gobierno fuera a terminar el uso de los paraísos fiscales para los impuestos para las corporaciones, como el Presidente Barack Obama prometió en su campaña del 2008, ¿cómo cambiaría la tabla?

1. Los impuestos sobre la renta de las corporaciones decrecerían.
2. Los recibos de los jubilados aumentarían.
3. Los individuos pagarían menos impuestos sobre la renta.
4. La cuota de los impuestos sobre la renta de las corporaciones aumentarían.
5. Los impuestos de las ventas serían bajados.

9. ¿Cuál categoría de los que pagan impuestos contribuye más al presupuesto federal?

1. los individuos
2. las corporaciones
3. los negocios que pagan los impuestos para el Seguro Social
4. las agencias del gobierno federal
5. los ayuntamientos

<u>*LA PREGUNTA 10 SE REFIERE A LA TABLA SIGUIENTE:*</u>

El Número de los Préstamos de la Administración de los Negocios Pequeños a los Dueños de las Minoridades de los Negocios Pequeños en 2000 y 2005.

Grupo de Minoridad	2000	2005
Los Americanos Africanos	2,120	6,635
Los Americanos Asiáticos	5,838	3,456
Los Americanos Hispanos	3,500	8,796
Los Americanos Nativos	541	835

<u>*PREGUNTA:*</u>

10. ¿Cuál de las siguientes oraciones es verdadera?
   1. El número de los préstamos en cada grupo étnico se aumentó.
   2. El número de los préstamos a los Americanos Africanos se duplicó en cinco años.
   3. Los Americanos Nativos representan el número más pequeño de los préstamos.
   4. El número más grande de los préstamos en 2000 fue a los Americanos Hispanos.
   5. La Administración de los Negocios Pequeños distribuye los préstamos en un número igual a todas las etnicidades.

Ejercicios: La Cívica y El Gobierno

Instrucciones**:** Para cada pregunta, dibuje un círculo sobre el número de la respuesta que mejor contesta la pregunta o que completa la frase.

<u>*LA PREGUNTA 1 SE REFIERE AL SIGUIENTE ASUNTO DE LOS VOTANTES DEL 2008:*</u>

ASUNTO 3: PROPUESTA ENMIENDA CONSTITUCIONAL PARA AMENDAR LA CONSTITUCIÓN PARA PROTEGER LOS DERECHOS DE PROPIEDED PRIVADA EN EL AGUA DE LA TIERRA, LOS LAGOS Y OTROS CORRIENTES DE AGUA (Propuesta por la Resolución Común de la Asamblea General de Ohio) Para adoptar Sección 19b del Artículo I de la Constitución del Estado de Ohio no Voto SÍ significa la aprobación de la enmienda. Un voto NO significa que no apoya la aprobación de la enmienda. Una mayoría de votos SÍ se requiere para que la enmienda sea adoptada. Si sea aprobada, esta enmienda tomará efecto el 1 de diciembre del 2008.

Explicación Legal del Asunto 3: Esta propuesta enmienda resultó de la aprobación de legislatura de Ohio del Compacto de los Grandes Lagos la primavera pasada. Algunos legisladores tenían medio que la aprobación final del Compacto podría limitar los derechos privados al agua. La enmienda constitucional se destina a reconocer que:

- *Los dueños de propiedad tienen un derecho protegido al "uso razonable" al agua en la tierra que corre por su propiedad, y al agua en un lago o corrientes de agua que corre por su propiedad.*
- *Un dueño tiene el derecho de dar o vender estos intereses a un cuerpo del gobierno.*
- *El bienestar público reemplaza los derechos de los dueños individuos de la propiedad. El estado y las subdivisiones políticas pueden regular tales aguas en la medida que la ley estatal permite.*
- *La enmienda propuesta no afectaría el uso público del Lago Erie y las otras aguas navegables del estado.*
- *Los derechos confirmados por esta enmienda no pueden ser limitados por secciones de la Constitución de Ohio que se tratan de la autonomía, la deuda pública y las obras públicas, la conservación de los recursos naturales y la prohibición del uso de "iniciativos" y "referéndum" de los impuestos de propiedad.*

PREGUNTA:

1. ¿Cuál de las conclusiones siguientes es correcta?
   1. El estado de Ohio renunciará los derechos al control del Lago Erie en favor de los derechos públicos.
   2. La gente que son dueños de propiedad que tiene agua no pueden vender este terreno al estado.
   3. El estado considera el bienestar público a ser más importante que los derechos de los dueños individuos de propiedad.
   4. Este asunto fue creado sin contribución de cualquier legislador u organización.
   5. La enmienda no afecta los derechos al agua de la tierra.

PARA LAS PREGUNTAS 2-6, LEA EL TEXTO Y CONTESTE LAS PREGUNTAS QUE SIGUEN:

2. El Congreso de los Estados Unidos financia Amtrak, un sistema nacional de ferrocarriles. Los ferrocarriles ni existían cuando los autores escribieron la Constitución. A pesar de eso, este uso de fondos es lega y está cubierto en Artículo 1 de la Constitución como
   1. un poder delegado.
   2. un poder negado.
   3. un poder expresado.
   4. un poder implícito.
   5. un poder inherente.

3. En 1957, el Presidente Dwight Eisenhower mandó las tropas federales a Little Rock, Arkansas. Iban a ejecutar la integración en la Preparatoria Central de Little Rock, aunque el gobernador del estado había intentado impedir la integración. La acción de Eisenhower es un ejemplo que ilustra
   1. actuar como un dictador con un poder que no tenía legalmente.
   2. mostrando un gobernador que no tenía poder real en el gobierno del estado.
   3. intentando impedir que las tropas federales fueran a Vietnam.
   4. los derechos de los estados siendo más importantes que la ley federal.
   5. ejecutar la ley federal si los oficiales estatales o locales no lo hacen.

4. En dos referendos, los ciudadanos de la Ciudad de Nueva York votaron para limitar el tiempo del puesto de los oficiales en puestos claves, como el alcalde, los miembros del Ayuntamiento de la Ciudad y el controlar, a 2 términos consecutivos de 4 años. En noviembre del 2008, sin embargo, el Alcalde Michael Bloomberg firmó una propuesta a una ley que quitó estos límites. ¿Cuál de las siguientes conclusiones se puede hacer?
   1. Los votos del referéndum se contaron de una manera no correcta.
   2. El Alcalde Bloomberg se está cercando el final de sus dos términos en su oficina.
   3. La gente solicitó para revocar los antiguos referendos.
   4. Los miembros del Ayuntamiento de la Ciudad presionaron al alcalde.
   5. Bloomberg es el líder más amado desde Teodoro Roosevelt.

5. Artículo II de la Constitución de los Estados Unidos requiere que el presidente sea un ciudadano por nacimiento. En 2003, el Senador Orrin Hatch (Republicano, Utah) propuso que la regla se cambiara para permitir cualquiera persona que haya sido ciudadano por 20 años podía ser presidente. En la Casa de los Representantes, una enmienda que requería la ciudanía por 35 años fue propuesta. Intento antiguos de cambiar la Constitución han reprobado. ¿Cuál de las oraciones siguientes es hecho, no opinión?

1. Los que escribieron la Constitución sabía de otros casos en los cuales los países extranjeros intentaban obtener control de otros.
2. Cualquiera persona que quiere ser presidente, siento yo, debe tener experiencia militar.
3. Creo que las reglas de la Constitución son anticuadas y deben ser cambiadas.
4. Muchos tipos de locos extranjeros intentarían obtener la presidencia si la Constitución cambiara.
5. El Senador Hatch probablemente estaba intentando ayudar al gobernador republicano de la California, Arnold Schwarzenegger, quien nació en otro país.

6. En 1983, Dianne Feinstein, quien es ahora una senadora estadounidense, fue alcalde de San Francisco. Ella llamó para un caucus de las mujeres alcaldes ser parte de la Conferencia Estadounidense de Alcaldes. La organización existe para fomentar que las mujeres intentan ser alcaldes que sean más involucradas en la organización más grande. Esta meta es un ejemplo de

1. amiguismo.
2. la creación de redes.
3. cabildeo.
4. patrocinio.
5. socialismo.

<u>LAS PREGUNTAS 7-9 SE REFIEREN A LA TABLA SIGUIENTE:</u>

Asuntos y Compromisos en la Constitución de los Estados Unidos

Asunto	Plan de New Jersey	Plan de Virginia	Constitución
Ramo Legislativo	Una única casa con miembros nombrado por las legislaturas estatales	Dos casas: Una Casa Superior con miembros seleccionados por la gente; Una Casa Inferior seleccionada por la Casa Superior	Dos casas: originalmente los miembros del Senado fueron seleccionados por las legislaturas estatales y los representativos fueron y todavía son seleccionados por la gente
Ramo Ejecutivo	El Congreso escoge un comité ejecutivo	El Congreso escoge un único presidente	El Presidente es escogido por el Colegio Electoral, con los electores siendo seleccionados por cada de los estados.
Ramo Judicial	Comité Ejecutivo selecciona los jueces nacionales	El Congreso escoge los jueces nacionales	El Presidente escoge y el Senado aprueba los jueces de la Corte Superior
Representación	Cada estado recibe un número igual de representantes	La representación se basa en la riqueza o en la población	Dos casas creadas: La Casa de los Representantes basada en la población; el Senado tiene dos delegados de cada estado.

PREGUNTAS:

7. ¿Cuál de las conclusiones siguientes se puede hacer para el asunto de la representación?
   1. La gente de Virginia era muy pobre.
   2. New Jersey originó la expresión "La Libertad, Igualdad y Fraternidad."
   3. Virginia era probablemente un estado con mucha gente.
   4. Muchos ciudadanos ricos vivían en New Jersey.
   5. Los autores tenían miedo de enfrentarse con Virginia.

8. El Plan de Virginia Plan para el ramo legislativo se parece mucho a
   1. el Compacto del Mayflower.
   2. el Parlamento de Gran Bretaña.
   3. el gobierno de los Sioux.
   4. al sistema monárquico de Francia.
   5. el sistema usado en Geneva bajo Calvin.

9. El Colegio Electoral fue creado para resolver el asunto de
   1. como la gente más rica fuera representada.
   2. quien seleccionaría los miembros de la Corte Suprema.
   3. como seleccionar los senadores.
   4. quien seleccionaría el ejecutivo principal.
   5. como educar a los jóvenes en el nuevo país.

LAS PREGUNTAS 10 Y 11 SE REFIEREN AL TEXTO SIGUIENTE:

En 1969, 13 miembros afroamericanos de la Cámara de Representantes se reunieron para formar el Caucus Negro del Congreso (CBC). Sentían que una voz unificada se necesitaba para las minorías. El presidente Richard Nixon se reunió con el grupo dos años más tarde; su débil respuesta a su lista de 60 recomendaciones aumentó sus esfuerzos. Estos esfuerzos incluyeron la terminación del apartheid en Sudáfrica, la reforma de asistencia social, ampliando las oportunidades educativas, y el desarrollo de las empresas de las minorías. Durante casi 20 años, la CBC ha propuesto un presupuesto alternativo anual; por lo general varía mucho del presupuesto que el presidente sostiene. En 2008, la organización cuenta con 43 miembros procedentes de las zonas ambas urbanas y rurales. El CBC se llama a veces la conciencia del Congreso.

10. ¿Cuál de las dichas siguientes es verdadera?
    1. El Caucus Negro del Congreso se fundó de inmediato después de la Guerra Civil.
    2. La meta principal del CBC es seleccionar un presidente afroamericano.
    3. Desde su fundación, la organización ha crecido por casi 30 miembros.
    4. El presidente suele implementar las recomendaciones al presupuesto del CBC.
    5. El primer presidente en reconocer el CBC fue Jimmy Carter.

11. ¿Cuál de las siguientes dichas en una opinión?
    1. El Caucus Negro del Congreso comenzó en 1969.
    2. El CBC se llama a veces la conciencia del Congreso.
    3. Cada año por dos décadas, el CBC ha propuesto un presupuesto nacional.
    4. En 2008, habían 43 miembros del Caucus Negro del Congreso.
    5. Apartheid fue el peor sistema del siglo veinte.

PREGUNTA 12 SE REFIERE AL TEXTO SIGUIENTE

ARTICLE XXVII (Ratificado el 1 de julio, 1971)

Sección 1. El derecho de los ciudadanos de los Estados Unidos, quienes tienen dieciocho años o más, para votar no se debe negar ni limitado por los Estados Unidos ni por cualquier Estado debido a la edad.

12. ¿Esta enmienda a la Constitución fue ratificada debido a cuál realidad histórica?
    1. Las mujeres obtuvieron el derecho de votar.
    2. El sufragio fue extendido a todos los afroamericanos.
    3. Los hombres jóvenes fueron siendo obligados a servir en la Guerra de Vietnam.
    4. El número de gente con menos de 21 años se aumentó.
    5. Los estudiantes universitarios querían poder votar.

EJERCICIOS: GEOGRAFÍA

Instrucciones: Para cada pregunta, dibuje un círculo sobre el número de la respuesta que mejor contesta la pregunta o que completa la frase.

LAS PREGUNTAS 1-3 SE REFIEREN A LA TABLA SIGUIENTE:

Los Grupos Étnicos en los Países Centroamericanos Selectos

País	Honduras	Nicaragua	El Salvador	Costa Rica	Beliz
Mestizo [Europeo y Americano Nativo]	90%	69%	90%		49%
Amerindio	7%	5%	1%	1%	
Negro	2%	9%		3%	
Blanco	1%	17%	9%	94% [incluye Mestizo]	
Chino				1%	
Creole [Africano y Europeo]					25%
Maya					11%

PREGUNTAS:

1. ¿A cuál nación iría para estudiar las tradiciones vivientes de los Maya?
    1. Honduras
    2. Costa Rica
    3. Beliz
    4. Nicaragua
    5. El Salvador

2. ¿Cuál de las siguientes conclusiones es válida?
    1. La población creole es el grupo étnico más grande en Latinoamérica.
    2. Los Maya se han muertos por completo.
    3. Costa Rica usó labor chino para construir el canal.
    4. Pocas personas en Nicaragua son de herencia mezclada.
    5. La población Amerindia de muchos países centroamericanos fueron destruidos por guerra y enfermedades.

3. Basándose en su conocimiento general, ¿cómo explica la gran población creole de Beliz?
   1. Beliz se encuentra cerca del Caribe, donde muchos africanos antes estaban en la esclavitud.
   2. Beliz ha sido una pareja de trato con las naciones del oeste de África.
   3. Muchos creoles quienes vivían en New Orleans salieron después del Huracán Katrina.
   4. Los creoles vinieron a Beliz para empezar nuevos restaurantes
   5. Beliz invitó a los creoles migrar a su país.

LAS PREGUNTAS 4-5 SE REFIEREN AL MAPA SIGUIENTE:

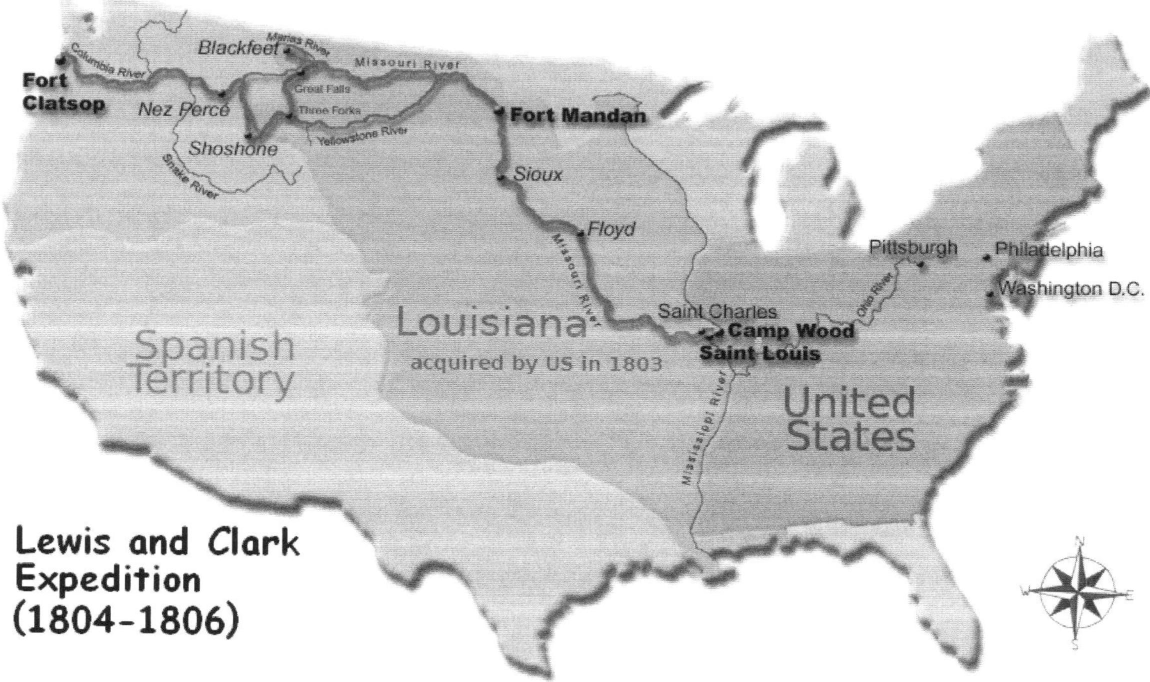

PREGUNTAS:

4. La expedición de Lewis y Clark del 1803 salió de
   1. Washington, D.C.
   2. las Montañas Rocosas.
   3. Fort Mandan.
   4. el Río Mississippi.
   5. El Parque Nacional de Yellowstone.

5. Lewis y Clark tomaron rutas diferentes para regresar. ¿Cuál razón se puede explicar esto?
   1. Los dos hombres discutían cual ruta sería la más rápida.
   2. Decidieron explorar más territorio al separarse.
   3. Lewis y sus hombres andaban perdidos.
   4. Clark quería seguir el Río Missouri.
   5. Lewis intentaba encontrar un clima más caliente.

LAS PREGUNTAS 6–8 SE REFIEREN AL MAPA SIGUIENTE:

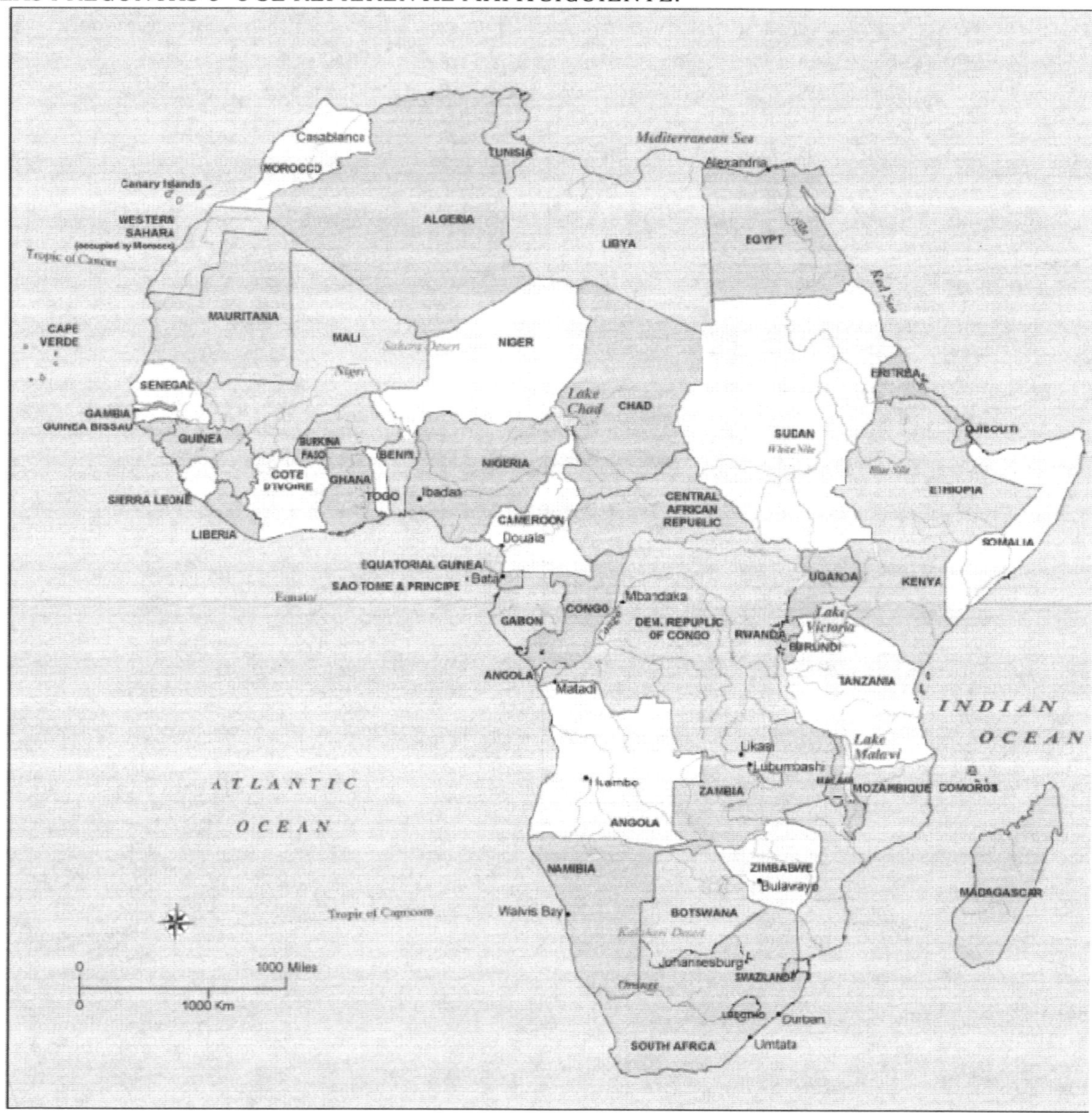

PREGUNTAS:

6. En Sudan, ¿el Río Nilo se divide en cuáles cuerpos de agua?
    1. El Golfo de Adén y el Mar Rojo
    2. El Río Congo y el Lago Chad
    3. El Lago Victoria y el Nilo Blanco
    4. El Nilo Azul y el Lago Malawi
    5. El Nilo Azul y el Nilo Blanco

7. ¿Cuál rasgo geográfica principal se encuentra en Botsuana?
    1. El Río Zambeze
    2. El Lago Tanganica
    3. El Desierto Kalahari
    4. El Río Congo
    5. Sahara

8. ¿Cuáles de los países siguientes NO se encuentran por el Océano Indio?
    1. Camerún
    2. Somalia
    3. Mozambique
    4. Kenia
    5. Tanzania

La Prueba de la Literatura

Instrucciones: Para cada pregunta, dibuje un círculo sobre el número de la respuesta que mejor contesta la pregunta o que completa la frase.

LAS PREGUNTAS 1-5 SE REFIEREN AL TEXTO SIGUIENTE:

¿Qué Está Interrumpiendo la Diversión?

También era aquí donde se encontraba, contra el muro oeste, un gigantesco reloj de ébano. El péndulo oscilaba con un sonido grave, monótono y apagado, y cuando el minutero había recorrido toda la esfera y llegaba el momento de marcar la hora, de sus pulmones metálicos surgía un sonido límpido, potente, profundo y muy musical, pero de nota y énfasis tan peculiares que, a cada hora, los músicos se veían obligados a detenerse un momento para escucharlo, lo que obligaba a su vez a quienes bailaban a interrumpir el vals; y se producía un breve desconcierto en la alegría de todos; y, mientras sonaba el carillón, se veía cómo los más frívolos palidecían y los más sosegados por los años se pasaban la mano por la frente como confusos en ensueños o en meditación. Aunque cuando cesaban los últimos ecos, una risa leve se apoderaba a la vez de toda la concurrencia; los músicos se miraban y sonreían como burlándose de sus propios nervios y desconcierto, y se susurraban mutuas promesas de que las siguientes campanadas no les causarían ya la misma impresión; pero luego, al cabo de sesenta minutos (que son tres mil seiscientos segundos de Tiempo que vuela), de nuevo sonaba el carillón, y volvía a repetirse la misma meditación, y el mismo desconcierto y nerviosismo de antes.

—Extracto de "El Masque de la Muerte Roja" por Edgar Allan Poe

PREGUNTAS:

1. El reloj en esta sección de texto simboliza
    1. el poco tiempo que tocaba la orquestra.
    2. el movimiento de la madrugada al atardecer.
    3. el paso del tiempo y la cercanía de la muerte.
    4. la desaparición de la belleza de cada cosa.
    5. la falta de atención que los bailarines prestaban a la música.

2. La escena que se describe es de
    1. un concierto.
    2. una cena formal.
    3. una fiesta en un jardín.
    4. un torneo de lanchas.
    5. un baile.

3. La acción termina cuando
    1. el anfitrión anuncia la cena.
    2. el reloj marca la hora.
    3. una persona no invitada llega.
    4. los invitados quitan sus máscaras.
    5. los miembros de la orquestra salen.

4. ¿Qué infiere el lector que va a pasar en el cuento?
   1. Pronto los músicos tocarán para los reyes.
   2. La policía llegará para detener los placeres de la noche.
   3. El reloj se explotará a la medianoche.
   4. Al menos una personas se va a morir.
   5. El anfitrión va a correr a los invitados ruidosos.

5. ¿Cuáles palabras mejor describen el tono de este texto?
   1. alegre y soleado
   2. humoroso y alborozado
   3. misteriosos y formidable
   4. enojado y amargo
   5. negativo y sarcástico

LAS PREGUNTAS 6–10 SE REFIEREN AL TEXTO SIGUIENTE:

¿Quién Era Este Hombre?

"Tienes visita," dijo Monsieur Defarge.

"¿Qué dijo?"

"Aquí hay un visitante."

El zapatero levantó su cabeza como antes, pero sin quitar su mano de su trabajo.

"¡Ven!" dijo Defarge. "Aquí hay un monsieur, quien es muy inteligente en cuestiones de zapatos. Muéstrele ese zapato en que estás trabajando. Tómela, monsieur."

Sr. Lorry lo tomó en su mano.

"Dile al monsieur qué tipo de zapato es y el nombre del zapatero."

Había una pausa que era más larga que antes, antes de que el zapatero contesto: "Se me olvidó lo que me preguntaba. ¿Qué dijo?"

"Dije, no podrías describir el tipo de zapato para que el monsieur la tenga."

"Es un zapato de mujer. Es un zapato para caminar. En la moda actual. Nunca vi el modelo, pero he tenido una muestra en mi mano."

Vio al zapato con un poco de orgullo.

"¿Y el nombre del zapatero?"dijo Defarge.

Ahora que no tuvo ningún trabajo de agarrar, puso la mano derecho en la izquierda y pasó una mano por su mentón, y lo hizo muchas veces sin descansar. Volvió a caer en una profunda abstracción, lejano y ausente de todo.

"¿Me preguntó mi nombre?"

"Claro que sí lo hice."

"Torre del Norte, Ciento Cinco."

"¿Es todo?"

"Torre del Norte, Ciento Cinco."

Las miradas del anciano volaron de nuevo en abstracción hacia otro mundo lejano.

"¿Toda su vida ha sido zapatero?" dijo Sr. Lorry, mirándolo directamente.

Sus ojos se fueron a Defarge como si le fuera transfiriendo la pregunta a él: pero como ninguna ayuda vino de él, se regresaron a él que preguntaba cuando cayeron en el suelo.

"¿Qué no soy zapatero? Creo que no, no siempre he sido zapatero. Yo –Yo lo aprendí aquí. Me enseñé a mi mismo. Pedí descanso para … "

Se quedó en abstracción otra vez, aun por unos minutos, y siguió trabajando con las manos todo el tiempo. Por fin sus ojos regresaron otra vez a la cara de la cual habían salido y intentó otra vez, pero esta vez más dormilón, regresándose al tema de la noche anterior.

"Pedí descanso para enseñarme a mi mismo y después de mucha dificultad lo logré y siempre he sido zapatero."

—Extracto de *Historia de Dos Ciudades* por Charles Dickens

PREGUNTAS:

6. Monsieur Defarge y Sr. Lorry están visitando
    1. una galería de arte en Paris.
    2. un hombre quien ha estado enfermo.
    3. un miembro del gobierno británico.
    4. un médico que está trabajando en un hospital.
    5. un diseñador de la moda.

7. Basándose en el nombre que da, el lector se puede inferir que el hombre
    1. ha pasado tiempo en una torre de una prisión.
    2. ha estado viajando por la Europa.
    3. ha sido sin casa por mucho tiempo.
    4. salió de su casa cuando era joven.
    5. nunca se casó.

8. ¿Cuál de las siguientes NO es una señal de la condición mental del hombre?
    1. su incapacidad de completar un pensamiento
    2. su identificación por un lugar en lugar de su nombre
    3. la moción repetitiva de sus manos
    4. su risa alegre
    5. las oraciones no completas que habla

9. El hombre pidió aprender el oficio de
    1. tallado en madera.
    2. vidrio soplado.
    3. herrería.
    4. corte y confección.
    5. zapatería.

10. ¿Qué se puede inferir el lector de la identidad del Monsieur Defarge?
    1. Es un carcelero muy malo en la prisión.
    2. Es un amigo intentando proteger al hombre viejo.
    3. Es el hijo o nieto amoroso del hombre viejo.
    4. Es un médico cruel en un hospital.
    5. Es un banquero interesado solamente en el dinero del hombre viejo.

LAS PREGUNTAS 11–16 se refieren al extracto siguiente DE UNA OBRA DE TEATRO:

Un Propósito Raro

CYRANO: Rosana espera una carta.
CHRISTIAN: ¡Ay el día!
CYRANO: ¿Cómo?
CHRISTIAN: ¡Estoy perdido si abro mis labios!
CYRANO: ¿Por qué?
CHRISTIAN: Soy un tonto – ¡podría morir por vergüenza!

CYRANO: Nadie es tonto quien sabe que es tonto.
Y no me ataca como un tonto.
CHRISTIAN: ¡Bah! ¡Cuando se trata de atacar le salen a uno de la boca!
Tengo una cierta capacidad militar,
Pero ante una mujer, no se qué decir.
¡Sus ojos! Cierto, cuando paso, sus ojos son amables ...
CYRANO: ¿Y cuando te quedas, pienso yo, sus corazones son más tiernas?
CHRISTIAN: ¡No! Soy de esos que no saben hablar del amor,
Yo lo sé—quien nunca puede decir de su amor.
CYRANO: Y, pienso yo, que la Naturaleza, ha sido más amable,
Más cuidadosa, cuando me hizo a mí,—había sido
¡Uno de esos hombre quien podía hablar bien de su amor!
CHRISTIAN: ¡Oh, para expresar los pensamientos de uno con tal gracia fácil! ...
CYRANO:... ¡Ser un mosquetero, con una cara bella!
CHRISTIAN: Rosana es preciosa. Es seguro que
¡Le voy a ser una decepción!
CYRANO (mirándolo): ¡Si tuviera
Tan intérprete para hablar lo de mi alma!
CHRISTIAN (con desesperación): ¡Elocuencia! ¿Dónde lo encuentro?
CYRANO (abruptamente: Yo te lo presto,
A cambio de tu encanto físico y seductor;
¡Hagamos de los dos un héroe novelesco!
CHRISTIAN: ¿Cómo?
CYRANO: ¿Te sientes con las fuerzas necesarias para repetir
Lo que te digo cada día?
CHRISTIAN: ¿Me propones?
CYRANO: ¡Rosana nunca se quedará con una desilusión!
¿Quieres que entre los dos la conquistemos?
¿Te sientes toda mi inspiración pasándose de mi jubón de cuero
A tu jubón de puntilla?
¿Quieres que yo te diga las palabras hermosas para que
Se las repitas a ella?
CHRISTIAN: ¡Pero Cyrano! ...
CYRANO: ¿Lo harás, digo yo?
CHRISTIAN: ¡Me das miedo!
CYRANO: Ya que temes que ella se enfría su corazón,
¿Por qué no intentas con tus labios
y mis frases colaboren?
CHRISTIAN: ¡Tus ojos brillan!
CYRANO: ¿Aceptas?
CHRISTIAN: ¿Tanto placer te causaría?
—darte tal placer?
CYRANO (locamente): ¡Sí! ...
(luego calmamente, con seriedad):
¡Esto me divertiría!
Es un trabajo tentar a un poeta.
¿Me completarás y me dejas completarte?
Marchas victoriosamente,—Yo en tu sombra;
¡Yo seré tu ingenio y tú serás mi belleza!

CHRISTIAN: ¡La carta que espera aún ahora!
Nunca puedo...
CYRANO (tomando la carta que había escrito): ¡Ve! ¡Aquí está—tu carta!
CHRISTIAN: ¿Qué?
CYRANO: ¡Tómala! Mira, falta solo la dirección.
CHRISTIAN: Pero yo ...
CYRANO: No tengas miedo. Mándala.
CHRISTIAN: ¿Pero ya habías ... ?
CYRANO: ¡Oh! Ya tenemos nuestros bolsillos llenos,
Nosotros poetas, de cartas escritas a Chloe y
Daphne.
Nuestros amores, fantasmas de nuestras mentes,
Fantasías de burbujas de jabón. ¡Ven!
Tómala, y cambia las palabras de amor en la verdad;
Verás que estaba yo en estas líneas,
—¡Lo más elocuente, lo menos sincero!
—¡Tómala y haz lo ya!
CHRISTIAN: ¿No habría que
Cambiar unas palabas? ¿Servirá,
Para el caso de Rosana?
CYRANO: '¡Irá como un guante!
—Extracto de Cyrano de Bergerac por Edmond Rostand

PREGUNTAS:

11. El problema de Christian mejor se describe como
    1. una falta de ganas de batallar contra otros soldados.
    2. miedo de situaciones nuevas.
    3. ser tímido cuando habla a las mujeres.
    4. una falta de confianza con su capacidad de hacer esgrima.
    5. incapacidad de cantar bien.

12. Cyrano propone que los dos hombres
    1. se disfrazan y cantan a Rosana.
    2. cada uno escribe una carta a Rosana.
    3. dejan a Rosana y salen para la guerra.
    4. combinan sus capacidades para ganar a Rosana.
    5. se enamoran con otra persona.

13. Cuando Cyrano dice que una idea está "pasándose de mi jubón de cuero a tu jubón de puntilla?" está aludiendo al hecho de que
    1. Christian nunca ha sido un hombre que batalla.
    2. Cyrano ha sido lastimado en una batalla.
    3. la ropa no debe ser algo de importancia entre ellos.
    4. Christian no ha recibido la armadura que necesita para la batalla.
    5. él está vestido como un soldado y Christian está vestido como un caballero.

14. Cyrano asegura a Christian, *"Verás que estaba yo en estas líneas, Lo más elocuente, lo menos sincero! ¡Tómala y haz lo ya!.* La repetición del sonido *l* es un ejemplo de

1. aliteración.
2. personificación.
3. metáfora.
4. alusión.
5. símil.

15. ¿Qué se puede inferir el lector de la carta que Cyrano quiere dar a Christian?

1. Cyrano es un poeta vano que se escribe cartas para dar placer a si mismo.
2. Cyrano ha escrito una carta de amor a Rosana, pero no se la ha mandado.
3. Rosana se dará cuenta de inmediato que Christian no escribió la carta.
4. Christian estudiará la carta y aprenderá cómo ser elocuente con las mujeres.
5. Christian negará usar la carta y le escribirá una para ella sin la ayuda de Cyrano.

16. Cyrano le dice a Christian, "*¡Oh!* Ya tenemos nuestros bolsillos llenos, nosotros, poetas, de cartas escritas a Chloe y Daphne." La referencia a Chloe y a Daphne es un ejemplo de la técnica literaria conocida como

1. aliteración.
2. personificación.
3. metáfora.
4. alusión.
5. símil.

LAS PREGUNTAS 17–21 SE REFIEREN AL TEXTO SIGUEINTE:

¿Por qué ha venido él?

Él había vuelto a principios de la primavera. Era el otoño antes de que él la hubiera encontrado. Una quieta ciudad universitaria en las colimas, una calle sombrosa, una casa amable puesta en su propio terreno, con árboles y flores alrededor de ella. Él tenía la dirección en su mano y el número estaba claramente en la reja blanca. Caminó por el camino enarenado y tocó el timbre. Y un empleado viejo abrió la puerta.

"¿Vive aquí la Sra. Morroner?'

"No, señor."

"¿Es esta el número veintiocho?

"Sí, señor."

"¿Quién vive aquí entonces?"

"La señorita Wheeling, señor."

¡Ah! Su apellido de soltera. Le había dicho, pero se le había olvidado.

Entró en la casa. "Me gustaría verla," dijo él.

Estaba guidado a un salón que tenía un olor dulce y fresco de flores, los flores que ella siempre había más amado. Casi le causó llorar. Todos su años de felicidad regresó a su mente otra vez – el principio exquisito; los días de esperarla antes de que ella fuera suyas; la profunda, quieta belleza de su amor.

Seguro que ella le perdonaría—ella tiene que perdonarlo. Él se pondría humilde; le diría de su remordimiento honesto—su determinación absoluta de ser un hombre diferente.

Por la puerta ancha entraron a él dos mujeres. Una como una Madonna alta, cargando un bebé en sus brazos.

Marion, calma, fuerte, definitivamente impersonal, nada pero una clara palidez de su estrés interior.

Gerta, cargando un niño como una defensa, con una nueva inteligencia en su cara y sus ojos azules llenos de adoración, fijados en su amiga—no en él.
Tontamente miró a una y a la otra.
Y la mujer que había sido su esposa le dijo:
"¿Qué tienes para decirnos?"

- selección de *Turned* por Charlotte Perkins Gilman

PREGUNTAS:

17. El hombre está buscando una mujer para que
    1. le puede proponer el matrimonio a ella.
    2. invitarla a una fiesta.
    3. pedirle perdón.
    4. contratarla como gobernanta.
    5. aprender un idioma extranjero.

18. ¿Cuál efecto implica la descripción del escenario?
    1. Este es un sitio ordenado, pacífico y bello.
    2. Viene una tormenta y el viento está aumentándose.
    3. El mar está cerca y las olas se están cayendo en la arena.
    4. Grandes cambios van a pasar pronto.
    5. Las personas de la casa se están preparando para salir.

19. ¿A qué conclusión se puede llegar el lector de la manera en la cual la mujer alta, Gerta, lleva al niño?
    1. El hogar es un orfanato.
    2. El niño pertenece al hombre y su esposa.
    3. El niño no está bien y el hombre ha llegado como el médico.
    4. Hay una disputa legal sobre la familia del niño.
    5. El hombre es el padre del niño y le ha sido infiel a su esposa.

20. ¿Qué símbolo se usa para representar la felicidad antigua del hombre?
    1. el apellido de soltera de la mujer
    2. flores
    3. Madonna
    4. una puerta ancha
    5. el niño

21. Marion no está tan inafectada que intenta ser cuando el hombre la visita. El lector se puede inferir este hecho de
    1. su miedo al ver el hombre solo.
    2. su negación de ver al hombre.
    3. su cara pálida.
    4. sus palabras tiernas al hombre.
    5. su desmayo al entrar en el cuarto.

<u>*LAS PREGUNTAS 22-26 SE REFIEREN AL DISURSO SIGUIENTE:*</u>

por Rose Schneiderman sobre el Incendio de la Compañía Triangle Shirtwaist

Sería traidora a estos pobres cuerpos quemados si viniera aquí para hablar buen compañerismo. Les hemos juzgado a ustedes buena gente del público y hemos encontrado defectuosa. La vieja Inquisición tenía su cremallera y sus tornillos y su maquinaria de tortura con dientes del hierro. Sabemos qué son estas cosa hoy mismo; los dientes de hierro son nuestras necesidades, los tornillos son las maquinas poderosas y rápidas cerca de nosotros con las cuales tenemos que trabajar y el estando es la estructura que atrapa el incendio que nos va a destruir el minuto en el cual nos incendien.

Esta no es la primera vez que niñas se han quemado vivas en esta ciudad. Cada semana tengo que aprender de la muerte inoportuna de una de mis hermanas trabajadoras. Cada año miles de nosotros somos mutiladas. La vida de los hombres y de las mujeres es tan barata y la propiedad es tan sagrada. Hay tantos de nosotros para un trabajo que importa poco si 146 de nosotros se queman a la muerte.

Les hemos juzgado a ustedes ciudadanos; les estamos juzgando ahora y tiene unos dólares como regalo de caridad para las llorosas madres, hermanos y hermanas. Pero cada vez que los trabajadores salen a protestar en la única manera que saben contra las condiciones que son inaguantables, la mano fuerte de la ley está permitido empujar fuertemente encima de nosotros. ...

No puedo hablar buen compañerismo con los que están juntando aquí. Demasiada sangre se ha derramado. Sé de mi experiencia que depende de la gente obrera salvarse a si misma. La única manera de salvarse es por un movimiento fuerte de la clase obrera.

<u>*PREGUNTAS:*</u>

22. La hablante hace una analogía extendida entre sus condiciones de su trabajo de hoy día y
    1. el sistema legal.
    2. la Inquisición.
    3. los regalos del público.
    4. la Revolución Industrial.
    5. el gobierno.

23. ¿A quiénes está juzgando la hablante?
    1. los dueños de la fábrica
    2. el supervisor que cerró las puertas
    3. los padres que mandaron que sus hijas trabajaran
    4. las uniones ineficaces
    5. los ciudadanos de la ciudad

24. ¿Qué contraste hace la hablante?
    1. la diferencia entre ella y las mujeres muertas
    2. la manera en que los supervisores y los obreros son tratados diferentemente
    3. el contraste entre la ley y su aplicación
    4. el valor distinto de la vida humano y de la propiedad
    5. la cantidad de dinero que ganan los dueños de la fábrica y los obreros

25. Según la hablante, las muertes en las fábricas
    1. son raras.
    2. nunca habían pasado antes.
    3. se deben al descuidado de las chicas.
    4. es un señal que el supervisor estaba dormido.
    5. no son las primeras que pasaron.

26. ¿La hablante hace cuál recomendación para resolver el problema?
    1. Los periódicos tienen que presentar una historia exacta del incendio.
    2. Los trabajadores tienen que tener un movimiento fuerte de la clase obrera.
    3. Se tiene que juzgar a los dueños de la fábrica.
    4. Las chicas en las fábricas tienen que tener mejor entrenamiento.
    5. Los regalos públicos a las familias desconsoladas tienen que ser generosos.

LAS PREGUNTAS 27-31 SE REFIEREN AL POEMA SIGUIENTE:

¿Cómo Nos Afecta la Luz?

Hay Cierto Sesgo en la Luz

Hay cierto sesgo en la luz,
De las tardes de invierno,
Que agobia, como el peso
De los cánticos de las catedrales.

Nos infringe celestiales heridas;
No podemos encontrar cicatriz,
Sino diferencia interna
Donde se residen las razones.

Nadie puede orientarle nada,
Su imprenta es la desesperación,—
Un inmenso sufrimiento
Que nos expulsa del aire.

Cuando viene, el paisaje escucha,
Las sombras no respiran;
Cuando se va, es como la distancia
A la mirada de la muerte.

—Emily Dickinson

PREGUNTAS:

27. ¿Qué emoción describe Dickinson en el poema?
    1. depresión
    2. alegría
    3. incertitud
    4. sorpresa
    5. emoción

28. "Que agobia, como el peso / De los cánticos de las catedrales." es un ejemplo del recurso poético de

1. aliteración
2. personificación
3. símil
4. metáfora
5. onomatopeya

29. ¿Qué recurso poético se usa en las líneas siguientes?
"Cuando viene, el paisaje escucha, / Las sombras no respiran;"

1. asonancia
2. personificación
3. símil
4. metáfora
5. onomatopeya

30. La estación que se describe en el poema es

1. solsticio
2. verano
3. otoño
4. invierno
5. primavera

31. ¿Cuál de las palabras siguientes NO contribuye al estado del humor del poema?

1. heridas
2. cicatriz
3. desesperación
4. sufrimiento
5. catedral

LAS PREGUNTAS 32-34 SE REFIEREN AL DOCUMENTO SIGUIENTE:

¿Cuáles son los Hechos Claves de la Vacuna Contra la Gripe de Temporada? CDC

La mejor manera singular de protegerse de la gripe es vacunarse cada año.

Casi 2 semanas después de la vacunación, los anticuerpos que proveen protección contra la gripe desarrollan en el cuerpo.

La vacunación anual se debe comenzar en septiembre o lo más temprano cuando están disponibles las vacunas y se debe continuar por la temporada de la gripe, hasta diciembre, enero y más tarde. Esto es debido a que las temporadas de la gripe varían. Mientras las enfermedades de gripe pueden ocurrir tan pronto como octubre, la mayoría de la actividad de la gripe es más alta en enero o más tarde.

En general, cualquiera persona que quiere reducir sus chances de enfermarse de la gripe se puede vacunar. Sin embargo, el ACIP recomienda que ciertas personas se deban vacunarse cada año. Estas son las personas con alto riesgo de tener complicaciones muy graves al enfermarse de la gripe o las que cuidan o viven con las que tienen alto riesgo para las complicaciones. Durante la temporada de la gripe, cuando las vacunas son limitadas o faltan, el ACIP hace recomendaciones con respecto a los grupos con prioridades para las vacunas.

Las personas que deben vacunarse cada año son:

- *Los niños mayores de 6 meses hasta los que tienen 19 años*
- *Las mujeres embarazadas*

- *Las personas mayores de 50 años*
- *Las personas de cualquier edad con condiciones médicas crónicas*
- *Las personas que viven en un asilo u otro lugar para el cuidado de largo tiempo*
- *Las personas que viven con o cuidan de las que tienen alto riesgo para las complicaciones de la gripe, incluyendo:*
    - *Los trabajadores de los cuidados de salud*
    - *Personas que conviven con personas con alto riesgo de complicaciones de la gripe*
    - *Personas que conviven con personas con alto riesgo y los que trabajan fuera de casa que tengas niños menos de 6 meses de edad (estos niños son demasiados jóvenes para ser vacunados)*

PREGUNTAS:

32. ¿Cuál de las siguientes es un resumen válida de esta selección de texto?

1. Las personas mayores tienen un riesgo grande de enfermarse de la gripe.
2. Las vacunas para la gripe se deben distribuidas a todos sin costo.
3. La gente necesita la vacuna para la gripe en septiembre o ya es demasiado tarde.
4. Recibir una vacuna contra la gripe anual es un paso clave de mantener la buena salud.
5. Nunca se debe vacunar a los niños.

33. ¿Cuál de los grupos siguientes NO se encuentra en las personas que deben recibir una vacuna anual contra la gripe?

1. gente de cualquier edad con ciertas condiciones médicas
2. gente sana con la edad entre 25–50
3. los trabajadores de los cuidados de salud
4. las mujeres embarazadas
5. las personas que viven en un asilo u otro lugar para el cuidado de largo tiempo

34. Es diciembre y usted no ha recibido una vacuna contra la gripe. ¿Qué debe hacer si se encuentra en las personas para quienes se recomienda una vacuna?

1. Llame a su médico para una cita y obtenga la vacuna.
2. Evite otras personas lo más que sea posible.
3. Espere hasta el año que viene y reciba dos vacunas.
4. Contacte su junta local de salud pública para informarles.
5. Mueva a un estado sureño en donde la gripe no ocurre.

LAS PREGUNTAS 35-40 SE REFIEREN A LA CARTA SIGUIENTE:

de Elinore Pruitt Stewart

13 de enero, 1913

Cuando leo de los tiempos difíciles de los pobres de Denver, siento con ganas de instarles a salir y buscar tierra. Estoy muy entusiasmada sobre las mujeres siendo dueños de tierra. Requiere menos esfuerza y labor criar lo suficiente para satisfacer una grande familia que salir a lavar, con la satisfacción extra de saber que no van a perder su trabajo, si lo quieren quedarse con ello. Aun si el mejoramiento del lugar va lentamente, es lo terminado que deja terminado. Lo que se cría es de la dueña, y no hay renta para la casa para pagar. Este año Jerrine [la hija de la autora] cortó o plantó suficiente papas para criar una tonelada de papas buenas. Quería intentar y la dejamos y van a acordar que sólo tiene seis años ... Cualquiera mujer suficientemente fuerte para salir durante el día hubiera podido hacer el trabajo de ella y habría puesto dos o tres veces la cantidad y hubiera sido mucho más agradable que trabajar tan duro en la ciudad y vivir de raciones para quitar el hambre durante el invierno.

PREGUNTAS:

35. La autora de esta carta sugiere que las mujeres deben ser dueñas de tierra y ser agriculturas que
    1. cocinar en un restaurante.
    2. abrir una cama y desayuno.
    3. lavar para otra gente.
    4. enseñar en un aula singular.
    5. ser una enfermera.

36. Stewart menciona la cosecha de su hija. Hace esto para mostrar
    1. el labor infantil es aceptable.
    2. que no exista una escuela para su hija.
    3. que las mujeres trabajan tan fuerte como los hombres.
    4. la pereza de su hija.
    5. lo fácil que es cultivar cosecha.

37. Esta carta fue escrita a su ex jefe, Sra. Coney, quien vivió en Denver. ¿Qué se puede concluir que habría sido la reacción de la Sra. Coney al contenido de la carta?
    1. Probablemente estaba feliz de no tener una trabajadora tan perezosa.
    2. Había sentido atacada o censurado por la manera en que trató a sus empleadas.
    3. Es posible que lamente no haber salido para ser dueña de tierra y cosechar también.
    4. A lo mejor estaría enojada que la Sra. Stewart le había escrito.
    5. Tendría miedo de que su esposo saliera a ser dueño y cosechar.

38. ¿Cuál de las siguientes NO da Stewart como una ventaja de ser dueña de tierra y cosechar?
    1. Requiere menos esfuerza y trabajo que lavar para otra gente.
    2. La trabajadora no puede perder su trabajo si quiere quedarse con ello.
    3. Nadie tiene que pagar la renta.
    4. Una siempre puede encontrar buena compañía.
    5. Las dueñas de tierra no tienen hambre en el invierno.

39. ¿Cuál de las siguientes es un riesgo que enfrentaban los pobres de Denver?
    1. la posibilidad de perder su trabajo
    2. la probabilidad de una huelga
    3. la probabilidad de un corrimiento de tierras
    4. sus casitas y apartamento quemarían
    5. serán deportados a la China

40. El tono de la carta es
    1. quejumbrosa y amarga.
    2. triste y solitaria.
    3. positiva y alentadora.
    4. sin esperanza y desesperada.
    5. arrepentida y echa la culpa.

La Prueba de las Matemáticas

Instrucciones: Usted tiene 45 minutos para completar esta sección. Se le pedirá o marcar la respuesta correcta entre las opciones de selección múltiple o completar la respuesta numérica al problema en una red de respuestas. Usted puede usar una calculadora.

Las Matemáticas Parte I

1. Jamie tenía $ 6.50 en su cartera cuando salió de casa. Gastó 4,25 dólares en bebidas y $ 2,00 en una revista. Más tarde, su amigo le pagó 2,50 dólares que le había prestado el día anterior. ¿Cuánto dinero Jamie tiene en su cartera?

   1. $12.25
   2. $14.25
   3. $3.25
   4. $2.75
   5. $1.75

La pregunta 2 se basa en la tabla siguiente:

Equivalentes Inglés-Métrico	
1 metro	1.094 yardas
2.54 centímetro	1 pulgada
1 kilogramo	2.205 libra
1 litro	1.06 cuarto de galón

2. Un barco de vela es de 19 metros de largo. ¿Cuál es su longitud en pulgadas?

   1. 254
   2. 1094
   3. 4826
   4. 748
   5. 21

3. El aula de la Sra. Patterson tiene dieciséis sillas vacías. Todas las sillas están ocupadas cuando todos los estudiantes están presentes Si 2/5 de los estudiantes están ausentes, ¿cuántos estudiantes hay en su clase entera?

   1. 16
   2. 32
   3. 24
   4. 40
   5. 36

4. Rachel gastó $ 24.15 en las verduras. Ella compró dos libras de cebollas, 3 libras de zanahorias, y 1 ½ libras de hongos. Si las cebollas costaron $ 3,69 por libra, y las zanahorias costaron $ 4,29 por libra, ¿cuál es el precio por libra de los hongos?

   1. $2.60
   2. $2.25
   3. $2.80
   4. $3.10
   5. $2.75

La pregunta 5 se basa en la figura siguiente.

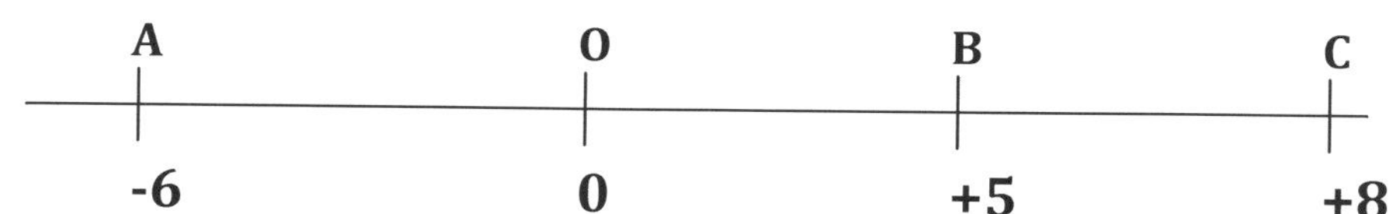

5. En la figura, A, B y C son puntos en una línea numérica, donde O es el origen. ¿Cuál es el ratio de la distancia *BC* a la distancia *AB*?
   1. 3:5
   2. 8:5
   3. 8:11
   4. 3:11
   5. 8:6

6. Jesse invierte $ 7,000 en un certificado de depósito que paga intereses a una tasa del 7,5% anual. ¿Cuánto interés (en dólares) gana Jesse de esta inversión durante el primer año que tiene el certificado? Marque su respuesta en los círculos de la red en la hoja de respuestas.

7. En una elección en el Condado de Kimball County, Candidato A obtiene 36,800 votos. Su oponente, Candidato B, obtiene 32,100 votes. 2,100 de los votos eran para otros candidatos. ¿Qué porcentaje de los votos fueron a candidato A?
   1. 51.8%
   2. 53.4%
   3. 45.2%
   4. 46.8%
   5. 56.2%

8. Francine puede viajar 16 millas en su bicicleta en 45 minutos. A esta velocidad, ¿cuántos minutos se necesitaría Francine para viajar 60 millas? Marque su respuesta en los círculos de la red en la hoja de respuestas.

La pregunta 9 se basa en la figura siguiente:

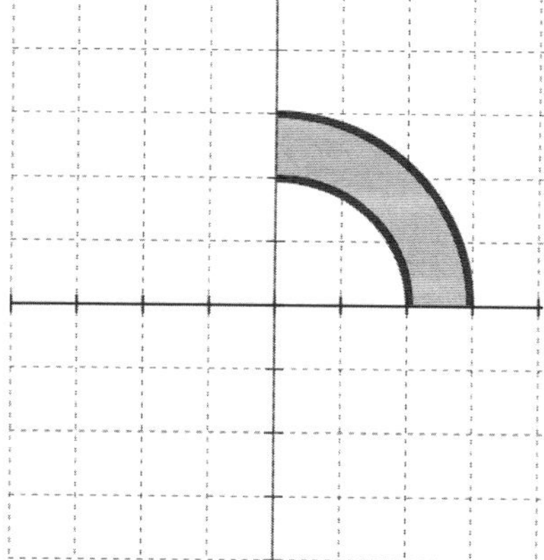

9. Figura 9 muestra dos cuartos de círculo centrado en el origen del plano de coordenadas cartesianas. El círculo interno tiene un radio de dos unidades; el círculo exterior tiene un radio de tres unidades. ¿Cuál es el área de la región sombreada? Marque su respuesta en los círculos de la red en la hoja de respuestas.

La pregunta 10 se basa en la figura siguiente:

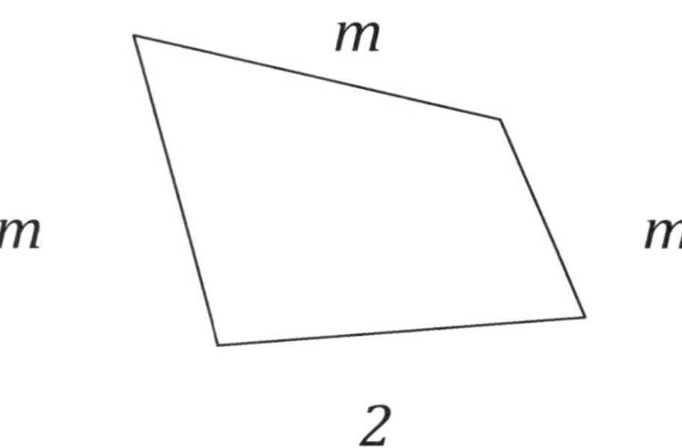

10. La figura muestra un cuadrilátero irregular y las longitudes de los lados individuales. ¿Cuál de las siguientes ecuaciones mejor representa el perímetro del cuadrilátero?

1. $m^4 + 5$
2. $2m^4 + 5$
3. $4m + 5$
4. $5m + 5$
5. $4m^2 + 5$

Las preguntas 11-13 se basan en la tabla siguiente, que describe los precios de cierre de un número de acciones negociadas en la Bolsa de Trabajo de Nueva York.

Acción	**Precio por Acción**	**Acciones Negociadas**
Microsoft	$45.14	89,440,000
Oracle	$19.11	12,415,000
Apple Computer	$16.90	17,953,000
Cisco Systems	$3.50	73,019,000
Garmin	$29.30	53,225,000

11. David compró 200 acciones de Oracle ayer y las vendió hoy. Su ganancia fue de $ 22.00. ¿A qué precio compró las acciones ayer?

1. $18.89
2. $19.00
3. $19.06
4. $18.96
5. $18.80

12. Marjorie compra un paquete de acciones que consta de 100 acciones cada uno de Microsoft y Apple, así como 200 acciones de Garmin a precios de cierre de hoy, como se muestra en la tabla. ¿Cuál es el precio promedio por acción que paga ella por estas acciones? Marque su respuesta en los círculos de la red en la hoja de respuestas.

13. Pradip decide invertir $ 4,500 en acciones de Cisco Systems y lo compra en el precio mostrado en la tabla. ¿A qué precio se debe vender para obtener una ganancia del 10%? Marque su respuesta en los círculos de la red en la hoja de respuestas.

14. Morris comenzó a trabajar hoy a las 7:00 AM y trabajó hasta las 4:30 PM. Él gana $12 por hora de su turno regular, que es de 8 horas, y 50% más por hora por las horas extraordinarias. ¿Cuánto ganó Morris hoy? Marque su respuesta en los círculos de la red en la hoja de respuestas.

La pregunta 15 se basa en el diagrama siguiente.

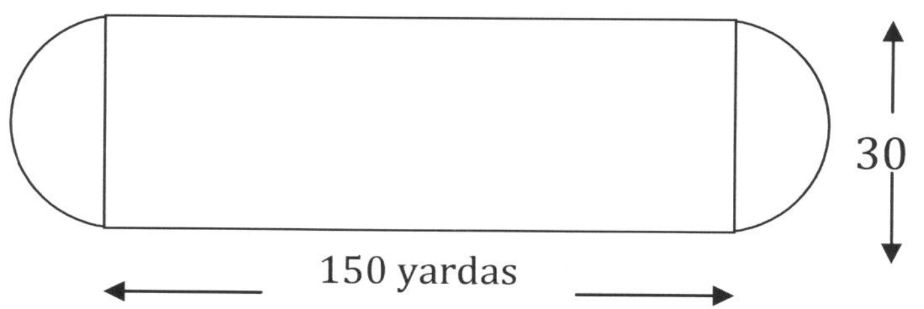

15. El diagrama muestra el esquema de un circuito para patinadores, que consta de dos secciones largas rectas y dos vueltas de medio punto. Teniendo en cuenta las dimensiones indicadas, ¿cuál de las siguientes medidas medie con la mayor eficacia el perímetro de toda la pista?

1. 300 yardas
2. 180 yardas
3. 360 yardas
4. 395 yardas
5. 425 yardas

16. Elijah condujo 45 millas a su trabajo en una hora y diez minutos por la mañana. De camino a casa: sin embargo, el tráfico era mucho más pesado y el mismo viaje tomó una hora y media. ¿Cuál fue su velocidad promedia en millas por hora para la ida y vuelta?

1. 30
2. 45
3. 33 ¾
4. 32 ½
5. 35

17. La distancia recorrida por un objeto en movimiento es calculado a partir de la relación d = rt, donde r es la tasa de viaje (velocidad) y t es el tiempo de viaje. Un lanzador de Grandes Ligas lanza una bola rápida a una velocidad de 125 m / seg. La distancia entre la goma de lanzamiento al plato de home es de 60.5 pies. ¿Cuánto tiempo, en segundos, se tarda una bola rápida para viajar esta distancia? Compute su respuesta la centésima del segundo más cercano y marque su respuesta en los círculos de la red en la hoja de respuestas.

18. Lauren tenía $80 en su cuenta de ahorros. Cuando recibió su cheque de pago, hizo un depósito que llevó el saldo de hasta $120. ¿Por qué porcentaje subió el importe total en su cuenta como resultado de este depósito?

1. 50%
2. 40%
3. 35%
4. 80%
5. 120%

La pregunta 19 se basa en el diagrama siguiente.

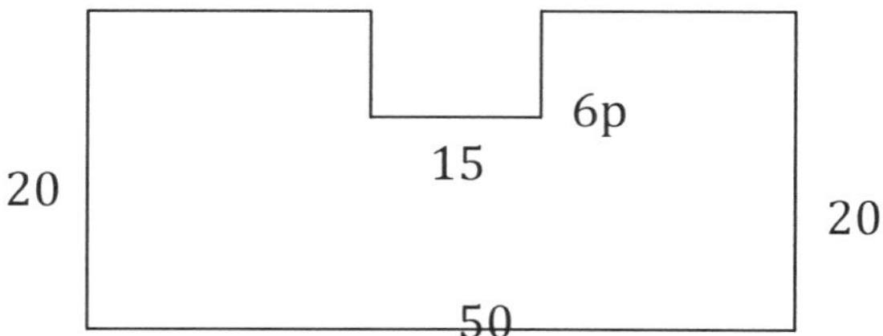

19. ¿Qué es el área de la figura mostrada arriba? Todas las distancias se representan en pies. Compute su respuesta en pies cuadrados y marque su respuesta en los círculos de la red en la hoja de respuestas.

20. ¿Cuál de las siguientes es una solución a la desigualdad $4x - 12 < 4$?

1. 7
2. 6
3. 5
4. 4
5. 3

21. Si a = -6 y b = 7, entonces ¿ $4a(3b+5)+2b=$?

1. 638
2. 624
3. 610
4. -610
5. -638

22. Mark está manejando a Phoenix de una ciudad ubicada a 210 kilómetros al norte. Él maneja las primeras diez millas en 12 minutos. Si continúa al mismo ritmo, ¿cuánto tiempo le tomará alcanzar su destino?

1. 3 horas 15 minutos
2. 4 horas 12 minutos
3. 3 horas 45 minutos
4. 4 horas 20 minutos
5. 3 horas 52 minutos

23. Un avión sale de Atlanta a las 2 PM y vuela hacia el norte a 250 millas por hora. Un segundo avión sale de Atlanta 30 minutos más tarde y vuela hacia el norte a 280 millas por hora. ¿A qué hora superará el segundo avión superar al primero?

1. 6:00 PM
2. 6:20 PM
3. 6:40 PM
4. 6:50 PM
5. 7:10 PM

La pregunta 24 se basa en el diagrama siguiente.

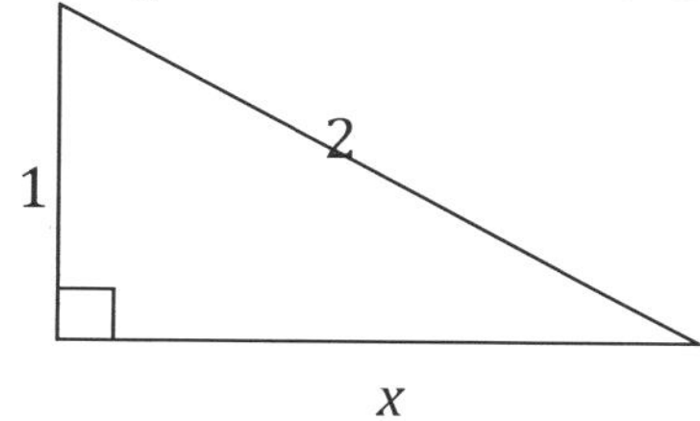

24. Encuentre la longitud del lado etiquetado como x. El triángulo representado en la figura es un triángulo rectángulo, como se muestra.

1. 18
2. 20
3. 22
4. 24
5. 25

25. Un fabricante de motocicletas cuenta con 3 modelos diferentes, cada uno disponible en 6 colores diferentes. ¿Cuántas combinaciones diferentes de modelo y el color están disponibles?

1. 9
2. 6
3. 12
4. 18
5. 24

Las Matemáticas Parte II

Instrucciones: Usted tiene 45 minutos para completar esta sección. Se le pedirá o marcar la respuesta correcta entre las opciones de selección múltiple o completar la respuesta numérica al problema en una red de respuestas. Usted <u>NO</u> puede usar una calculadora.

26. Si $x + y > 0$ cuando $x > y$, ¿cuál de las siguientes no puede ser verdadera?

1. $x = 3$ y $y = 0$
2. $x = 6$ y $y = -1$
3. $x = -3$ y $y = 0$
4. $x = -4$ y $y = -3$
5. $x = 3$ y $y = -3$

27. ¿Cuál de las expresiones siguientes es equivalente a x^3x^5?

1. $2x^8$
2. x^{15}
3. x^2
4. x^8
5. $2x^{15}$

28. Si $\frac{12}{x} = \frac{30}{6}$, ¿qué es el valor de *x?*

1. 3.6
2. 2.4
3. 3.0
4. 2.0
5. 2.75

29. ¿Cuál de las siguientes podría ser una gráfica de la función $y = \frac{1}{x}$?

A. 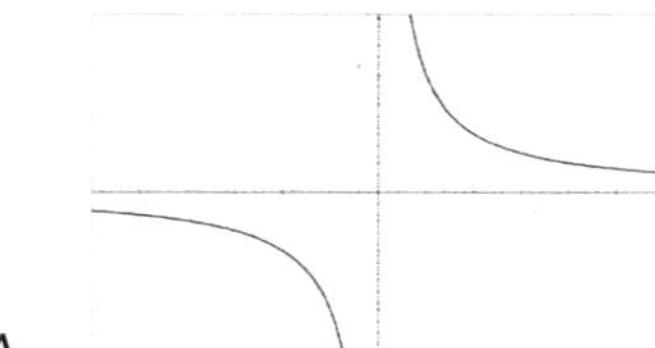

B. 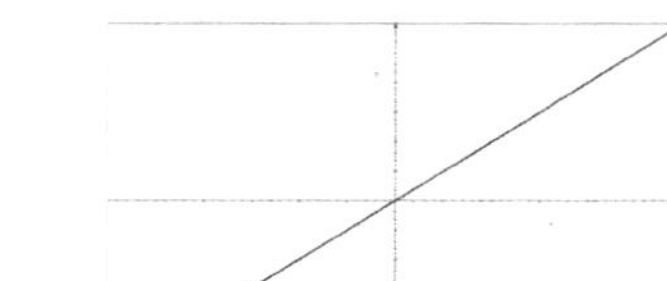

C. 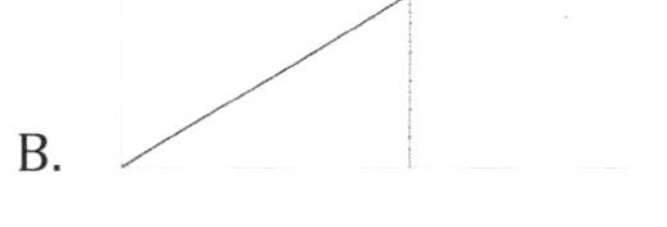

D. 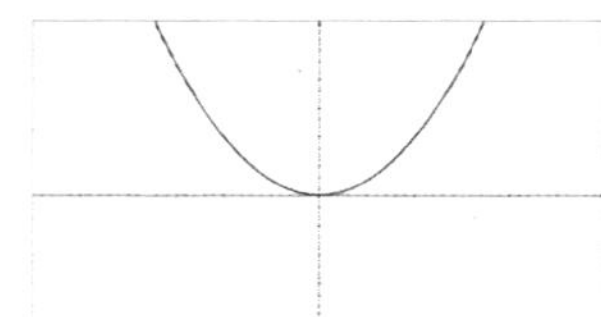

E. 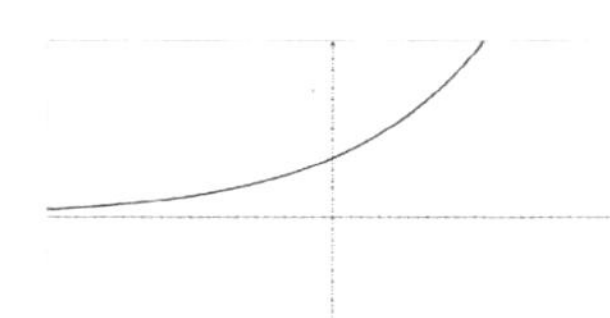

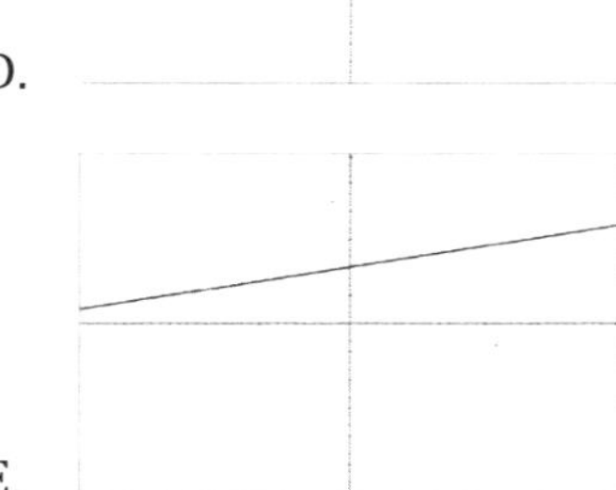

La pregunta 30 se basa en la figura siguiente.

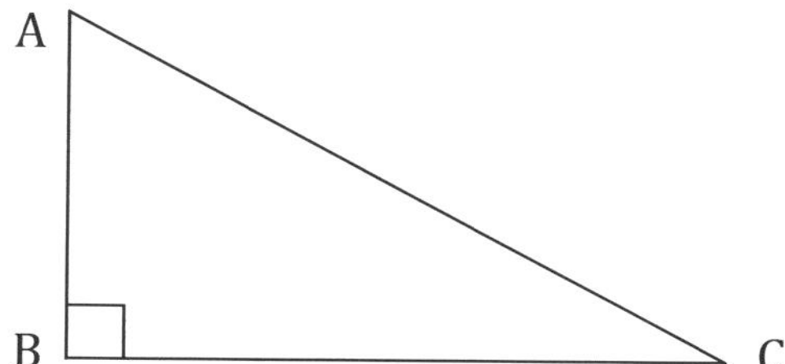

30. ΔABC es un triángulo rectángulo, y $\angle ACB = 30°$. ¿Cuál es la medida de $\angle BAC$?
    1. 40°
    2. 50°
    3. 60°
    4. 45°
    5. 70°

La pregunta 31 se basa en la tabla siguiente.

Horas	1	2	3
Costo	$3.60	$7.20	$10.80

31. La tabla muestra el costo de alquilar una bicicleta para 1,2, o 3 horas. ¿Cuál de las siguientes ecuaciones representa mejor los datos, si C representa el costo y la h representa la hora del alquiler?
    1. $C = 3.60h$
    2. $C = h + 3.60$
    3. $C = 3.60h + 10.80$
    4. $C = 10.80 / h$
    5. $C = 3.60 + 7.20h$

La pregunta 32 se basa en la figura siguiente:

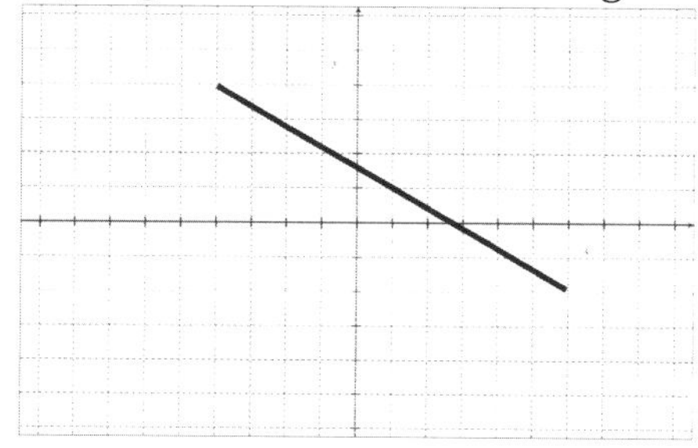

32. Determine el punto medio de la línea indicada en la figura. Marque su respuesta en los círculos de la red en la hoja de respuestas.

33. ¿Cuál de las frases siguientes es verdadera?
    1. Las líneas perpendiculares tienen pendientes opuestas.
    2. Las líneas perpendiculares tienen las mismas pendientes.
    3. Las líneas perpendiculares tienen pendientes recíprocas.
    4. Las líneas perpendiculares tienen pendientes recíprocas contrarios.
    5. Las líneas perpendiculares tienen pendientes que no están relacionados.

34. Hay 64 casillas en un tablero de ajedrez. Bobby pone un centavo en la primera casilla, dos en la segunda plaza, cuatro en el cuarto, ocho en el quinto, y sigue de doblar la cantidad de monedas en cada plaza hasta que haya cubierto las 64 plazas. ¿Cuántas monedas tiene que poner en la última plaza?

1. 2^{64}
2. $2^{64} - 1$
3. 2^{63}
4. $2^{63} + 1$
5. $2^{64} - 2$

35. Carrie quiere decorar su fiesta con manojos de globos con tres globos de cada uno. Los globos están disponibles en 4 colores diferentes. Tiene que haber tres colores diferentes en cada paquete. ¿Cuántos tipos de manojos se pueden hacer?

1. 18
2. 12
3. 4
4. 6
5. 10

La pregunta 36 se basa en la figura siguiente:

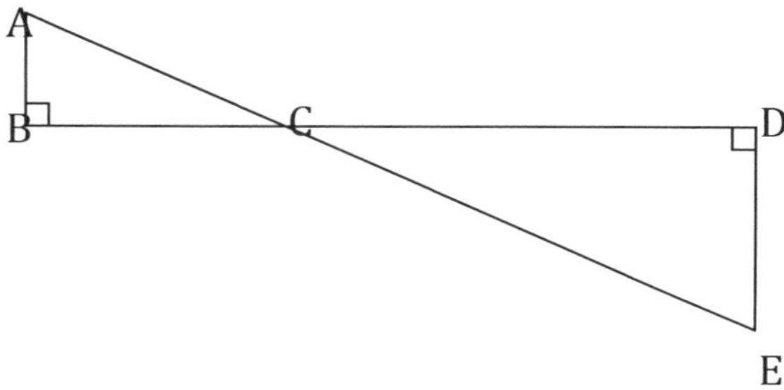

36. En la figura arriba, el segmento BC es de 4 unidades de largo, el segmento CD es de 8 unidades de largo, y el segmento DE es de 6 unidades de largo. ¿Cuál es la longitud del segmento AC?

1. 7 unidades
2. 5 unidades
3. 3 unidades
4. 2.5 unidades
5. 4 unidades

37. Las expresiones $y = -3x + 6$ y $y = 2x - 4$ representan líneas recta. Compute los coordinados del punto en el cual se cruzan y marque su respuesta en los círculos de la red en la hoja de respuestas.

38. En un juego de azar, 3 dados son lanzados simultáneamente. ¿Cuál es la probabilidad de que los tres dados se dan un 6 mostrando para arriba?

1. 1 en 6
2. 1 en 18
3. 1 en 216
4. 1 en 30
5. 1 en 36

39. Rafael tiene un negocio de venta de computadoras. Él compra computadoras por $450 cada una del fabricante y las vende por $800. Cada mes, deberá pagar también los costos fijos de $3000 de alquiler y servicios públicos en su tienda. Si vende n computadoras en un mes, ¿cuál de las siguientes ecuaciones se puede utilizar para calcular su ganancia?

1. $P = n(800 - 450)$
2. $P = n(800 - 450 - 3000)$
3. $P = 3000\,n(800 - 450)$
4. $P = n(800 - 450) - 3000$
5. $P = n(800 - 450) + 3000$

40. Arregle los números siguientes en orden del más chico al más grande $2^3, 4^2, 6^0, 9, 10^1$.

1. $2^3, 4^2, 6^0, 9, 10^1$
2. $6^0, 9, 10^1, 2^3, 4^2$
3. $10^1, 2^3, 6^0, 9, 4^2$
4. $6^0, 2^3, 9, 10^1, 4^2$
5. $9, 6^0, 10^1, 4^2, 2^3$

Las preguntas 41-42 se basan en la tabla siguiente:

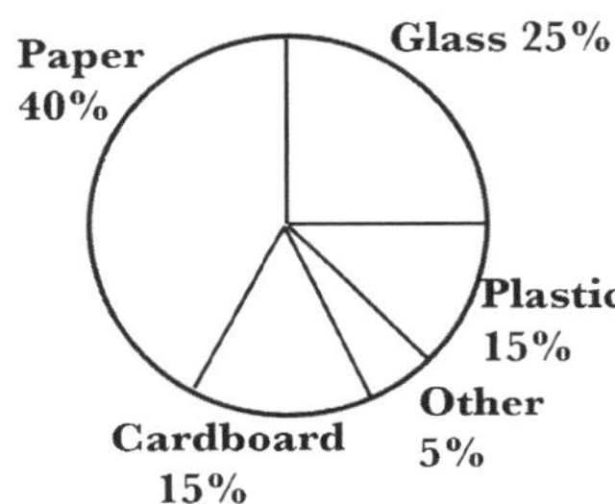

41. La Compañía de Reciclaje Charleston recoge 50.000 toneladas de material reciclable cada mes. El gráfico muestra los tipos de materiales que son recogidos por cinco camiones de la empresa. ¿Cuál es el segundo material más común que se recicla?

1. Cartón
2. Vidrio
3. Papel
4. Plástico
5. Otro

42. Aproximadamente, ¿cuánto papel se recicla cada mes?

1. 40,000 toneladas
2. 50,000 toneladas
3. 60 000 toneladas
4. 15,000 toneladas
5. 20,000 toneladas

43. Dorotea tiene la mitad de edad de su hermana. Va a cumplir un tercer cuarto de la edad de su hermana en 20 años. ¿Cuántos años tiene ella?

1. 10
2. 15
3. 20
4. 25
5. 30

44. Chan recibe un bono de su trabajo. Paga 30% en impuesto, da 30% a caridad, y usa otro 25% para pagar una deuda vieja. Le quedan $600 de su bono. ¿Cuál es la cantidad total del bono de Chan? Marque su respuesta en los círculos de la red en la hoja de respuestas.

La pregunta 45 se basa en el diagrama siguiente:

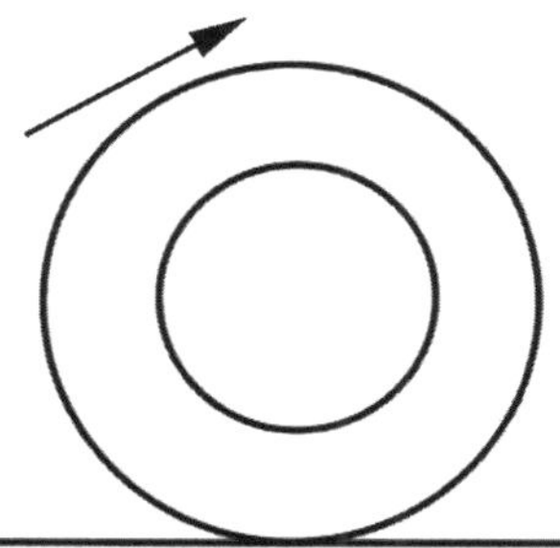

45. Un neumático de un coche gira a 500 rpm (revoluciones por minuto) cuando el vehículo está viajando a 50 km/h (kilómetros por hora). ¿Cuál es la circunferencia del neumático, en metros?

1. $\frac{50{,}000}{2\pi}$
2. $\frac{50{,}000}{60 \times 2\pi}$
3. $\frac{50{,}000}{500 \times 2\pi}$
4. $\frac{50{,}000}{60}$
5. $\frac{10}{6}$

46. Una cerradura de combinación utiliza un código de 3 dígitos. Cada dígito puede ser cualquiera de los diez enteros disponibles 0-9. ¿Cuántas combinaciones diferentes son posibles?

1. 9
2. 1000
3. 30
4. 81
5. 100

47. ¿Cuál de las expresiones siguientes es equivalente a $(a+b)(a-b)$?

1. $a^2 - b^2$
2. $(a+b)^2$
3. $(a-b)^2$
4. $ab(a-b)$
5. $ab(a+b)$

48. ¿Cuál de las siguientes expresiones representa la relación entre el área de un círculo a su circunferencia?

1. πr^2
2. $\frac{\pi r^2}{2\pi}$
3. $\frac{2\pi r}{r^2}$
4. $2\pi r^{1/2}$
5. $\frac{r}{2}$

Las preguntas 49 y 50 se basan en la tabla siguiente:

Kyle es tercero en el orden al bate para el equipo de béisbol de los Badgers. La tabla muestra el número de hits que Kyle tenía en cada uno de los siete juegos consecutivos jugados durante una semana en julio.

Día de la Semana	Número de hits
Lunes	1
Martes	2
Miércoles	3
Jueves	1
Viernes	1
Sábado	4
Domingo	2

49. ¿Cuál es el modo de los números en la distribución mostrada en la tabla?

1. 1
2. 2
3. 3
4. 4
5. 7

50. ¿Cuál es el medio de los en la distribución mostrada en la tabla?

1. 1
2. 2
3. 3
4. 4
5. 7

La Prueba de las Ciencias

1. Un espermatozoide humano normal debe contener:
    1. Un cromosoma X
    2. Un cromosoma Y
    3. 23 cromosomas
    4. B y C
    5. A, B y C

Las preguntas 2 y 3 se basan en las figuras y el texto siguientes:

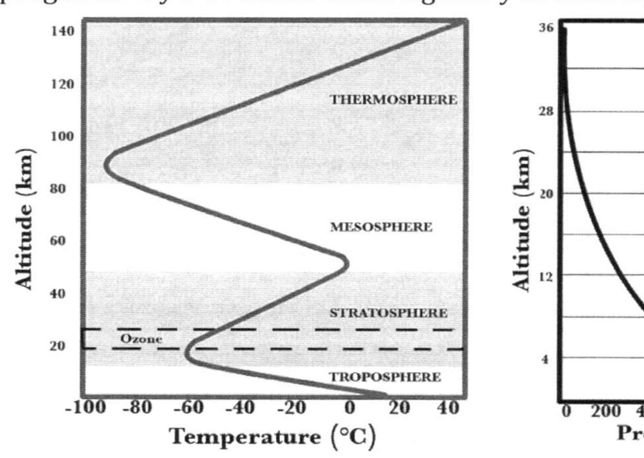

La atmósfera de la Tierra está compuesta de múltiples capas con características de temperatura muy diferentes. Más cercanos a la superficie, la *troposfera* contiene aproximadamente el 75 por ciento de la masa de la atmósfera y el 99 por ciento de su vapor de agua y aerosoles. Las fluctuaciones de temperatura causan una mezcla constante de aire en la troposfera por convección, pero por lo general se enfría a medida que aumenta la altitud.

La *estratosfera* se calienta por la absorción de la radiación ultravioleta del sol. Como sus capas inferiores están compuestas de aire fresco y más pesado, no hay mezcla de convección en la estratosfera, y es bastante estable.

La *mesosfera* es la capa de la atmósfera justo encima de la estratosfera. Aquí, la temperatura disminuye a medida que aumenta la altitud debido a la disminución de la calefacción solar y, hasta cierto punto, de CO2. En la atmósfera inferior, el CO2 actúa como un gas de efecto invernadero por la absorción de la radiación infrarroja de la superficie de la tierra. En la mesosfera, el CO2 se enfría la atmósfera por la radiación de calor al espacio.

2. Por encima de esta capa se encuentra la *termosfera*. A estas alturas, los gases atmosféricos forman capas de acuerdo a sus masas moleculares. Las temperaturas aumentan con la altitud debido a la absorción de la radiación solar por la pequeña cantidad de oxígeno residual. Las temperaturas son muy dependientes de la actividad solar, y pueden llegar a 1.500 °C. Los aviones comerciales normalmente suben a altitudes de crucero de 12.9 km, en la parte baja de la estratosfera. ¿Cuál de las siguientes puede ser la razón de esta elección de la altitud de crucero?
    1. Los motores de los aviones funcionan más eficientemente en temperaturas más frías.
    2. Hay menos resistencia al aire que en altitudes más bajas.
    3. Hay menos turbulencias que en las altitudes más bajas.
    4. Todas las anteriores son razones posibles.
    5. Ninguna de las anteriores razones posibles.

3. Las temperaturas más bajas de la atmósfera de la Tierra se registran en la
    1. Troposfera
    2. Estratosfera
    3. Mesosfera
    4. Termosfera
    5. Capa de Ozono

Las preguntas 4 y 5 se basan en la figura y el texto siguiente:

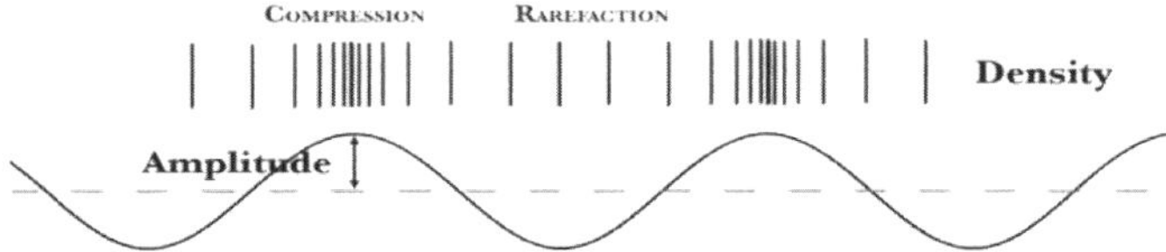

Una fuente que vibra producirá sonido por alternar entre obligando a las moléculas de aire delante de ella que se acercan cuando avanza hacia ellas, y luego obligándolas que se alejan cuando se aleja de ellas. De esta manera, regiones alternantes de presión alta y baja presión, que se llaman compresiones y refracciones, se producen. La figura muestra una onda de sonido típica. El volumen del sonido corresponde a la magnitud de la compresión, representada por la amplitud de la onda. El tono de sonido corresponde a la frecuencia de la onda, la distancia entre las compresiones sucesivas. Los seres humanos pueden escuchar sonidos con frecuencias de entre 20 y 20.000 hercios. Las ondas sonoras se propagan en todas direcciones desde su origen. Las velocidades a las que las ondas sonoras viajan dependen del medio por lo cual viajan. En el aire seco, el sonido viaja a 330m/seg. a 0°C. Se viaja 4 veces más rápido a través del agua, y 15 veces más rápido a través de una barra de acero.

4. El sonido producido por un tambor es mucho más fuerte y tiene un tono más bajo que los producidos por una campana. ¿Cuál de las siguientes afirmaciones es verdadera acerca de la onda sonora producida por un tambor en comparación con la producida por una campana?
    1. La amplitud es mayor y la longitud de onda es más corta.
    2. La amplitud es mayor y la longitud de onda es más larga.
    3. La amplitud es más pequeña y la longitud de onda es más larga.
    4. La amplitud es más pequeña y la longitud de onda es más corta.
    5. La amplitud es mayor y la longitud de onda es la misma.

5. Dos ondas de sonido de exactamente la misma frecuencia y amplitud son producidas por las fuentes que están precisamente en la misma posición. Si las ondas sonoras están fuera de fase a la mitad la longitud de onda, ¿qué será escuchado por un observador de pie a poca distancia?
    1. Un sonido dos veces más fuerte que cada señal individual.
    2. Un sonido dos veces la frecuencia de cada señal individual.
    3. Un sonido dos veces la longitud de onda de cada señal individual.
    4. Ningún sonido.
    5. Un sonido con intensidad variable.

Las preguntas 6 y 7 se basan en la figura y el texto siguiente:

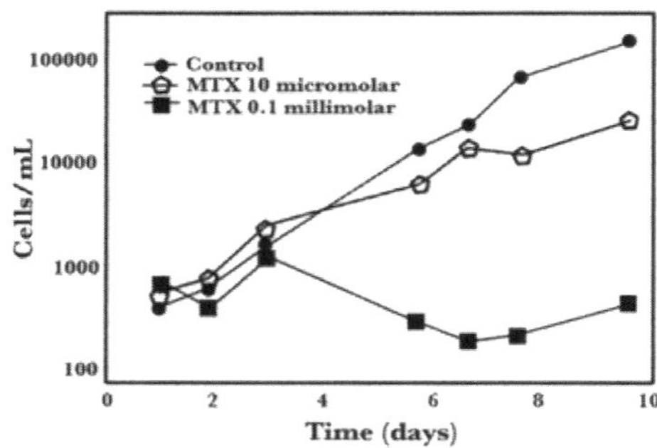

Las células cancerosas de la eritroleucemia murina (MEL) línea de de células se cultivaron en un medio de crecimiento normal (control) y en dos concentraciones diferentes del medicamento contra el cáncer metotrexato (MTX) durante un período de diez días. Las muestras fueron retiradas periódicamente, y el número de células por mililitro de cultivo se determinó. Cada punto en la figura representa el medio de cinco determinaciones.

6. El crecimiento de las células en ausencia de drogas en este experimento se puede describir mejor como:
    1. Linear
    2. Exponencial
    3. Derivativo
    4. Inhibido
    5. Asintótico

7. ¿Cuál de las expresiones siguientes es apoyada por los datos?
    1. El metotrexato no inhibe el crecimiento celular.
    2. 0.1 milimolar de metotrexato inhibe el crecimiento de bacterias.
    3. 10 micromilares de metotrexato suprime de manera efectiva el crecimiento celular.
    4. 0.1 milimolar de metotrexato marginalmente inhibe el crecimiento celular.
    5. 100 micromilares de metotrexato suprime de manera efectiva el crecimiento celular.

8. La principal ventaja de la reproducción sexual sobre las formas asexuales es que:
    1. Requiere dos individuos.
    2. Promueve la diversidad.
    3. Produce más hijos.
    4. Puede realizarse en cualquier época del año.
    5. Requiere los cromosomas.

Las preguntas 9 y 10 se basan en el texto siguiente:

Isótopos

El núcleo de un átomo contiene ambos protones y neutrones. Los protones tienen una sola carga eléctrica positiva, mientras que los neutrones tienen una carga de cero. El número de protones que contiene un núcleo, llamado número atómico y abreviado como Z, determina la identidad de un átomo de la materia. Por ejemplo, el hidrógeno contiene un solo protón (Z = 1), mientras que el helio contiene dos (Z = 2). Los átomos de un solo elemento pueden variar según el número de neutrones en sus núcleos atómicos, sin embargo. El número total de protones y neutrones de un átomo se conoce como la masa atómica, o M. Normalmente el helio tiene una masa atómica igual a 4, pero hay otro isótopo de helio por lo cual M = 3. Esta forma de helio tiene el mismo número de protones, pero sólo un neutrón.

En una reacción de fusión nuclear, núcleos chocan entre sí con suficiente fuerza para separarlos. Los núcleos resultantes pueden tener una menor masa atómica de los reactivos, con la diferencia que se libera como la energía. La carga eléctrica, sin embargo, siempre se conserva.

9. Dos átomos de helio-3 (masa atómica = 3) chocan en una reacción de fusión para producir un solo átomo de helio-4 (masa atómica = 4). ¿Cuál podría ser otro producto de esta reacción?
   1. Un neutrón
   2. Un protón
   3. Dos electrones
   4. Un protón y un neutrón
   5. Dos protones

10. Los átomos de hidrógeno generalmente contienen un único neutrón. El deuterio y el tritio son isótopos del hidrógeno, con dos o tres neutrones, respectivamente. ¿Cuántos electrones orbitan el núcleo del tritio si el átomo es eléctricamente neutro?
    1. 0
    2. 1
    3. 2
    4. 3
    5. 4

Las preguntas 11 y 12 se basan en la figura y el texto siguiente:

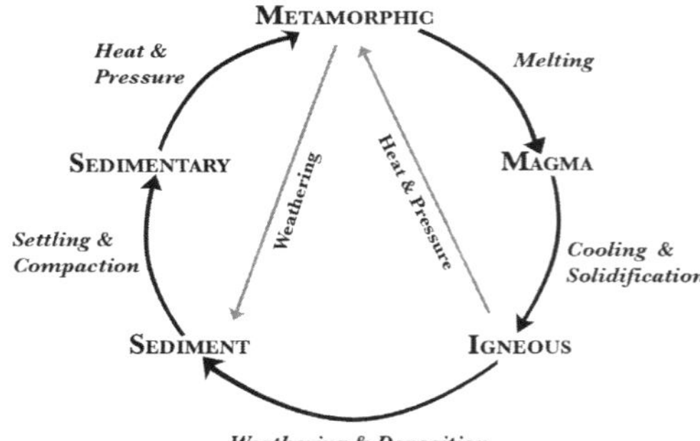

El Ciclo de las Rocas

Las rocas son creadas y destruidas en un proceso recurrente conocido como el ciclo de las rocas. Las rocas están hechas de minerales, que son sólidos cristalinos que ocurren naturalmente que tienen una composición característica de químicas. Las acciones de calor, presión, y la erosión pueden cambiar la forma de estos minerales drásticamente. Las rocas *ígneas* se forman cuando el magma se exuda desde el núcleo fundido de la Tierra, y luego se enfría y se solidifica en la superficie. Las rocas *sedimentarias* están hechas de fragmentos de otras rocas desgastadas por la erosión o la erosión. Las partículas de arena forman sedimentas cuando se depositan en el fondo, y finalmente son condensadas en piedra por el peso encima de ellos, un proceso llamado *litificación*. El calor y la presión pueden cambiar la estructura cristalina de estos minerales, alternándolos en rocas *metamórficas* más densos, y cuando estos se hunden en el núcleo caliente, se funden de nuevo en el magma.

11. Un proceso que puede llegar a la formación de las rocas ígneas es:
    1. El desgaste
    2. Sedimentación
    3. La erosión
    4. Litificación
    5. La actividad volcánica

12. ¿Cuál de los siguientes tipos de rocas se forman a la distancia más profunda bajo el superficie de la Tierra?
    1. Ígnea
    2. Metamórfica
    3. Sedimentaria
    4. Pizarra
    5. Arenisca

13. ¿Cuál de los siguientes animales muestran el mejor nivel físico?
    1. Un lobo varón que se muere joven pero que tiene 4 cachorros que son criados por una hembra no relacionada
    2. Una loba que tiene 3 cachorros y vive por mucho tiempo
    3. Un lobo varón que vive por mucho tiempo y que tienen un cachorro
    4. Una loba que se muere joven después de criar 3 cachorros
    5. Una loba que tiene 2 cachorros suyos y también criar a 3 cachorros adoptados de otra loba

Las preguntas 14-19 se basan en la figura, tabla y texto siguiente:

Síntesis de Proteínas

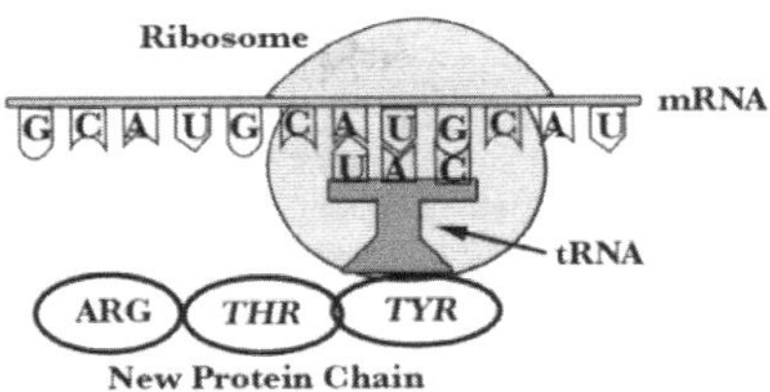

El Código Genético

Primero	Codón	AA	Codón	AA	Codón	AA	Codón	AA
T	TTT	Fenilalanina	TCT	Serina	TAT	Tirosina	TGT	Cisteína
	TTC	Fenilalanina	TCC	Serina	TAC	Tirosina	TGC	Cisteína
	TTA	Leucina	TCA	Serina	TAA	STOP	TGA	STOP
	TTG	Leucina	TCG	Serina	TAG	STOP	TGG	Triptófano
C	CTT	Leucina	CCT	Prolina	CAT	Histidina	CGT	Arginina
	CTC	Leucina	CCC	Prolina	CAC	Histidina	CGC	Arginina
	CTA	Leucina	CCA	Prolina	CAA	Glicina	CGA	Arginina
	CTG	Leucina	CCG	Prolina	CAG	Glicina	CGG	Arginina
A	ATT	Isoleucina	ACT	Treonina	AAT	Asparagina	AGT	Serina
	ATC	Isoleucina	ACC	Treonina	AAC	Asparagina	AGC	Serina
	ATA	Isoleucina	ACA	Treonina	AAA	Lisina	AGA	Arginina
	ATG	Metionina (START)	ACG	Treonina	AAG	Lisina	AGG	Arginina
G	GTT	Valina	GCT	Alanina	GAT	Aspartato	GGT	Glicina
	GTC	Valina	GCC	Alanina	GAC	Aspartato	GGC	Glicina
	GTA	Valina	GCA	Alanina	GAA	Glutamato	GGA	Glicina
	GTG	Valina	GCG	Alanina	GAG	Glutamato	GGG	Glicina

La información genética para hacer diferentes tipos de proteínas se guardan en segmentos de moléculas de ADN llamadas genes. El ADN es una cadena de moléculas fosforibose que contiene las bases guanina (G), citosina (C), alanina (A) y timina (T). Cada componente de aminoácidos de la cadena de proteína está representado en el ADN por un trío de bases llamado un codón. Este da un código que la célula puede usar para traducir el ADN en proteína. El código, que está mostrado en la tabla, contiene codones especiales para empezar una cadena de proteína (estas cadenas siempre empiezan con el aminoácido metionina) o para terminarla. Para hacer una proteína, la RDN intermediario llamado un mensajero RNA (mRNA) se hace primero por la ADN por una proteína llamada una polimerasa. En la mRNA, las bases timinas son reemplazadas por uracilo (U). La mRNA entones se mueve del núcleo al citoplasma, donde se pega a un pedazo de la maquinaria de proteína-RNA llamado un ribosoma. El ribosoma se mueve por la molécula RNA, leyendo el código. Interactúa con las moléculas de transferencia de RNA, cada una de las cuales son ligadas a un aminoácido específico y que encadena a los aminoácidos para formar una proteína.

14. Las variantes de los genes se llaman:
    1. Codones
    2. Alelos
    3. Metioninas
    4. Aminoácidos
    5. Fosforiboses

15. ¿Cuál de las siguientes secuencias de proteínas está codificada por la secuencia base del ADN GTTACAAAAAGA?
    1. Valina-treonina-lisina-arginina
    2. Valina-leucina-glicina-histidina
    3. Valina-aspartato-prolina-serina
    4. Valina-serina-tirosina-STOP
    5. Valina-glutamato-alanina-prolina

16. Una polimerasa comienza a leer los siguientes secuencias de ADN con la base del primer lugar. ¿Qué secuencia especifica el final de una cadena de proteína?
    1. GTACCCCTA
    2. GTACCCACA
    3. GTTAAAAGA
    4. GTTTAAGAC
    5. GTTGAAGAG

17. La porción de una molécula del DNA que codifica un único aminoácido es un(a):
    1. Codón
    2. Alelo
    3. Metionina
    4. Fosforibose
    5. mRNA

18. Las proteínas se componen de:
    1. Polimerasas
    2. Transferencias de RNA
    3. Ribosomas
    4. Moléculas de DNA
    5. Codones

19. ¿Cuál de los siguientes NO es parte de un gene?
    1. Guanina
    2. Codón
    3. Citosina
    4. Ribosoma
    5. Fosforibose

20. El piloto de un avión en dirección este determina la velocidad del viento en relación con su avión. Él mide la velocidad del viento de 320 km/h, con el viento proveniente del este. Un observador en el suelo observa el avión pasar en el cielo, y mide su velocidad de 290 km/h. ¿Cuál es la velocidad del viento en relación con el observador?
    1. 30 km/h este al oeste
    2. 30 km/h oeste al este
    3. 320 km/h este al oeste
    4. 290 km/h este al oeste
    5. 290 km/h oeste al este

La pregunta 21 se basa en la figura siguiente:

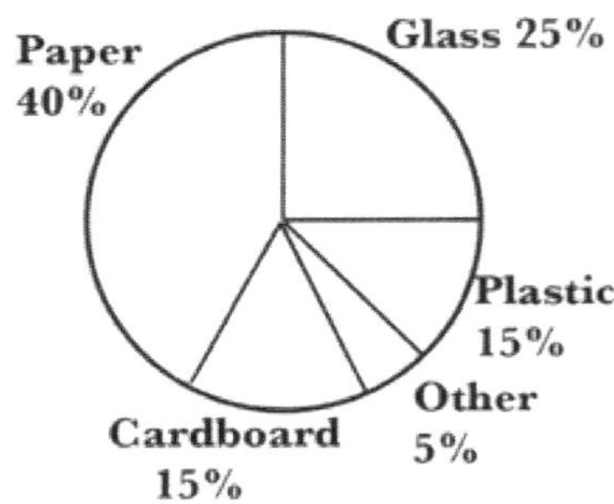

21. Una empresa de reciclaje recoge materiales ordenados de sus clientes. Los materiales se pesan y luego se procesan para su reutilización. El gráfico muestra los pesos de las diversas clases de materiales que fueron recolectados por la empresa durante un mes representativo. ¿Cuál de las siguientes afirmaciones NO es apoyada por los datos de la tabla?
    1. Los productos de papel, incluyendo el cartón, constituyen la mayoría de los materiales recogidos.
    2. Una cuarta parte de los materiales recogidos son de vidrio.
    3. Se recoge más plástico que cartón.
    4. Los plásticos y el cartón juntos se representan una porción más grande que las botellas de vidrio.
    5. La categoría más grande de los materiales recogidos incluye los periódicos.

22. Durante el proceso de la ovogénesis, los ovocitos principales producen:
    1. Espermatozoides
    2. Huevos
    3. Oogonios
    4. Las células madre
    5. Ninguno de los arriba

Las preguntas 23-25 se basan en la figura y texto siguientes:
Batería Electroquímica

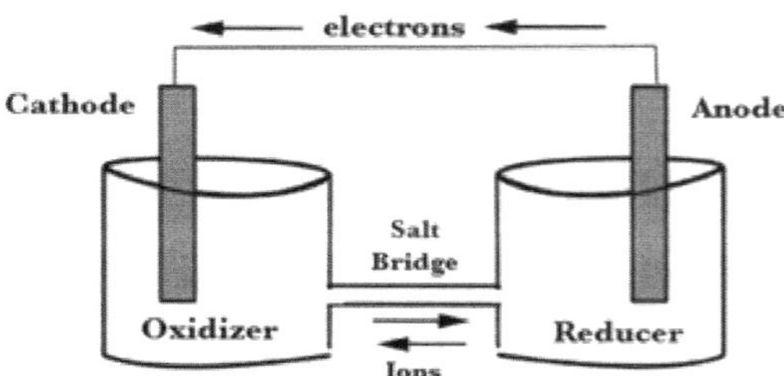

Una batería electroquímica es un dispositivo alimentado por reacciones de oxidación y de reducción que están físicamente separadas de manera que los electrones deben viajar a través de un cable del agente reductor hacia el agente oxidante. El agente reductor pierde electrones y se oxida en una reacción que tiene lugar en un electrodo llamado ánodo. Los electrones fluyen por un cable al otro electrodo, el cátodo, donde un agente oxidante gana electrones y se reduce así. Para mantener una carga total de cero en cada compartimiento, hay un flujo limitado de iones a través de un puente de sal. En una batería de coche, por ejemplo, el agente reductor se oxida por la reacción siguiente, que consiste en un ánodo de plomo (Pb) y el ácido sulfúrico (H2SO4). El sulfato de plomo (PbSO4), protones (H +) y electrones (e-) se producen:

$$Pb + H_2SO_4 \Rightarrow PbSO_4 + 2\,H^+ + 2\,e^-$$

Como el cátodo, que es hecho de óxido de plomo (PbO_2), la reacción siguiente ocurre. Durante esta reacción, los electrones que se producen al ánodo son usados:

$PbO_2 + H_2SO_4 + 2\,e^- + 2\,H^+ \Rightarrow PbSO_4 + 2\,H_2O$

23. Los electronos que se producen por una reacción química toman lugar al:
    1. Ánodo
    2. Cátodo
    3. Electrodo de óxido de plomo
    4. Oxidante
    5. Puente de sal

24. En una reacción de la oxidación:
    1. Un agente oxidante gana electrones.
    2. Un agente que oxida pierde electrones.
    3. Un agente de reducción gana electrones.
    4. Un agente reductor pierde electrones.
    5. Un agente oxidante reduce un electrodo.

25. En una batería de coche, un producto de la reacción de la oxidación que ocurre al cátodo es:
    1. Óxido de plomo
    2. Plomo
    3. Electrones
    4. Agua
    5. Ácido Sulfúrico

Las preguntas 26-27 se basan en la figura siguiente:

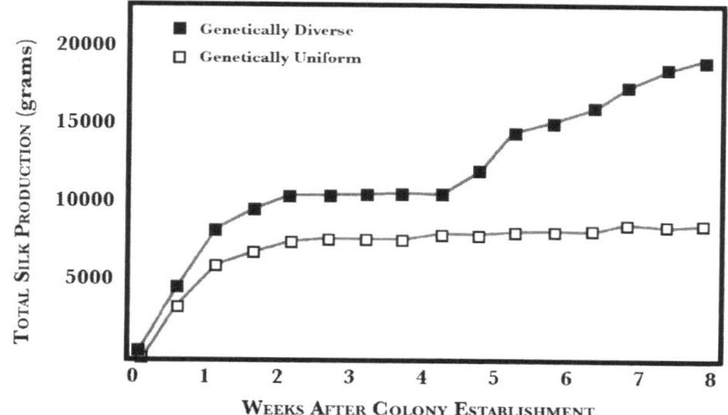

26. Colonias de gusanos de seda que contienen el mismo número de organismos genéticamente idénticos o animales genéticamente diversos se establecieron. Por muchas semanas después de que se establecieron las colonias, la producción de seda fue estimada por quitar pequeñas muestras de seda de las colonias y pesarlas. Los resultados son mostradas en la gráfica. Los símbolos abiertos se refieren a la producción de seda por los gusanos que son genéticamente idénticos, mientras los símbolos cerrados se refieren a la producción de seda por los gusanos genéticamente diverso. ¿Cuál de las conclusiones siguientes se puede hacer de los datos?
    1. Los gusanos que son genéticamente diversos producen más seda que los gusanos que son genéticamente idénticos.
    2. Los gusanos que son genéticamente idénticos producen más seda que los gusanos que son genéticamente diversos.
    3. Las colonias de los gusanos de seda que son genéticamente diversos producen más seda que las colonias que son genéticamente idénticos.
    4. Las colonias de los gusanos de seda que son genéticamente idénticos producen más seda que las colonias que son genéticamente diversos.
    5. Los gusanos de seda que son genéticamente diversos producen seda más larga que los gusanos que son genéticamente idénticos.

27. Si el tiempo de generación de un gusano de seda es casi de cuatro semanas, ¿cuál de las hipótesis siguientes ofrece la mejor explicación de la diferencia en la producción de seda entre las dos colonias?
    1. Los gusanos de seda que son genéticamente diversos producen seda más larga que los gusanos que son genéticamente idénticos.
    2. Los gusanos de seda que son genéticamente diversos reproducen más que los gusanos que son genéticamente idénticos.
    3. Los gusanos de seda que son genéticamente diversos producen seda que pesa más que la de los gusanos que son genéticamente idénticos.
    4. Los gusanos de seda que son genéticamente idénticos dejan de producir seda cuando se reproducen.
    5. La seda de los gusanos de seda que son genéticamente idénticos se pudre rápidamente.

28. La digestión de almidón empieza:
    1. En la boca
    2. En el estómago
    3. En el píloro
    4. En el duodeno
    5. En el íleon

Las preguntas 29-32 se basan en la figura y el texto siguiente:

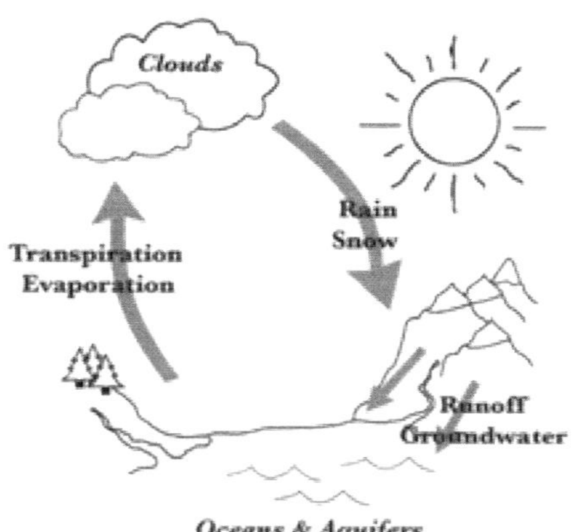

Energía del sol calienta el agua de los océanos y causa que evapore, formando el vapor de agua que sube por la atmosfera. Las temperaturas más frías en las altitudes altas causan que este vapor se condense y formar nubes. Las gotas de agua en las nubes se condensan y crecen, eventualmente cayéndose a la tierra como precipitación. El movimiento continuo de agua arriba y bajo la tierra se llama el ciclo hidrológico y el ciclo de agua y es esencial para la vida de nuestro planeta. Todos los víveres de agua, incluso los que se encuentran en la nubes, los océanos y bajo la tierra, etc., se conocen como la *hidrosfera*.

El agua puede ser guardada en varios lugares como parte del ciclo del agua. Los embalses más grandes son los océanos, que contienen cerca del 95% del agua del mundo, más de 300.000.000 millas cúbicas. El agua también se guarda en las capas de hielo polares, cumbres nevadas de montañas, lagos y arroyos, plantas, y en el subsuelo en los acuíferos. Cada uno de estos depósitos tiene un tiempo de residencia típico, que es la cantidad promedio de tiempo que una molécula de agua se gastan allí antes de seguir adelante. Algunos tiempos de residencia típicos se muestran en la tabla.

Los tiempos de residencia promedios del agua.

Embalses	**Tiempo de Residencia**
Atmósfera	9 días
Océanos	3000 años
Capas de hielo y Glaciales	100 años
Humedad del suelo	2 meses
Acuíferos bajo suelo	10,000 años

El ciclo de agua se puede cambiar por al largo del tiempo. Durante los periodos de clima frío, más agua se guarda como hielo y nieva y la tasa de la evaporación es menos alta. Esto afecta el nivel de los océanos de la Tierra. Durante la última edad de hielo, por ejemplo, los océanos eran 400 pies menos altos que hoy día. Las actividades humanas que afectan el ciclo de agua incluyen la agricultura, la construcción de las presas, la deforestación, y las actividades industriales.

29. Otro nombre para el ciclo del agua es:
    1. La hidrosfera
    2. La atmósfera
    3. El embalse
    4. El ciclo hidrológico
    5. El ciclo de residencia

30. El agua se guarda bajo suelo, tanto como en los océanos y en las capas de hielo. Tales embalses subsuelos se llaman:
    1. Tanques de guardar
    2. Acuíferos
    3. Evaporadoras
    4. Escorrentía
    5. Transpiración

31. Aparte del agua atmosférica, las moléculas de agua gastan el menos tiempo en:
    1. Las acuíferas
    2. Los océanos
    3. Las glaciales
    4. Las capas de hielo
    5. El suelo

32. ¿Cuál de las oraciones siguientes NO es verdadera?
    1. Cortar los árboles afecta el ciclo del agua.
    2. Los niveles de los océanos suben durante una edad de hielo.
    3. Los océanos guardan la mayoría del agua del mundo.
    4. Las nubes se forman por las temperaturas frías.
    5. La lluvia y la nieva son formas de la precipitación.

Las preguntas 33-37 se basan en la figura y el texto siguiente:
El Calor y los Estados de la Materia

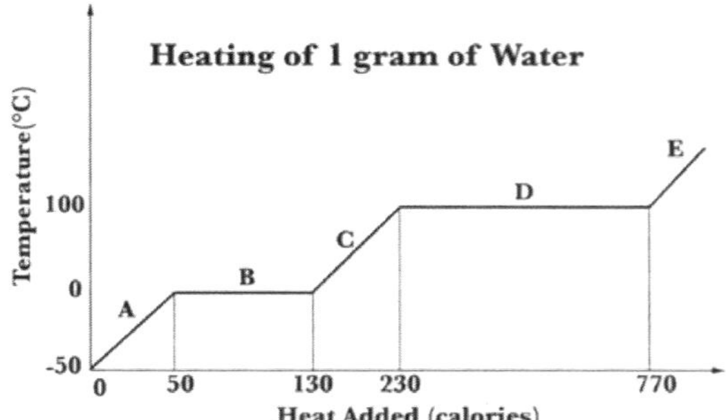

Cuando las moléculas de una sustancia absorban energía en forma de calor, comienzan a moverse más rápidamente. Este aumento en la energía cinética puede ser una vibración más rápida de las moléculas en su lugar en un sólido, o puede ser el movimiento a través del espacio molecular en un líquido o un gas. De cualquier manera, se observa como un cambio en la temperatura o un cambio en el estado. El calor ha sido tradicionalmente medido en términos de calorías. Una caloría es igual a 4.186 julios.

La capacidad calorífica específica de una sustancia es la energía necesaria para elevar la temperatura de 1 kg de la sustancia en 1° C. Para el agua, este es de 1000 calorías. Si el calor se sigue aplicando al hielo que ya está en su punto de fusión de 0°C, se mantiene a esa temperatura y se derrite en agua líquida. La cantidad de energía necesaria para producir este cambio en el estado se llama calor de fusión, y para el agua es igual a 80 calorías por gramo. Del mismo modo, la cantidad de energía necesaria para cambiar un gramo de agua líquida a 100°C en vapor se llama calor de vaporización, y equivale a 540 calorías.

El gráfico muestra un experimento de calorimetría: 1 gramo de agua a -50°C se calienta lentamente de un estado sólido hasta que se vuelva totalmente a gas. La temperatura se controla y se reporta como una función del calor añadido al sistema.

33. El calor es una forma de:
    1. Energía potencial
    2. Energía química
    3. Energía cinética
    4. La temperatura
    5. Energía Electromagnética

34. ¿Cuál de las frases siguientes es verdadera?
    1. Añadir calor a un sistema siempre aumenta su temperatura.
    2. La velocidad media de una molécula de gas es más lenta que la velocidad media de una molécula de líquido de la misma sustancia.
    3. Añadir calor a un sistema siempre aumenta la velocidad media de las moléculas que lo componen.
    4. El calor se debe añadir al agua líquida para hacer hielo.
    5. Se necesita más energía para fundir un gramo de agua a 0ºC que para convertir un gramo de agua a 100°C en vapor.

35. En el diagramo, ¿en cuáles región(es) del diagramo está presente el agua líquida?
    1. Solamente en B
    2. En B y C
    3. Solamente en C
    4. En C y D
    5. En B, C, y D

36. ¿Cuánto calor se tiene que añadir a un gramo de agua a 1°C para subir su temperatura a 101°C?
    1. 100 calorías
    2. 540 calorías
    3. 770 calorías
    4. 640 calorías
    5. 1000 calorías

37. En el diagramo, mientras se añade calor al sistema, el agua en la región B se puede decir que es:
    1. Condensando
    2. Fundiendo
    3. Congelando
    4. Evaporando
    5. Sublimando

Las preguntas 38-40 se basan en la figura y el texto siguiente:

Neuronas

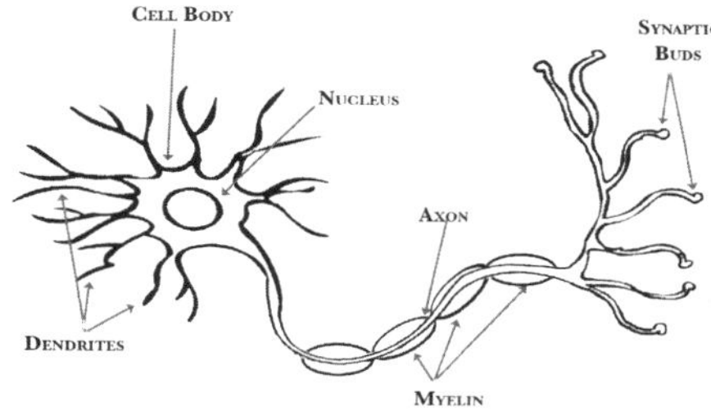

Mensajes viajan entre el cerebro y otras partes del cuerpo en forma de impulsos eléctricos. Una célula especializada, la neurona, produce estos impulsos. Las neuronas forman el cerebro y el sistema nervioso. Son más de 100 mil millones en el cuerpo humano.

Las neuronas tienen su propia anatomía característica celular que consta de tres partes principales. Un cuerpo de la célula, que contiene un núcleo, es el centro del metabolismo. Las dendritas proyectan desde el cuerpo celular y reciben mensajes de las neuronas vecinas. En el otro extremo, los mensajes se envían a través del *axón*, una fibra larga que se extiende desde el cuerpo celular a las dendritas de otras neuronas, o *efectores*, tales como los músculos, que llevan a cabo las acciones basadas en la información neuronal. Los axones están rodeados de un material llamado mielina, que ayuda a las señales nerviosas viajan más rápido y más lejos.

Al final del axón, los mensajes deben cruzar un estrecho hueco, la *sinapsis*, para llegar a los efectores o la siguiente neurona. Los impulsos eléctricos no pueden cruzar esta brecha. La transferencia de información de célula a célula se produce como resultado de la liberación de los *neurotransmisores* químicos en el espacio entre el axón y las dendritas. El impulso eléctrico provoca la liberación de neurotransmisores en la sinapsis de hinchazones llamados *brotes sinápticas* a la terminal del axón. Cruzan la sinapsis y se unen a moléculas receptoras especiales en las dendritas de la siguiente celda. Cada neurotransmisor puede unirse sólo a un *receptor* específico a juego, lo que inicia una respuesta adecuada a la señal. Este puede ser otro impulso eléctrico, llevando el mensaje más largo, la contracción de un músculo, o algún otro efecto.

38. Una neurona consiste de tres partes principales. Estas son:
    1. Efector, cuerpo celular, axón
    2. Dendritas, axón, cuerpo celular
    3. Dendritas, axón, receptor
    4. Sinapsis, axón, cuerpo celular
    5. Axón, núcleo, neurotransmisor

39. Las cromosomas se encuentran dentro:
    1. Del cuerpo celular
    2. Las Dendritas
    3. Los Axones
    4. Las Sinapsis
    5. Los Receptores

40. ¿Cuál de las oraciones siguientes es verdadera?
    1. La información en las neuronas fluye en una sola dirección, de las dendritas a un axón.
    2. Información en el sistema nervioso es llevado por ambos maneras eléctricas y químicas.
    3. La mielina ayuda a la transmisión de energía eléctrica, pero no con la información química.
    4. La información en las neuronas fluye en una sola dirección, de los axones a la dendrita.
    5. Todas las oraciones de arriba son verdaderas.

41. De las siguientes, el vaso sanguíneo que contiene la menos sangre oxigenada es
    1. La aorta
    2. La vena cava
    3. La arteria pulmonar
    4. Los capilares
    5. La vena femoral

42. Un tsunami puede ser causado por:
    1. Los terremotos
    2. Los Volcanes
    3. Los corrimientos de tierra
    4. A y B
    5. A, B, y C

La pregunta 43 se basa en la figura siguiente:

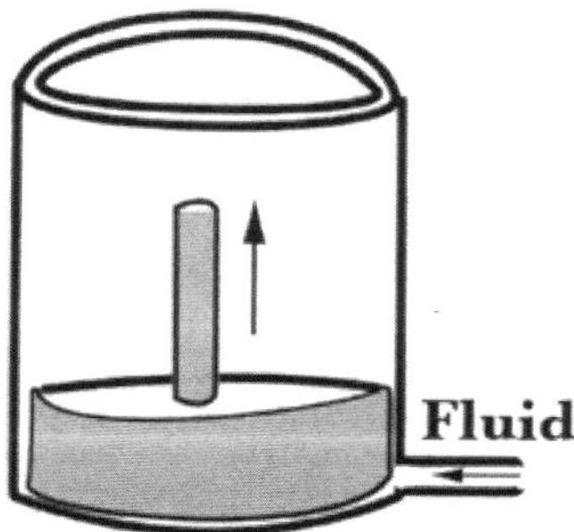

43. La figura muestra un cilindro hermético en el cual el líquido se puede inyectar en la parte inferior. El cilindro contiene un pistón pesado que es levantado por el líquido hasta que la barra en la parte superior del pistón toca la parte superior de la caja de cilindro. Líquidos de diferentes densidades son inyectados y un observador registra el volumen requerido para que la barra suba a la parte superior. ¿Cuál de los siguientes líquidos se requerirá que el menos volumen sea inyectado?
    1. Agua
    2. Aceite
    3. Alcohol
    4. Grasa
    5. Se requerirá el mismo volumen para todos los líquidos.

44. Ambos Mark y Nancy miden la longitud de un lápiz que es de 15.1 cm. Usan una regla que tiene divisiones por cada mm por su longitud. Mark reporta que la longitud del lápiz es 15 cm. Nancy la reporta como 15.0 cm. ¿Cuál de las siguientes oraciones es verdadera?
    1. La medición de Mark es más precisa.
    2. La medición de Nancy es más exacta.
    3. La medición de Mark es más exacta.
    4. La medición de Nancy es más precisa.
    5. Ambas mediciones son igualmente exactas y precisas.

45. Todos los organismos vivientes de la Tierra utilizan:
    1. El oxigeno
    2. La luz
    3. La reproducción sexual
    4. Los neurotransmisores
    5. Un código genético triplete

Las preguntas 46-47 3 se basan en la figura siguiente:

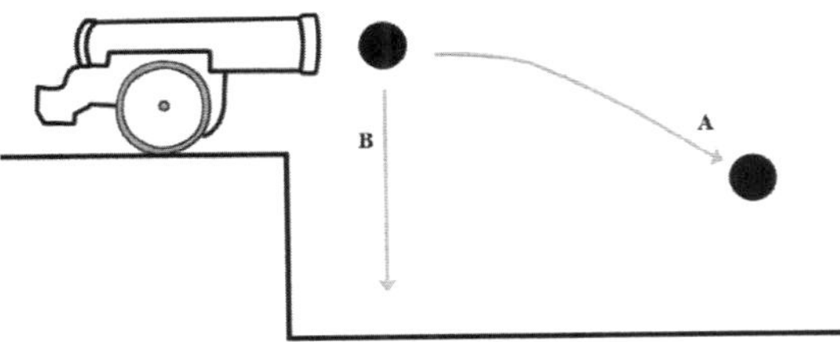

46. Un cañón se encuentra en la cima de un acantilado de 20 metros sobre una extensión de terreno llano. Se dispara una bala de cañón de 5 kg en posición horizontal (bala de cañón A) a 5 metros/segundo. Al mismo tiempo, una bala de cañón segundo (bala de cañón B) se deja caer desde la misma altura. Si la resistencia del aire es insignificante, ¿cuál bala de cañón será el primero en chocar con el suelo? Nota: La aceleración de la gravedad debido a la Tierra es de 9,8 m/s2.
    1. Bala de cañón A
    2. Bala de cañón B
    3. Ambas balas se chocarán al mismo tiempo.
    4. Dependerá de la temperatura.
    5. No se puede determinar por la información dada.

47. El cañón pesa 500 kg y es sobre ruedas. Se retroceso como resultado de disparar la bala de cañón A. Si la fricción es despreciable, ¿cuál será la velocidad de retroceso del cañón? Nota: El impulso es el producto de la masa y la velocidad.
    1. 5 metros/segundo
    2. 5000 cm/segundo
    3. 50 cm/segundo
    4. 5 cm/segundo
    5. No se puede determinar por la información dada.

Las preguntas 48-50 se basan en la figura siguiente:

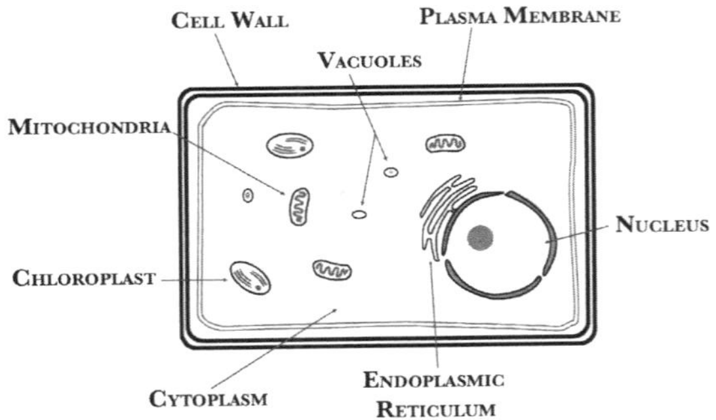

48. La célula representada es:
    1. Una célula animal
    2. Una célula planta
    3. Una célula bacteriana
    4. Un virus
    5. Una célula mamífera

49. ¿Cuál de las estructuras siguientes contiene ADN?
    1. Citoplasma
    2. Vacuola
    3. Mitocondria
    4. Núcleo
    5. Cloroplasto

50. La mitocondria:
    1. Produce energía para la célula en la forma de ATP.
    2. Son responsables para la digestión de almidón.
    3. Son los sitios de la síntesis de proteína.
    4. No están presentes en las células musculosos.
    5. Se extruden de la célula cuando se divide.

Guía de Respuestas

La Prueba de la Escritura

1. La respuesta 4. es la correcta. La pregunta examina el conocimiento del estudiante de las cláusulas dependientes e independientes. Una cláusula dependiente no puede estar solo y empieza con *que*. Una cláusula independiente es desencadenada por comillas y empieza con *cual*. La primera opción sugiere un problema de concordancia entre sujeto y verbo, que no es el caso. *Cual trae la nieve* no es una cláusula independiente, y por eso, la opción 2 es incorrecta. *Durante el invierno* es un sintagma preposicional adverbial y no necesita puntuación, lo cual hace la opción 3 incorrecta. La quinta opción también sugiere un problema de concordancia entre sujeto-verbo y no es correcta.

2. La opción 3. es la repuesta correcta. La oración examina los estudiantes en la palabra correcta para la comparación de los adjetivos. La sentencia exige *peor*, que es la forma comparativa del adjetivo *malo*, en vez de su forma superlativa *los peores*. Hacer el cambio propuesto en la opción 1. es crear un problema con la concordancia entre sujeto y verbo. Opción 2. crea un problema de comparación de adjetivos, que es el problema que estamos tratando de corregir. La opción 4. sugiere una relación diferente, que no es necesaria. La opción 5. es incorrecta; existe un problema que necesita ser resuelto.

3. La respuesta 2. es correcta. La oración se escribe como un negativo doble. La respuesta 2. es la única opción que corrige el problema. Opción 1. es incorrecta; la oración debe ser cambiado. Opción 3. es incorrecta porque no resuelve el problema de la doble negación y al mismo tiempo crea un problema adicional con el tiempo verbal. Del mismo modo, la opción 4. no resuelve el problema de la doble negación, y puede ser eliminada. Tampoco la opción 5. resuelve el problema de la doble negación, por lo tanto, es incorrecta también.

4. La respuesta 1. es correcta. El problema es uno de la claridad. La cláusula dependiente introductoria debe venir en el principio de la frase en vez de interrumpir la otra cláusula. A no ser muy breves, las cláusulas dependientes introductorias son seguidas por una coma. Opción 2. hace un hash incomprensible de la oración y es una opción incorrecta. Opción 3. hace que la oración sea una interrogativa, que no es el caso. Colocar una coma después de *él* no resuelve el problema de una oración incorrecta. La opción 4. entonces, es incorrecta. La opción 5. es incorrecta, la oración debe ser redactada de nuevo para lograr claridad.

5. La respuesta 2. es correcta. Para lograr la coherencia en el párrafo, una frase que comienza con *En primer lugar* tiene que venir en primer lugar, no en el medio. Opción 1. es incorrecta, la oración no se inicia el párrafo lógicamente. Opción 3. tampoco es correcta porque una frase que comienza con *El primer lugar* no pertenece como la oración de conclusión. Opción 4. está mal porque la frase no pertenece al párrafo B, que se centra en la preparación de debajo del capó y la parte interior del vehículo. La opción 5. es incorrecta; la oración tiene un lugar y no necesita ser eliminada para que haya coherencia.

6. La opción 5. es correcta. Las frases en su forma actual no tienen tema principal ni verbo. Como sea, la oración (9) es en realidad un fragmento de oración. Tanto un sujeto y un predicado necesitan ser añadidos. La opción 5. es la única opción que lo hace. Respuesta 2. es incorrecta, la división del infinitivo no va a resolver nada, y *tener* no sirve para nada. Opción 3. es incorrecta. Hacer un cambio tan sólo crearía un problema de la concordancia. La cuarta opción no es correcta. Eliminar *notar* no resuelve el problema; solamente hace la que la frase sea más corta.

7. La respuesta 4. es correcta. La oración (10) como está escrita es una oración sin fin que tiene la necesidad de puntuación adecuada. El uso de un punto y coma entre dos oraciones relacionadas en el pensamiento es la única solución aceptable. La primera opción, al no hacer nada, no resuelve el problema de la oración sin fin y es incorrecta. Opción 3. pone una conjunción entre las dos frases, pero no incluye la coma necesaria antes de esa conjunción. Por tanto, es una opción incorrecta. Opción 5. sería correcta si *está* fuera capitalizado, sino porque no lo es, esta no es una opción válida.

8. La respuesta 3. es la única opción posible que es correcta. Estas palabras son tres cosas en una serie y requieren que haya comas que la separen. Opción 1. no es una respuesta exacta. El de en este caso seña la posesión, por lo que es usado correctamente. Respuesta 2. también es incorrecta; la palabra *emergancia* está escrita correctamente tal y como está en la frase. La opción 4. es incorrecta, no hay necesidad de separar ambos elementos en una serie por una coma. Respuesta 5. es incorrecta, no tiene en cuenta el problema de la frase de uso de comas correcta.

9. La respuesta 1. es la respuesta correcta. Esta pregunta pide que los estudiantes reconstruyan la frase. En efecto, tienen que voltear las cláusulas y poner la cláusula dependiente primera. Opción 2. no es correcta; empezando con *el coche* crearía un estructura inmanejable. Opción 3. también es incorrecta. *Vaya del coche* no es la correcta construcción. La cuarta opción es también errónea. Empezando con *no vaya* no tiene sentido y no resuelve la cuestión de la colocación de las cláusulas. Respuesta 5. es incorrecta; no responda adecuadamente al problema de la construcción de la oración.

10. La respuesta 1. es la respuesta correcta. No hay nada incorrecta en la oración y se debe dejar como está escrita. Se trata del uso de una coma para separar una cláusula dependiente. Como todo después de la coma se puede omitir sin causar daño a la cláusula independiente, esta cláusula dependiente requiere una coma. Opción 2. ofrece la opción de omitir la coma ante una cláusula dependiente, lo cual es incorrecta. Hacer *productos* singular, como en la opción 3, crea un problema con la concordancia entre el tiempo del sujeto y el verbo. El mismo problema existe en la opción 4., excepto el verbo se hace singular. Opción 5, intercambiando *son* y *que*, crea una estructura que no hace sentido.

11. La respuesta 2. es la respuesta correcta. La pregunta pide que los estudiantes reconozcan la falta de concordancia entre el sujeto y el verbo. *Las Comidas lentas* son plurales, requiriendo la forma del verbo ser plural también, que es *están*. Al cambiar *está* a *están*, se corrige la oración. No hay comas extras en la oración, lo cual hace la opción 1. incorrecta. Opción 3. también es incorrecta: *modificadas genéticamente* no es un adjetivo propio; y por eso, no requiere que sea escrita en letras mayúsculas. Los términos en la serie ya están paralelas, lo que hace la respuesta 4. incorrecta. Poniendo un signo interrogativo al final de la oración no es correcto; no es una oración interrogativa.

12. La respuesta 4. es la respuesta correcta. La pregunta se diseña para checar la capacidad de los estudiantes reconocer la escritura correcta. *Poner el énfasis* es el verbo; *énfasis* es el nominativo, lo que se requiere aquí. Opción 1. es incorrecta; no resuelve el problema. Opción 2. solamente cambia el verbo y no hay nada incorrecto con la selección del verbo. Opción 3. hace el verbo plural, pero esto solo añade al problema. Opción 5. cambia la escritura, pero crea otro problema al hacer el verbo plural y ya no concuerda con el sujeto.

13. La respuesta 5. es correcta. Esta pregunta se trata de las estructuras paralelas. Poner el artículo definido enfrente de los últimos dos términos en la serie daña la estructura. Quitar *las* hace que los términos sean paralelos. Opción 1. es incorrecta; como está escrita, a la oración le falta una estructura paralela. La segunda opción también es incorrecta. Al hacer *las especies* singular, se introduce otro problema. La respuesta 3. es incorrecta porque hacer todos los sustantivos singular no resuelve el

problema. Opción 4. es incorrecta; el uso moderno no requiere una como final ante el último término en la serie. De todos modos, añadirla no resuelve el problema de la falta de una estructura paralela.

14. La respuesta 3. es correcta. Esta pregunta pide que los estudiantes reconstruyan la frase, poniendo la cláusula dependiente primera. El principio de la cláusula independiente tiene que ser fluido, haciendo *la comida lenta* la respuesta correcta. Es imposible empezar una cláusula con la agricultura sostenible, lo que hace la opción 1 incorrecta. La segunda opción, use sostenible, no hace sentido y es incorrecta. Respuesta 4. no se encuentra al inicio de la cláusula independiente y, por eso, es incorrecta. Opción 5. no puede funcionar al principio de una cláusula independiente; entonces, es incorrecta.

15. La respuesta 2. es la respuesta correcta. *La Comida Lenta USA* es en nombre de la organización específica, lo que la hace un sustantivo propio que requiere las letras mayúsculas. Opción 1. no es correcta; el programa específico, también, es un sustantivo propio, y también el uso de las letras mayúsculas es correcta. Opción 3. es incorrecta; examina la capacidad de los estudiantes para escribir correctamente. *Primerias* es la manera apropiada de escribir la palabra. Opción 4. es también incorrecta; *pro* no es la manera correcta de escribir por. Opción 5. es incorrecta; la oración como está escrita, no es correcta.

16. La respuesta 3. es correcta. La oración 10 no es relevante al párrafo ni al artículo. No se trata del jardín del autor. Respuesta 1. es incorrecta; poniendo la oración al principio del párrafo solamente sirve para confundir al lector indicando que el párrafo se va a tratar del jardín del escritor. Respuesta 2. es una opción incorrecta. La oración que concluye un ensayo no se debe ser no relacionada al ensayo entero. Opción 4. no es correcta. El problema de la unidad y la coherencia es más grande que este párrafo. Opción 5. es incorrecta. Poniendo la oración al final del párrafo no es la solución.

17. Respuesta 4. es la respuesta correcta. La oración no termina y la mejor manera de corregirla es hacer dos oraciones de ella. La adición de comas, como la opción 1 sugiere, no resuelve el problema de no terminar la oración. Opciones 3. y 5. examinan el conocimiento de los estudiantes de homónimos. En ambos casos, la palabra original es la palabra correcta, por lo cual cambiar cualquiera de ellas crearía un error. Así, ambas opciones son incorrectas. Opción 2. sugiere que los términos no son paralelos, que no es el problema. Es, por lo tanto, también incorrecta.

18. Respuesta 1. es correcta. Como está escrita, la oración está en la voz pasiva. Al hacer *los estudiantes de los colegios y las universidades* el sujeto, se cambia la oración a la voz activa, lo que es preferible. Opción 2. es incorrecta; las comas se necesitan para separar las palabras en aposición. Opción 3. es incorrecta porque las palabras describen un programa específico y por eso requieren letras mayúsculas. La cuarta opción también es incorrecta. *Similar* es la manera correcta de escribir la palabra. Opción 5. es incorrecta, tentando a los estudiantes que use un homónimo falso. De todos modos, la palabra no se incluirá si se escribe la oración en la voz activa.

19. Respuesta 5. es correcta. Este es un ejercicio en la reconstrucción de las oraciones, moviendo la cláusula independiente a su ubicación normal al inicio de la oración. Entonces, *si Usted es* se convierte en el inicio de la cláusula dependiente. Opción 1. es incorrecta; empezar con estas palabras hace una cláusula imposible. Opción 2. también es incorrecta; no es necesario quitar *si* de la cláusula. Opción 3. no es correcta; empezar con un verbo no es una bueno opción. Opción 4. requerirá que se escriba de nuevo la oración; entonces, no es correcta.

20. Respuesta 2. es correcta. Los términos en una serie, que es lo que tenemos en esta oración, requieren que comas las separen. La primera opción es incorrecta. La coma es necesaria para separara la frase descriptiva que la sigue. No hay necesidad que usar letras mayúsculas para el nombre de una enfermedad,

y por eso, la respuesta 3. es incorrecta. Esta pregunta no se trata de cambiar la estructura de la oración; y aún sí, empezando con *sufriendo* no resolvería este problema. Opción 4., entonces, es incorrecta. Obviamente hay un error en la oración, lo que hace la opción 5. incorrecta.

21. Respuesta 4. es correcta. Como está escrita, la oración no tiene fin apropiada. Como las dos cláusulas independientes son relacionadas, poniendo un punto y coma es una solución elegante. Opción 1. es incorrecta; la original no tiene fin apropiada, lo que es incorrecto. Poniendo una coma entre dos cláusulas independientes no resuelve el problema, lo que hace la opción 2. también incorrecta. Opción 3. es incorrecta también; no se puede usar dos puntos para separar dos cláusulas independientes. Opción 5. sería exacta si *para* fuera escrita en letras mayúsculas. Pero no lo es, sin embargo, y esta también es una opción incorrecta.

22. Respuesta 1. es correcta. La oración no necesita un adverbio, sino un adjetivo predicado para modificar el sujeto, *investigadores*. Respuesta 2. es incorrecta. Como EAS es un acrónimo, requiere el uso de letras mayúsculas. El grupo de palabras no es interrogativo; entonces, no tiene que terminarse con un signo interrogativo. Opción 3. entonces es incorrecta. También, opción 4. no es correcta. La palabra está escrita bien como está. Opción 5. también es incorrecta; el uso de un adverbio para modificar el sujeto no es correcto gramáticamente.

23. Respuesta 2. es correcta. El propósito de la pregunta es examinar la capacidad de los estudiantes para cambiar la estructura de una oración, en este caso, al poner la cláusula independiente primero, su ubicación normal en una oración. La frase preposicional tiene que seguirla, empezando con *durante los*. Opción 1. no es correcta. Estas dos palabras terminan, no empiezan, la frase preposicional. Respuesta 3., también, es incorrecta. Estas dos palabras modifican el objeto de la frase preposicional; empezando con ellas no es una posibilidad gramática. Respuesta 4. ofrece dos más modificadores del objeto de la frase preposicional y también es incorrecta. Opción 5. toma una palabra de ambas la frase preposicional y la cláusula independiente, que no es la solución adecuada.

24. Respuesta 1. es correcta. La pregunta examina el conocimiento de los estudiantes de las dos palabras *efectúa* y *afecta*. *Efectuar* significa "causar"; *afectar* significa "influir." Afecta es la palabra correcta en esta oración. Opción 2. es incorrecta; poner una frase entre un sustantivo y las palabras en aposición no es aceptable. Opción 3. es incorrecta. *Menos* refiere a una cantidad, que es el caso en esta oración. *Poca* refiere a números y se aplica a las cosas que se pueden contar. El adverbio correcto se está usando. Respuesta 4. es incorrecta; la palabra no es un sustantivo propio y no requiere las letras mayúscula. Opción 5. es incorrecta; la oración obviamente tiene un error.

25. Respuesta 5. es correcta. *Poco* refiere a números y se aplica a las cosas que se pueden contar. No se puede contar la luz del sol. *Menos* refiere a una cantidad, que es el caso en esta oración. También, hacer este cambia restaura el paralelismo destinado de la oración. Opción 1. es incorrecta; hay concordancia entre el sujeto y el verbo como están escritos. Opción 2. es también incorrecta porque la palabra no es un sustantivo propio y no requiere las letras mayúsculas. Opción 3. crea una absurdidad. Respuesta 4. es incorrecta, basada en la explicación dada arriba para la respuesta 5.

26. Respuesta 4. es correcta. *Factores* es plural y requiere un verbo plural; *ha sido* es singular, creando una falta de concordancia entre el sujeto y el verbo. *Han sido* es la forma plural de *ha sido* y necesita ser usado aquí. Opción 1. es incorrecta; la oración como está escrita contiene un error en la concordancia entre el sujeto y el verbo. Opción 2. es incorrecta también. Quitando la letra mayúscula crea otro error. Respuesta 3. es incorrecta. El cambio simplemente cambia el problema en la falta de la concordancia en vez de eliminarlo. Opción 5. es incorrecta. Añade un negativo doble al problema sin resolver cualquier cosa.

27. Respuesta 3. es correcta. La oración se trata del problema de la estructura paralela. Los verbos *aguantar* y *esperar* tienen que ser paralelos, que el cambio sugerido creará. Opción 1. es incorrecta; EAS es un acrónimo y por eso requiere las letras mayúsculas. Opción 2. es también incorrecta, aunque un intento se hace para resolver el problema del paralelismo porque *aguantando* requeriría un verbo auxiliar o que lo ayude. Respuesta 4. es incorrecta; crea lenguaje popular sin resolver el problema del paralelismo. Opción 5. es incorrecta; la oración obviamente tiene un error.

28. Respuesta 2. es correcta. La oración no es interrogativa, sino declarativa. Como tal, requiere un punto al final. Opción 1. es incorrecta; *buena* es un adverbio, y el sustantivo *noticia* requiere un modificador adjetivo. Confundir los dos es un error común en el lenguaje popular. Respuesta 3. es incorrecta. *Que* introduce cláusulas que no se separan por las comas; *cual* introduce cláusulas que requieren comas. Respuesta 4. es incorrecta; crea un problema con la concordancia en vez de enfrentar el problema real. Opción 5., también es incorrecta; la oración obviamente tiene un error.

29. Respuesta 2. es correcta. Las comas pertenecen dentro de las comillas. Opción 1. es incorrecta; la palabra está siendo distinguida como lenguaje popular o una palabra común entre ciertos hablantes y por eso requiere las comillas. Opción 3. también es incorrecta. La palabra *temporales* está escrita correctamente. Opción 4. es incorrecta. Se requiere la coma porque introduce una frase apositiva que define el término ante la coma. Opción 5., también, no es correcta. Los Estados Unidos es el nombre de un país específico; por eso es un sustantivo propio y requiere las letras mayúsculas.

30. Opción 4. es la respuesta correcta. Esta pregunta se trata de las estructuras paralelas. *Emplear* y *generar* tienen que ser verbos paralelos. La mejor manera de lograr esto es usar ambos verbos en el tiempo presente. Opción 1. es incorrecta; *la industria* es una única unidad y no requiere un plural. Además, in opción 2., el término es singular y tiene que quedarse asía, lo cual hace esta respuesta falsa. Opción 3 no se puede hacer sin añadir más palabras, lo que le hace torpe. Opción . es incorrecta; no es una oración interrogativa sino una declarativa que requiere un punto.

31. Respuesta 5. es correcta. El problema en esta oración es el uso erróneo del homónimo. La palabra *sus* es posesiva, que es requerida por la oración. *Son* no hace sentido. Aunque es común usar *como* cuando uno está dando una razón, la palabra es usada mejor cuando indica el paso del tiempo. *Porque* es usada correctamente, lo que hace la opción 1. incorrecta. Opción 3. es también incorrecta. *Buena* y *bien* suelen ser confusos, pero *buena* es correcta aquí. Opción 4. hace *capacidades* singular; no es una opción correcta. Se esperar encontrar una persona con más de una capacidad.

32. Opción 2. es correcta. Se trata de la concordancia del antecedente; el pronombre *están* requiere un sustantivo plural, *empleados*. Opción 1. es incorrecta porque el original crea un desacuerdo entre el sustantivo y el pronombre a que se refiere. Opción 3. es incorrecta; no se trata del problema real y crea otra complicación al añadir un desacuerdo entre el sujeto y el verbo. Respuesta 4. también es incorrecta. Crea un desacuerdo entre el sustantivo y el pronombre a que se refiere. Esto también es cierto para la opción 5., lo cual la hace incorrecta.

33. Respuesta 3. es correcta. El problema en la oración es debido a la manera en que está escrita. Crea una oración sin fin apropiada por tener una coma en un lugar no adecuado. Al usar un punto y coma para mostrar que los pensamientos de ambas oraciones son relacionados, se elimina el problema. Respuesta 1. es incorrecta; la original contiene una coma mal usada. Respuesta 2. también es incorrecta. No resuelve el problema de la coma mal usada y crea un problema con el pronombre y el antecedente. Respuesta 4. es incorrecta porque crea un problema con la concordancia entre el sujeto y el verbo. Respuesta 5., también, crea un problema con la concordancia en la primera cláusula y es incorrecta.

34. Respuesta 5. es correcta. La adición de la coma elimina el problema de la oración sin fin apropiada. Opción 1. es incorrecta porque no hace nada para resolver el problema. Opción 2. es también incorrecta; no resuelve el problema, y crea una falta de concordancia entre el sujeto y el verbo. Opción 3. es incorrecta porque no resuelve el problema; además, crea una falta de concordancia entre el sujeto y el verbo en otra parte de la oración. Respuesta 4. es incorrecta; cuando se usa un punto y coma, la conjunción, en este caso *y*, se tiene que eliminar. Entonces, esta opción no es usada correctamente.

35. Respuesta 1. es correcta. Esta pregunta pide que los estudiantes reconstruyan la frase, poniendo la cláusula independiente primera. Las palabras que la siguen tienen que ser ellas de la cláusula dependiente. Opción 2. no es correcta; es imposible construir la cláusula correctamente al iniciar con estas palabras. Opción 3. es incorrecta; es imposible construir la cláusula correctamente al iniciar con estas dos palabras. Opción 4. no es correcta; es imposible construir la cláusula correctamente al iniciar con estas palabras. También, opción 5. es incorrecta; es imposible construir la cláusula correctamente al iniciar con estas palabras.

36. Respuesta 4. es correcta. El problema en la oración es la falta del paralelismo. B*uscar* y *entrevistar* se pueden hacer paralelos al hacer este cambio. Opción 1. no es correcta; la palabra *permanente* está escrita correctamente en la oración. Opción 2. no es correcta; aunque intenta corregir el problema de los términos no paralelos, no lo hace efectivamente. Opción 3. es incorrecta; la palabra *entrevistando* está escrita correctamente en la oración. Opción 5., también, es incorrecta; hay un error obvio —lo de la falta del paralelismo en la estructura—que se tiene que corregir.

37. Respuesta 2. es correcta. El problema se trata de una palabra mal escrita. Esta respuesta corrige el problema. Opción 1. no es correcta; hay un error en la escritura de la palabra que se tiene que corregir. Opción 3. también es incorrecta; la preposición *entre*, tanto como el sentido común, indica que hay que haber más que un trabajador siendo considerado para el puesto. Opción 4. no es correcta; no corrige el error en la escritura y crea un desacuerdo en la concordancia de la persona. Opción 5. Corrige el error en la escritura, pero lo repone con un desacuerdo en la concordancia de la persona. Por eso, es incorrecta.

38. Respuesta 2. es correcta. La oración es declarativa, en lugar de interrogativa, a pesar de que hay una pregunta implícita que se está preguntando. Por eso, requiere un punto para terminarla. Opción 2. es incorrecta; la de se necesita para indicar la posesión. Opción 3., también, es incorrecta; no resuelve el problema, y crea un problema con la concordancia. Opción 4. no es correcta; ofrece una opción de un homónimo falso, que no es el problema y solamente sirve para complicar el error. Opción 5. es incorrecta también; la oración como está escrita tiene un error que se tiene que resolver.

39. Respuesta 3. es correcta. La oración contiene un desacuerdo entre el sujeto compuesto, que se considere plural, y el verbo singular. Cambiando *es* a *son* resuelve el problema. Opción 1. es incorrecta; la coma se necesita para los términos en una serie. Opción 2. no es correcta; la palabra está escrita bien como está. Opción 4., también es incorrecta; ofrece solamente un cambio cosmético, no una solución al problema del desacuerdo entre el sujeto y el verbo. Opción 5. es incorrecta también; la oración obviamente tiene un error que se tiene que resolver.

40. Respuesta 4. es correcta. El problema en la oración como está escrita es uno de la concordancia entre el sujeto y el verbo. *Algunos* indican más que un complejo de apartamentos se está discutiendo. Es necesario, entonces, cambiar ambos el sujeto y el verbo a sus formas plurales. Opción 1. es incorrecta; la oración como está escrita tiene un error que se tiene que resolver. Opción 2. no es correcta; escogiendo otro verbos no resuelve el problema. Opción 3. es incorrecta también; crea otro desacuerdo entre el sujeto y el verbo. Opción 5. es incorrecta también; crea nuevos problemas.

41. Respuesta 5. es correcta. La pregunta examina la capacidad de los estudiantes de reconstruir las oraciones, poniendo la cláusula independiente, en lugar de la cláusula dependiente, primera. La primeras palabras de la cláusula dependiente, *si mascotas*, tienen que, entonces, estar primeras. Opción 1. es incorrecta; construir una frase alrededor de estas palabras es gramáticamente imposible. Opción 2. también no es correcta; no se puede crear una cláusula de tales palabras. Opción 3. es incorrecta también; empezando con el verbo no es una buena opción. Opción 4. no es correcta; la cláusula requiere la palabra condicional de *si* para empezarla.

42. Respuesta 2. es correcta. El problema se trata del uso correcto de dos palabras que suelen confundirse, *afectar* y *efectuar*. *Afecta* es el verbo que significa influir y se requiere aquí. *Efectuar* significa causar. Respuesta 1. es incorrecta; hay un error que se tiene que resolver en la oración. Opción 3. es también incorrecta; crea un problema de la concordancia entre el sujeto y el verbo. Opción 4. no es correcta; no resuelve el problema de la selección de las palabras y crea un problema de la concordancia entre el sujeto y el verbo. Opción 5. es incorrecta también; cambiando *alguien* a *cualquiera persona* no resuelve el problema.

43. Respuesta 1. es correcta. *Al pesar de* no es aceptable, aunque se escucha de vez en cuando. La palabra no existe. La corrección es *A pesar de*. Opción 2. no es correcta; la palabra *licencia* está escrita correctamente como está en la oración. Opción 3. es incorrecta también; la oración es declarativa y por eso requiere un punto a su final en lugar de un signo interrogativo. Opción 4. no es correcta; la oración no contiene comas extras. La primera sirve para separar la cláusula dependiente; las otras son necesarias para los términos en una serie. Opción 5. es incorrecta también; la oración tiene un error que se tiene que resolver.

44. Respuesta 3. es correcta. Esta pregunta pide que los estudiantes reconstruyan la frase, poniendo la cláusula independiente, en lugar de la cláusula dependiente, primera. Las primeras palabras de la cláusula dependiente, *aún antes*, entonces, tienen que venir primero. Opción 1. es incorrecta; no se puede empezar la oración con estas palabras. Opción 2. también no es correcta; empezar la oración con estas palabras no creará una oración correcta. Opción 4. es incorrecta; *el derecho* no es la manera correcta de empezar la cláusula dependiente. Respuesta 5. tampoco es correcta; la cláusula dependiente tiene que empezar con *aún*.

45. Respuesta 2. es correcta. *Wall Street* es el nombre de una calle particular y requiere las letras mayúsculas. Opción 1. es incorrecta; haciendo tal cambio crearía un error en el tiempo verbal. Opción 3. es incorrecta; las palabras *aunque* y *por* son intercambiables; escogiendo *aunque* no es un error. Opción 4. es incorrecta también; *negocio de inversión* es un sustantivo común, no el nombre de un negocio particular. Las letras mayúsculas no son necesarias. Opción 5. es incorrecta; la oración es declarativa, no interrogativa, y no requiere un signo interrogativo.

46. Opción 5. es la respuesta correcta. Esta pregunta examina el conocimiento de los estudiantes en el uso de los paréntesis, que se usan para apartar información no necesaria sin usar las comas. La oración está bien escrita como está. Usar comas con los paréntesis sería redundante e incorrecto, lo que hace la opción 1. incorrecta. Respuesta 2. también es incorrecta; *Republicanos* es el nombre de un partido político específico y requiere las letras mayúsculas. Opción 3., también es incorrecta; la oración requiere un sustantivo singular para referirse a *Margaret Chase Smith*. Respuesta 4. es incorrecta; la palabra está deletreada correctamente como está escrita en el texto.

47. Opción 4. es la respuesta correcta. La pregunta examina el conocimiento de las formas irregulares de los verbos. La oración requiere el participio pasado de *buscar*, que es *buscado*. Opción 1. es incorrecta; *han buscado por* es redundante. Respuesta 2. también es incorrecta. Hacer el sujeto singular crea un

problema con la concordancia entre el sujeto y el verbo, además de hacer el nombre plural *nueve* faltar concordancia. Opción 3. es incorrecta; el problema no es el tiempo del verbo. Opción 5. es también incorrecta; complica el problema con la falta de concordancia entre el sujeto y el verbo y usa el verbo auxiliar no adecuado.

48. Respuesta 1. es correcta. Este es el caso de una oración sin fin apropiada que se puede corregir por poner comas entre las cortas cláusulas independientes. Opción 2. no es correcta; no hay nada incorrecto con el pronombre *ellas*. Opción 3. es incorrecta; haciendo tal cambio llegaría a un error en la concordancia entre el sujeto y el verbo. Opción 4. es también incorrecta; *terceros partido* es un sustantivo común en lugar del nombre de un tercer partido específico. Como tal, el término no requiere las letras mayúsculas. Opción 5. es incorrecta; hay un error obvio que se tiene que corregir en la oración.

49. Respuesta 3. es correcta. Oración (8) se entromete en el párrafo con una opinión personal que destruye la unidad y coherencia del artículo. Respuesta 1. es incorrecta; cambiando el orden de los párrafos no hace nada aparte que destruir la organización cronológica del artículo. Respuesta 2. es incorrecta también; mover la oración destruye la unidad y coherencia del artículo. Opción 4. es incorrecta; mover la oración destruye la unidad y coherencia del artículo. Opción 5. también es incorrecta; empezar con esta oración no hace sentido porque no hay nada a la cual *otras* se puede referir.

50. Respuesta 1. es correcta. *Que* se usa para empezar las cláusulas que se pueden omitir sin causar daño al significado de la oración; *cuales* se usa para introducir cláusulas que tienen que quedarse. La cláusula *que tienen mujeres como los jefes del estado* modifica la lista de países y se puede eliminar de la oración. Respuesta 2. es incorrecta; ninguna de las comas son necesarias. Opción 3. es también incorrecta; *jefes del estado* son sustantivos comunes que no requieren las letras mayúsculas. Opción 4. es incorrecta; la palabra está deletreada bien como está. Opción 5. es también incorrecta; hay un error que se tiene que corregir en la oración.

La Prueba de los Estudios Sociales

1. Respuesta: 3. Dinamarca suprimió la esclavitud en 1792. Las otras respuestas restantes son incorrectas. France no suprimió la esclavitud por otros dos años, esperando hasta 1794. La tabla no incluye información de la abolición de la esclavitud de España. La Gran Bretaña fue el tercer país europeo para suprimir la esclavitud, en 1807. Los Estados Unidos no suprimió la esclavitud hasta 1865, después de la Guerra Civil. El último país en la tabla, Brasil, esperó suprimir la esclavitud hasta 1888. Las otras fechas más tempranas en la tabla, 1517 y 1592, se refieren al comienzo de la esclavitud por los países europeos en la trata de esclavos.

2. Respuesta: 4. Los Estados Unidos fue una colonia británica, antes de ganar la independencia y así habría sido necesario para acabar con la esclavitud en 1834, cuando se suprimió la esclavitud en todas las colonias británicas. Cada una de las otras opciones es incorrecta. Dinamarca suprimió la esclavitud en 1792, pero las colonias no tienen una relación importante con ese país. En 1794, Francia prohibió la esclavitud, pero la mayoría de las colonias no eran posesiones francesas en el momento de la Revolución Americana, Francia han perdido tierras a Gran Bretaña tras la Guerra Franco-India en 1763. En 1807, Gran Bretaña terminó con la esclavitud, pero aún no extendía esta norma a sus colonias. La fecha límite de 1888, se refiere al fin de la esclavitud en Brasil.

3. Respuesta: 2. La Revolución de Francia comenzó en 1789. Sólo cinco años más tarde, la trata de esclavos fue suprimido, lo que parece indicar una extensión y la realización de los ideales de independencia. La Revolución de los Estados Unidos comenzó en 1776; casi un siglo pasó antes de que finalmente terminara la esclavitud, en 1865. Ninguna de las otras conclusiones se puede apoyar con la

tabla. Brasil fue una gran nación esclavista, pero esa información no está incluida. Es poco probable que Dinamarca, un país pequeño con pocas colonias, hubiera sido un gran estado esclavista. Las naciones de Asia se mantuvieron en el imperio británico hasta mediados del siglo XX.

4. Respuesta: 2. Ni Ecuador ni Paraguay recibió su independencia de España hasta 1830. Argentina recibió la independencia de España en 1810, y por eso 1 no puede ser la respuesta correcta. Número 3 también es incorrecto porque Bolivia se independizó de España en 1825, y Uruguay, siguió tres años más tarde. Perú obtuvo su independencia de España en 1821, y Brasil estaba libre del control portugués al 1822. En 1818, Chile también se independizó de España, Colombia hizo lo mismo el próximo año. Así, todas las otras naciones que figuran habían recibido su independencia de España o de Portugal durante las dos décadas anteriores.

5. Respuesta: 5. Diez naciones recibieron la independencia durante los primeros treinta años del siglo diecinueve. El número 1 es incorrecto, la Revolución Americana ocurrió durante los últimos años de los 1770 y los primeros años de los 1780, algunas décadas antes de los movimientos de independencia en América del Sur. De hecho, la Revolución Americana inspiró algunos de los movimientos. Francia no tenía posesiones significativas en América del Sur, y por eso el número 2 está mal. Las naciones de la costa oeste se encontraban entre los últimos en recibir la independencia, lo que hace el número 3 incorrecto. Los países sin salida al mar de Bolivia y Uruguay fueron los últimos en recibir su independencia.

6. Respuesta: 1. El imperio maya se derrumbó internamente, mientras que las otras civilizaciones fueran conquistadas por los españoles. El Imperio inca fue el último en caer, por lo que hace el número 2 una opción incorrecta. Ninguno de los imperios se encuentra en América del Norte, como se indica en la parte superior de la tabla, lo que hace el número 3 incorrecta. Los mayas no fueron conquistados por España, como los otros dos imperios fueron. Número 4 es erróneo por eso. Número 5 se refiere a información que no se incluye en la tabla; de todos modos, no fue el único imperio que ofrecía sacrificios humanos, como los estudiantes pueden recuperar de sus conocimientos generales, haciendo esta una opción incorrecta.

7. Respuesta: 3. Los conquistadores españoles fueron activos tanto en América Central y del Sur durante el siglo XVI. El número 1 es incorrecto; Portugal estuvo activo en Brasil, pero ese lugar no se menciona en la tabla. El imperio maya es más antiguo que las civilizaciones azteca e inca, lo que hace el número 2 incorrecto. No hay información de que los guerreros incas en el Perú trataron de ayudar a los aztecas de México cuando lucharon contra los españoles más de una década antes de que otro conquistador llegara en el Perú. Número 5 no puede ser saber por la tabla, pero es falso, los pueblos mayas viven en Guatemala.

8. Respuesta: 2. Mediante el uso de antisépticos, los médicos musulmanes impidieron la infección que con frecuencia condujo a la pérdida de extremidades o la vida de los europeos. Loa antisépticos limitaban las infecciones. Las otras respuestas son de opinión o no se apoyan por el párrafo. No tenemos manera de comparar la valentía de los musulmanes con los de otras religiones frente a la cirugía, y por eso el número 1 se puede eliminar. Del mismo modo, el número 3 es incorrecto, no habría suficiente aumento en el uso de suturas de seda para causar un mercado ampliado de seda. El número 4 es una opinión, no un hecho. No está claro que los musulmanes fueron los únicos que tenían traducciones de las obras de Aristóteles, ni el párrafo sugiere tal cosa.

9. Respuesta: 3. Él repite la frase "salvar la Unión" cuatro veces. Él explica que la esclavitud no es su principal problema y analiza todas las formas en que se manipulan esta institución para preservar la Unión. Lincoln afirma directamente que su objeto ni es liberar a los esclavos ni destruir la esclavitud, lo que hace la primera respuesta incorrecta. La segunda respuesta, del mismo modo, es incorrecta, no hay ninguna mención de la compensación para el propietario de esclavos en este pasaje. No menciona ganar la guerra, lo que hace el número 4 incorrecto. El número 5 no tiene relación con los motivos de Lincoln.

10. Respuesta: 5. En 1848, se descubrió oro en California en la Molina de John Sutter, lo que llegó a la migración conocido como los cuarenta y nueve. La fiebre de la plata en Nevada llegó más tarde, haciendo un número 1 incorrecto. El ferrocarril transcontinental fue terminado en 1869, que no está incluido en la tabla; el número 2 no es una respuesta viable. Número 3 también es incorrecto porque la fundación de las misiones españolas en California y el suroeste ocurrió varios siglos antes. El comienzo de la industria del cine no se produjo hasta el siglo XX. Así respuesta número 4 también es incorrecta.

11. Respuesta: 4. Con una población creciente, las ciudades y pueblos se fundaron y se convirtieron en los sitios de hoteles, burdeles, lavanderías y salones. Número 1 no es probable; la mayoría de la migración de los hombres consistía en venir a buscar fortuna y regresar al este después. El término clave en el número 2 es mayoría. Aunque las mujeres que fueron al oeste a menudo se establecen las empresas, la mayoría de los nuevos migrantes eran hombres. La Guerra Civil no comenzó hasta 1860, más de una década después de la fiebre del oro. Las duras condiciones climáticas no fueron la única razón de las muertes que se produjeron durante la migración occidental. En cualquier caso, la muerte no sería un contribuyente a la población mayor.

12. Respuesta: 2. El ferrocarril, que requiere sólo de 6 a 8 días, ofreció un 10 hasta 20 día ventaja sobre todos los otros modos de transporte de mercancías o personas. Respuesta 1 es una opción incorrecta porque un barco de vapor a Nueva Orleans junto con un buque de paquetes a Nueva York requería 28 días. La ruta a través del Canal de Erie requería 18 días, lo que hace la respuesta 3 también incorrecta. La quilla, usada en la primera parte del siglo XIX, fue sólo una parte de la ruta engorroso de 52 días que requería tanto viajes de agua como viajes por tierra para llegar a Nueva York.

13. Respuesta: 5. Usar una quilla y el carro requería 52 días de viaje. La combinación de vapor, de canal y del ferrocarril reduce el tiempo por más de 30 días, una mayor cantidad de ahorro de tiempo que cualquier de los otros nuevos desarrollos. Un buque de vapor y el paquete requería 28 días de viaje, mientras que el ferrocarril tuvo 6 a 8 días, un ahorro de 20 a 22 días, lo que hace la respuesta 1 incorrecta. La respuesta 2 también es incorrecta; mientras el canal requería 18 días, el ferrocarril requería 6 hasta 8 días, ahorrando 10 hasta 12 días. La ruta del canal duró 18 días, mientras el barco de vapor y el paquete requería 28 días, así ahorrando 10 días y haciendo la respuesta 3 incorrecta. La quilla y el vagón es el primero cronológicamente y no puede haber sido un precursor, lo que hace la respuesta 4 incorrecta.

14. Respuesta: 1. Los Católicos, Peregrinos, Puritanos, y Cuáqueros todos eran instrumentales en desarrollando las nuevas colonias, permitiendo uno deducir la importancia de la religión. Respuesta 2 es incorrecta porque los franceses no tenían mucho territorio en el este de los Estados Unidos sino en regiones al oeste de las Apalaches y en lo que se hizo después Canadá. Respuesta 3 es incorrecta; aunque no hay nada en la tabla que confirma esta información, el precio bajo de Manhattan es una historia muy conocida. Respuesta 4 es también verdadera, pero la información no se puede saber por la tabla.

15. Respuesta 3 es más probable. Los hombres esperaban que su invención terminara la guerra; sino se convirtió en una nueva arma. Respuesta 1 es a menudo citada como una referencia a la Guerra Española-Estadounidense de 1898. Por lo tanto, es incorrecta. Los hermanos Wright, con la esperanza de que su invención se pondría fin a la guerra, probablemente no expresarían la idea en la respuesta 2. Rickenbacker fue un piloto famoso en la Guerra Mundial, pero teniendo en cuenta los deseos de los hermanos Wright para la paz y su propia fama, probablemente no estaría interesado en conocerlo. Por lo tanto la respuesta 4 es incorrecta. Respuesta 5 es probablemente una respuesta exagerada, los hermanos Wright no se arrepintió de su invención ni sus experimentos.

16. Respuesta 4 es correcta. Un político que no quería dar ni otro centavo para "paisaje" probablemente no aplaudiera el Acto del Aire Limpio. Todos los otros habrían sido al favor del acto. Respuesta 1 no es la

correcta, porque Nixon firmó el acto; en 1970, todavía era un presidente popular y no tenía que firmar el acto para crear buena voluntad. Rachel Carson, quien dio la alarma para los efectos del químico DDT, habría sido muy feliz con el acto. Theodore Roosevelt era un apoyador fuerte de las causas ambientales y habría sido a favor del acto. Muir era amante de los lugares salvajes y habría sido muy feliz con la aprobación del acto.

17. La respuesta correcta es 3. Madre Jones estaba luchando para leyes que protegieran los niños trabajadores y los legisladores finalmente respondieron a su súplica y la de otros. Ninguna de las otras oraciones hace sentido. Las palabras no habían sido un incentivo para que los niños trabajaran en las fábricas, así que, respuesta 1 es incorrecta. Respuesta 2 tampoco es correcta; el Sur siguió siendo una región importante para los textiles. Aumentar el pago para el trabajo infantil no era la solución al problema; por eso la cuarta respuesta no es correcta. La última respuesta no es cierta; tener las molinas trabajando por la noche cuando estaba más fresco era más lucrativo.

18. La respuesta correcta es 2. La tasa de la encarcelación para los juveniles sí se bajo después del 1995. Respuesta 1 es una oración correcta. Menos mujeres que hombres están encarceladas cada año indicado en la tabla, aunque el número de mujeres encarceladas está aumentándose. Respuesta 3 también es precisa; en los años especificados, más anglos fueron encarcelados en las cárceles que cualquier otra raza. El gráfico muestra claramente un aumento en el número de hispanos siendo encarcelados, por lo que de respuesta de 4 una declaración exacta. Lamentablemente, la quinta respuesta del mismo modo, es cierto; el número de reclusos negros salta por cerca de medio millón cada cinco años.

19. La respuesta correcta es 4. Muchos de los fundadores eran también dueños de esclavos, a pesar de que creía que la práctica era incorrecta. Respuesta 1 es una suposición que no se puede apoyar. La segunda respuesta es falsa; las acciones de Freeman no tuvieron ningún efecto en el sufragio de las mujeres a pesar de que tuvo un impacto sobre la esclavitud. Los sureños blancos, la mayoría de los cuales simpatizaban con la esclavitud, eran poco probables de aplaudir la decisión de la corte; la tercera respuesta es incorrecta. Respuesta 5 sugiere una respuesta más amplia a la decisión que en realidad se puede determinar a partir del texto.

20. Respuesta 1 no es precisa; así que no puede ser la respuesta correcta. Los montones se construyeron un poco más temprano; 1949 es la fecha cuando se pusieron bajo la protección del Servicio de los Parques Nacionales. Los montones se encuentran en otros lugares de los Estados Unidos, lo que hace la respuesta 2 una opción incorrecta. En 1949, Truman era presidente, y como tal había firmado el acto para que fuera ley, y 3 no es correcta. Los montones efigies, de hecho, tienen la forma de los animales, y por eso la respuesta 4 no es correcta. El tercer este de América del Norte es en donde se encuentran muchos montones y la respuesta 5 no puede ser correcta.

La Económica

1. La respuesta correcta es 4. La maquinaria y el transporte subieron de 34,3 a 42,0 porcentaje en las exportaciones y de 9,7 a 28,0 porcentaje en las importaciones. Los químicos aumentaron las exportaciones ligeramente, de 8,7 a 9,0. Las importaciones se redujeron ligeramente, desde 5,3 hasta 3,6. Así, respuesta 1 es incorrecta. Las exportaciones de materiales crudos disminuyeron de 13,7 a 10,8, mientras que las importaciones disminuyeron 18,3 a 8,3, haciendo la respuesta 2 incorrecta. La disminución de las exportaciones de alimentos y bebidas fue algo menos del 4 por ciento mientras que las importaciones disminuyeron 7 por ciento, y por eso la respuesta 3 no es una opción correcta. Las exportaciones de combustibles minerales y materiales relacionados se redujeron a menos de un punto porcentual, mientras que las importaciones disminuyeron casi 3 puntos, por lo que la respuesta 5 es una opción incorrecta.

2. La respuesta correcta es 2. Las importaciones de los materiales crudos disminuyeron por 10 puntos porcentuales. Todas las otras categorías vieron las importaciones que disminuyeron menos de 10 puntos sobre la década. Los químicos disminuyeron en este tiempo por solamente 1,8 por ciento, lo que hace la respuesta 1 incorrecta. Respuesta 3 también es incorrecta; alimentos y bebidas disminuyeron durante estos diez años por un poco más de 7 por ciento. Las importaciones de la maquinaria y el transporte casi se triplicaron, en lugar de disminuirse, lo que hace la respuesta 4 incorrecta. Los combustibles minerales y materiales relacionados se redujeron por casi 3 puntos porcentuales, lo que hace la respuesta 5 una opción incorrecta.

3. La respuesta correcta es 3. Tras la Primera Guerra Mundial, la deuda per cápita nacional aumentó por 32 por ciento de ella de la Guerra Civil. Respuesta 1 no es una opción correcta; la cantidad de la deuda per cápita disminuyó entre la Revolución Americana y la Guerra de 1812. Entre la Guerra de 1812 y la Guerra Civil, el porcentaje de la deuda aumentó por casi 14 por ciento, así que la respuesta número 2 también es incorrecta. La deuda per cápita nacional se incrementó después de la Primera Guerra Mundial por casi un 14 por ciento, lo que hace la respuesta 4 incorrecta también. Después de la Guerra de Vietnam, el porcentaje aumentó en un 21 por ciento. Por lo tanto la respuesta 5 no es correcta.

4. La respuesta correcta es 2. La única vez que el nivel de la deuda nacional cayó después de una guerra fue después de la Revolución Americana. La conclusión que se puede hacer es que el nuevo gobierno sentía una obligación de demostrar responsabilidad fiscal al mundo. Respuesta 1 es incorrecta; pedir prestado más dinero solo aumentaría la deuda, no la bajaría. Respuesta 3 no es correcta. La cantidad de dinero que la gente gastaba no tenía nada que ver con la deuda nacional per cápita. Comprar los bonos de tesoro indicaría un aumento en la deuda, que es el opuesto del caso real, lo que hace la respuesta 4 incorrecta. Respuesta 5 es incorrecta; el crédito del nuevo país estaba bien en varios países europeos.

5. La respuesta correcta es 4. Al 1950, el número de mujeres en la fuerza laboral había subido a 28.8 por ciento, la primera vez que el porcentaje era superior al 25 por ciento. Respuesta 1 es incorrecta porque las mujeres en 1900 representan sólo el 18 por ciento de la fuerza laboral. Al 1920, las mujeres todavía representaban sólo el 20.4 de la mano de obra, por lo que la respuesta de 2 inexacta. En 1940, 24.3 por ciento de de mujeres estaban en la fuerza laboral, pero la pregunta pide un porcentaje más grade de 25. Al 1970, mujeres componían 36.7 porcentaje de la fuerza laboral, pero la pregunta pide el primer año en que el número subió sobre 25 porcentaje, y por eso la respuesta 5 es incorrecta.

6. La respuesta correcta es 3. El porcentaje de mujeres en la fuerza labor aumentó constantemente por las siete décadas (y más allá). Al 1970, cuando llegó al 36.7 por ciento, ere el doble del 18.1 por ciento del 1900. Respuesta 1 es incorrecta porque la tasa no se disminuyó. La segunda respuesta es también incorrecta; la tasa no se quedó constantemente, sino subió. La cuarta respuesta no es precisa; la tasa no era variable, pero aumentó constantemente. Respuesta 5 es incorrecta; la tasa no era estable sino siguió aumentándose cada década.

7. Número 2 es la respuesta correcta. Aunque el país enfrentaba una recesión, el dólar de EE.UU. hizo una reaparición en la moneda del mundo durante el otoño de 2008. Respuesta 1 no se puede concluir de la información facilitada, que se centra exclusivamente en el dólar y el euro en lugar del mundo entero. Respuesta 3 es incorrecta, también; el euro cayó en 2008 frente al dólar. La sabiduría de la compra de acciones no se puede concluir de la información dada; por lo tanto, la opción 4 no es viable. La opción final es una declaración de opinión que no tiene nada que ver con la fortaleza o debilidad del dólar.

8. Respuesta 4 es la correcta. Los impuestos de las corporaciones se pagarían en cantidades mayores porque las empresas ya no sería capaces de refugiarse los paraísos fiscales. Respuesta 1, que sugiere la situación opuesta, es obviamente errónea. Los paraísos fiscales no tienen nada que ver con los ingresos de

jubilación, y por eso la opción 2 es incorrecta. Otra vez, los impuestos sobre la renta individuos no están relacionados con el problema de los paraísos fiscales en el extranjero, lo que hace la respuesta 3 incorrecta también. El impuesto sobre las ventas no está relacionado con el uso de paraísos fiscales, y por eso no se bajarían, lo que hace la respuesta 5 no correcta.

9. Respuesta 1 es la correcta. Los individuos contribuyen el segmento más grande de las fuentes de ingresos, 43 por ciento. Respuesta 2 es incorrecta; las corporaciones, debido a los vacíos legales, solamente estaban contribuyendo 10.1 por ciento de los ingresos en 2004. La Seguridad Social se incluye como parte del 39 por ciento de la cantidad que viene de los seguros sociales y los recibos de los jubilados, lo que hace la respuesta 3 no precisa. También, la respuesta 4 es incorrecta; las agencias del gobierno no pagan impuesto y no aparecen en la tabla. La respuesta 5 es incorrecta también; los ayuntamientos no aparecen en la tabla.

10. Opción 3 es correcta. Los préstamos a los Americanos Nativos son menos que mil y son la categoría más pequeña representada en la tabla. Respuesta 1 es incorrecta; el número de los préstamos a los Americanos Asiáticos se bajo durante este periodo de cinco años. El número de los préstamos a los Americanos Africanos subió mas al doble, lo que hace la opción 2 incorrecta. En 2000, el número de préstamos más alto fue a los Americanos Asiáticos, no a los Americanos Hispanos, lo que hace la respuesta 4 incorrecta. En ninguna época se distribuían igualmente a todos los grupos de minoridades, lo que hace el número 5 incorrecto también.

La Cívica y El Gobierno

1. Número 3 es la respuesta correcta. El bienestar público suplanta los derechos privados. La opción 1 es incorrecta; la propuesta no sugiere que Ohio perderá los derechos para el control del lago. Número 2 también es incorrecta; se dice que los dueños de propiedades tienen un derecho protegido a su tierra y ser capaces de dar o vender esos derechos. La opción 4 es incorrecta; la enmienda se refiere específicamente a la respuesta de los legisladores a la aprobación del Pacto del Agua de los Grandes Lagos. Respuesta 5 es incorrecta; los derechos de aguas subterráneas se mencionan específicamente en la enmienda propuesta.

2. La respuesta correcta es 4. Los poderes implícitos en Artículo I, Cláusula 18, Sección 8, la cláusula de "necesaria y apropiada," da al Congreso el derecho de fundar los sistemas nacionales de los ferrocarriles. Respuesta 1 es incorrecta; la delegación de poderes no incluían la financiación de un ferrocarril. Tampoco es la respuesta 2 correcta porque el poder para apoyar el transporte ferroviario no era un poder negado. Este poder no se expresa directamente en la Constitución, y por eso la respuesta 3 no es exacta. El poder de apoyar a los ferrocarriles no es inherente al cargo del Congreso de legislar para la nación.

3. Número 5 es la respuesta correcta. Es el deber del presidente ver que las leyes se lleven a cabo. Las leyes nacionales no están sujetas a las leyes ni las interpretaciones estatales. Respuesta 1 no es correcta; Eisenhower sí tenía el poder lega de mandar las tropas federales. La segunda opción es incorrecta también. El gobernador de un estado sí tiene poder; sin embargo, él o ella no pueden actuar en contra de la ley nacional. El conflicto en Vietnam no tenía nada que ver con la situación en Arkansas, entonces, la opción 3 no es precisa. Si el número 4 fuera verdadero, Eisenhower no habría podido mandar tropas dentro al estado.

4. La respuesta correcta es 2. El tiempo del puesto de Bloomberg se termina en 2009, tal como la mayoría de los miembros del Ayuntamiento de la Ciudad quienes aprobaron la política. Opción 1 no se discute en la pregunta y es improbable que hubiera ocurrido dos veces. No se hace mención de un iniciativo de los votantes para revocar los antiguos referendos, entonces la opción 3 no es correcta. No se hace mención de

acción de los miembros del Ayuntamiento de la Ciudad que se puede interpretar como presionarlo, lo que hace la opción 4 incorrecta. Opción 5 hace una afirmación que no se puede comprobar y es incorrecta.

5. Número 1 es la respuesta correcta. Ningunas de las otras oraciones son hechos, sino son opiniones. Los que escribieron la constitución sabían del caso de la Polonia casi 15 años antes de que se fundaran los Estados Unidos, cuando Austria, Prusia, y Rusia intentaron dividir la nación entre sí, usando un extranjero para influir a la monarquía. La clave a la opción 2 es la frase *Siento yo*, indicando una opinión, entonces, esta opción es incorrecta. Opción 3 usa las palabras *Creo que*, otra frase indicando un opinión. El término *locos extranjeros* en número 4 es un término cargado que indica una opinión. Aunque algunos han dicho que número 5 es cierto, no se puede comprobar como un hecho, como el término *probablemente* sugiere.

6. Número 2 es la opción correcta. Mujeres en la organización han tenido la oportunidad de crear redes y extender su involucración en la organización extendida. Número 1 es falso porque el amiguísimo significa usar su poder para poner los amigos de uno en poder también. Opción 3 es también incorrecta; los cabildeos no son alcaldes sin personas que intentan influir a los legisladores. Patrocinio es un sistema de apoyar a personas o causas meritorias, lo que hace la opción 4 incorrecta. El socialismo es un movimiento económico y político que no es relevante a una organización como un Caucus de las Mujeres Alcaldes, así que la opción 5 no es una respuesta precisa.

7. Número 3 es la respuesta correcta. El plan de Virginia llamó para la representación basada en la población, lo que sería beneficioso para los estados más poblados. Opción 1 es incorrecta; Virginia no habría sugerido la representación basada en la riqueza si fuera un estado pobre. Respuesta 2 incorpora el moto de la Revolución Francesa y no es relevante a la Constitución. Respuesta 4 es incorrecta porque el plan de New Jersey no pidió la representación basada en la riqueza. No hay nada en la tabla para sugerir que la opción 5 sea verdadera.

8. Respuesta 2 es correcta. El Parlamento de Gran Bretaña tiene un sistema de dos casas, lo que tal vez fuera un modelo para el plan de Virginia. Opción 1 no es correcta porque el Compacto del Mayflower fundó más que un sistema teocrático del gobierno. Respuesta 3 también es incorrecta; algunos historiadores creen que el sistema de gobierno de los Iroqueses influyó las ideas de los que escribieron la Constitución, pero no hay evidencia que el sistema de los Sioux lo hizo. Respuesta 4 es claramente incorrecta porque la legislatura no es una monarquía. En Geneva, John Calvin era cabeza de una teocracia por un tiempo, entonces, el número 5 es incorrecto.

9. La respuesta correcta es 4. El Colegio Electoral fue un compromiso para el método de seleccionar el presidente. Opción 1 es incorrecta porque la riqueza no tiene nada que ver con el papel del Colegio Electoral. Respuesta 2, también es una declaración falsa; la selección de los jueces de la Corte Suprema no es una función del Colegio Electoral sino del jefe del ejecutivo. Seleccionar senadores no es la responsabilidad del Colegio Electoral, lo que hace la opción 3 incorrecta. Opción 5 refiere de proveer para la educación, lo que no es una responsabilidad del Colegio Electoral.

10. Respuesta 3 es correcta. En 1969, había 13 miembros; en 2008, había 43, un aumento de 30. La primera respuesta no es correcta. La Guerra Civil se terminó en 1865; pasaron más de 100 años antes de que el CBC se formara. La segunda opción es también incorrecta; nada en el texto sugiere la meta de un presidente negro. Respuesta 4 es incorrecta; el texto específicamente dice que un prepuesto alternativo varia mucho del que el presidente propone. Richard Nixon, no Jimmy Carter, fue el primer presidente para reunirse con el CBC, lo que hace la respuesta 5 incorrecta.

11. La respuesta correcta es 5. Un clave a una declaración de opinión es el uso de los superlativos. Esta oración dice que el apartheid fue el peor sistema político, una opinión que se puede ser debatida, debido al Nazismo y fascismo durante la Segunda Guerra Mundial. Todas las otras declaraciones se pueden

verificar como hechas. El texto claramente indica la fundación del CBC como 1969, lo que hace la respuesta 1 una opción no válida. La oración final del texto confirma la respuesta 2, también, haciéndola inválida. Opción 3 también se encuentra en el texto como una hecha. La cuarta respuesta se confirma en el texto también.

12. La respuesta correcta es 3. Los jóvenes protestaron tener edad suficiente para luchar y morir por su país, mientras se les negaba los derechos de votar. Número 1 es incorrecto porque mujeres habían ganado el derecho de votar con la ratificación de la Decimonovena Enmienda en 1920. Número 2 es incorrecta también. Los hombres Americanos Africanos fueron dados el sufragio después de la Guerra Civil; mujeres Americanos Africanos obtuvieron el derecho en 1920. El aumento en la población conocida como el "baby boom" se terminó en 1964, entonces, número 4 no es correcto. No todas las personas que tenía 18 años de edad estaban en la universidad, así que el número 5 también es incorrecto.

La Geografía

1. Número 3 es la respuesta correcta. La población maya de Belice se queda al como 10 por ciento. La primera opción, Honduras, no tiene una presencia maya. Por eso, es incorrecto. Opción 2, Costa Rica, no tiene una población estadísticamente significativa tampoco, lo que hace esta opción falsa. Respuesta 4 sugiere Nicaragua, pero ni tiene suficiente personas maya para aparecer en la tabla. Esta opción es incorrecta. Como casi todas las otras naciones que están en la lista, El Salvador no tiene una población maya de tamaño grande. Por eso, la opción cinco también es incorrecta.

2. Respuesta 5 es correcta. Solamente en Belice la población Amerindia excede 10 por ciento y solamente por una margen muy pequeña. Opción 1 es incorrecta porque la población Creole no es la más grande en la región entera, sino compone como un cuarta de la población de Belice. La segunda respuesta también es falsa; los mayas componen casi 10 por ciento de la población de Belice. La tercera respuesta también es incorrecta; la nación de Costa Rica no tiene un canal y de todos modos, la tabla no indica como 1 por ciento de la población llegó. Respuesta 4 no es correcta; más de dos terceras partes de la población son de herencia mixta.

3. Opción 1 es la más verdadera. Belice se encuentra cerca del Haití y Jamaica, ambos de los cuales tienen una concentración grande de gente de descendencia africana. No hay evidencia de comercio entre Belice y las naciones de África del Oeste, lo que hace la opción 2 incorrecta. Es posible que muchos Creole en New Orleans sí salieran después del Huracán Katrina; pero no hay indicación de que se fueron a Belice, lo que hace la tercera respuesta incorrecta. Respuesta 4 no se puede apoyar. Respuesta 5 es incorrecta; no hay ninguna nación Creole. El término *Creole* se refiere a un grupo étnico y una cultura.

4. La respuesta es 4. La ruta empezó al Río Misisipi. Respuesta 1 es incorrecta; el orden vino del Presidente Jefferson en Washington, D.C., pero la expedición no salió de esta ciudad. Sino, St. Louis fue el punto de empezar. La segunda respuesta es también incorrecta; el grupo tuvo que cruzar las Rocosas, pero no empezó su viaje allí. Fort Mandan fue una de las fuertes construidas más hacia el oeste, por la ruta, y no puede ser la respuesta correcta, lo que la elimina de la opción 3. Respuesta 5 es incorrecta, no solamente geográficamente, pero también temporalmente porque el parque ni había sido establecido.

5. Número 2 es la respuesta correcta. Al separarse en dos grupos, podrían cubrir más territorio y dar un reporte más amplio al Presidente Jefferson. Opción 1 es incorrecta; no hay evidencia que los hombres se discutían sobre la ruta. Respuesta 3 no es válida; aunque la expedición a veces si estaba perdida, no fue la razón por la cual se separaron en su ruta de regreso. Opción 4 es también incorrecta; el Río Missouri no es parte de su ruta y Clark no se hizo decisiones sin su compañero. Respuesta 5 no es apoyada en las escritura de la época; la expedición no buscaba buen tiempo.

6. La respuesta correcta es 5. En Jartum, que es la capital de Sudán, el Nilo se divide en los ríos Nilo Blanco y Nilo Azul. Respuesta 1 no es exacta; el Golfo de Adén se encuentra al norte de Somalia, tanto como el Mar Rojo. Respuesta 2 es incorrecta; ni el río Congo, ni el Lago Chad está en Sudán, ni tampoco ninguno de ellos vienen desde el Nilo. La tercera respuesta no es correcta porque el Lago Victoria no está en Sudán sino más al sur. Opción 4 también es incorrecta porque el Lago Malawi está mucho más al sur, en Malawi, Mozambique, Tanzania, y Zambia.

7. La respuesta correcta es 3. El Desierto Kalahari se encuentra en el medio del parte oeste de Botsuana. Opción 1 no es correcta; el Río Zambeze corre por Zambia y Angola, países que se encuentran al norte de Botsuana. La segunda respuesta es también incorrecta; Lago Tanganica es al noroeste de Botsuana, en la frontera oeste de Tanzania. El Río Congo está en la República Demócrata del Congo, también al norte de Botsuana, lo que hace la opción 4 incorrecta. Respuesta 5 no es una respuesta exacta. El mapa es de los países al sur del Sahara, automáticamente eliminando Sahara como una respuesta correcta.

8. Número 1 es la respuesta correcta. Camerún está en la costa atlántica, al sur de Nigeria y al norte del Gabón. Opción 2 no es verdadera. Somalia tiene su frontera con ambos el Océano Indio y el Golfo de Adén; su capital, Mogadiscio se encuentra al lado del Océano Indio. Respuesta 3 es incorrecta; Mozambique, cerca de la parte sureña del continente, tiene su frontera con el Océano Indio. Respuesta 4, Kenia, cerca del medio del continente africano, también, es una opción no correcta. Kenia también tiene su frontera con el Océano Indio. Como los otros, Tanzania se encuentra al Océano Indio, al sur de Kenia.

La Prueba de la Literatura

1. Opción 3 es la respuesta correcta. El reloj es de ébano, simbolizando la muerte, y está a la pared del oeste de la habitación. La puesta del sol ocurre en el oeste, otro símbolo de la muerte. Palabras como *grave, pesado, monótono* también proporcionan una pista. La pausa momentánea de los miembros de la orquesta al final de cada hora prefigura la pausa final que todos los bailarines y miembros de la orquesta harán. Poe escribe que "los más frívolos palidecían," una alusión a la palidez de la muerte. Otras palabras que sugieren la finalidad de la muerte son *nervios, desconcierto se susurraban*, y *meditación*.

2. La respuesta correcta es 5. El texto refiere a los músicos, pero la opción 1 no es exacta, porque el texto también menciona los bailan el vals quienes tenían que dejar de bailar cuando los músicos de la orquestra dejaron de tocar, lo que hace 5 correcta. No hay indicación de comida en las descripciones dada en el apartamento en donde se encuentra el reloj. Una fiesta del jardín habría tenido lugar afuera y esta escena es claramente adentro. La necesidad para una escena afuera también es verdadera para un torneo de lanchas. Por eso, todas las primeras cuatro opciones son incorrectas, lo que deja solamente opción 5.

3. Opción 2 es correcta. Por el sonido del reloj marcando la hora, los músicos dejan de tocar, lo que significa que los bailarines también dejarán de bailar. Opción 1 no es exacta. El pasaje no hace mención de los alimentos ni de una comida ni del hospedero. Aunque un huésped no invitado hace una aparición en la historia, esa escena no se incluye aquí, y por eso la opción 3 es incorrecta. El texto no indica que los bailarines están enmascarados ni que se les pide que quiten sus máscaras. Esto significa que la opción 4 no es correcta. Los miembros de la orquesta no salen durante el texto, lo que hace la opción 5 la incorrecta.

4. La opción correcta es el número 4. El texto se refiere específicamente al "Tiempo que vuela", un recordatorio de la brevedad de la vida. La pausa de ambos la orquesta y los bailarines cuando el reloj marca es más que un preludio de la pausa final. No hay suficiente información en el pasaje que indique que un rey aun existe, ni hay mención de la habilidad de la orquesta. Por eso se puede eliminar el número 1. No hay indicación de la necesidad para la policía, lo que hace la opción 2 incorrecta. Parece que el reloj

está funcionando bien, y por eso la tercera opción es incorrecta. Opción 5 sugiere unos invitados ruidosos, que no se apoya en el texto.

5. Las mejores palabras está en opción 3, *misteriosos* y *formidable*. El texto no responde a la pregunta de por qué la orquestra y los bailarines se paran regularmente al sonido del reloj. Muchas de las palabras, — como *ébano, desconcierto, palidecían, confusos* y *nerviosismo*—en el texto se refieren al rompecabezas o a tristeza. Las otras opciones son extremas que no se pueden apoyar. Las opciones 1 y 2 son demasiadas ligeras para el texto, mientras las opciones 4 y 5 son demasiadas negativas. El texto elude a los eventos negativos de venir, pero estos no se expresan en el texto en sí.

6. Opción 2 es correcta. El texto se refiere a los ojos extraviados del zapatero sin nombre, su incapacidad para centrarse en una pregunta, sus movimientos repetitivos, y su incapacidad para dar su nombre. No hay ninguna indicación de cualquier arte o galería. El escenario es París; el texto no indica eso. Por lo tanto la opción 1 no es correcta. El hombre que se describe no se identifica como británico ni como miembro del gobierno, entonces, la opción 3 es incorrecto. El hombre está fabricando zapatos, no trabajando en un hospital, por lo tanto, la opción 4 no es correcta. Aunque el hombre está haciendo zapatos a mano, no hay ninguna señal de que él es un diseñador de moda. La opción 5 tampoco es correcta.

7. La primera opción es correcta. El hombre da su nombre como Torre del Norte, Ciento Cinco, una dirección, no un nombre personal. La referencia a una torre sugiere una prisión. La opción 2 es una opción incorrecta; el hombre no parece haber estado fuera de la Torre Norte en muchos años. Tampoco es correcta la opción 3 porque el hombre no es, precisamente, sin hogar. Nada en el texto le dice al lector cuándo el hombre se fue de casa, por lo que la opción 4 se puede eliminar. Tampoco no hay ninguna referencia a su matrimonio o su ausencia de ella en esta selección, lo que hace el número 5 incorrecto.

8. Número 4 es la opción correcta. El hombre no se ríe en este texto. Opción 1 se dice claramente en el texto. Tiene fallas en la conversación con el Sr. Lorry. También está claro del texto que al hombre no se le recuerde de un nombre personal, así que la opción 2 también se puede eliminar. Los movimientos repetidos de sus manos cuando no tienen los zapatos es una indicación de trastorno mental, entonces, la opción 3 es incorrecta. Opción 5 no es precisa; el hombre habla en oraciones corta y no completas hasta su oración final, que es una colección de oraciones cortas ligadas por *y*.

9. Opción 5 es la respuesta correcta. El hombre está trabajando en un zapato de mujer para caminar cuando llega su visitante y dice que había aprendido su oficio, que no era su oficio original, a su propia petición, desde que llegara a la prisión. Aún expresa algún orgullo en la calidad de su trabajo, lo que se basa en una muestra, porque nunca ha visto el modelo actual del zapato. No hay indicación que él trabaja con madera, la sopla de vidrio, herraría o corte y confección. Todas las otras opciones son claramente falsas

10. La respuesta correcta es 2. Defarge es de alguna manera el guardián del hombre y se preocupa por su bienestar. La primera opción sugiere una falta de bondad, que claramente no es el caso-Defarge es neutral en el mejor. Esta opción puede ser eliminada. Él no parece ser un miembro de la familia, entonces, la opción 3 puede ser eliminada también. Tampoco hay una sugerencia de crueldad ni de una profesión, ni de un escenario definido, dejando la opción 4 insostenible. Un hombre en esta situación es poco probable que tenga dinero. La opción 5 por lo tanto no tiene sentido.

11. Opción 3 es la respuesta correcta. Cristiana se refiere a sí mismo como mudo e incapaz de declarar su amor. Él desea ser capaz de expresar sus pensamientos, para ser elocuente. No hay ninguna indicación en el texto que él no está dispuesto a luchar; lo que hace opción 1 incorrecta. Él no trata la cuestión de las nuevas situaciones, por lo que la segunda opción tampoco es la correcta. Esgrima no se menciona en el

texto, eliminando la opción 4. La capacidad de Christian para cantar no es parte de la conversación, haciendo la quinta opción incorrecta.

12. Opción 4 es la respuesta correcta. Cyrano se ofrece a ser la elocuencia que Christian necesita mientras Christian ofrece la belleza física que carece Cyrano. No hay mención de una serenata, lo que hace la opción 1 incorrecta. Opción 2 también está mal; El problema de Christian es una falta de habilidad verbal, tanto escrita como oral. Escribir una carta no sería posible para él. La tercera respuesta no es correcta; los hombres aún no han sido enviados a la guerra, a pesar de que pronto lo serán. La idea de enamorarse de otra mujer no se sugiere; por eso opción 5, del mismo modo, es incorrecta.

13. La respuesta correcta es la opción 5. El jubón de puntilla indica que Christian es un caballero; antes en la escena, se presenta como un nuevo miembro de la Guardia y, presumiblemente, aún no se ha vestido de uniforme. Cyrano en cambio lleva el jubón de cuero de un soldado experimentado. La opción 1 es incorrecta; Christian es un soldado, ya que se indica en sus líneas de tener un ingenio militar. La segunda opción es también errónea. No se hace mención de Cyrano de ser herido. La tercera opción no se apoya por las palabras. Un jubón de cuero no es una armadura; por lo tanto, la opción 4 es correcta.

14. Opción 3 es la respuesta correcta. La repetición de sonidos consonantes, como *l*, es la definición de la aliteración. Personificación, opción 2, es la entrega de las cualidades humanas a cosas no humanas, por lo que no es correcta. Opción 3, la metáfora, se refiere a una comparación directa de dos cosas diferentes. Por tanto, está mal también. Una alusión es una referencia a la literatura clásica o bíblica, por lo que la opción 4 no es correcta. Opción 5, símil, es una comparación indirecta de dos cosas diferentes utilizando *como* o *tanto como*.

15. La respuesta correcta es la opción 2. Cyrano ya ha escrito una carta a Rosana, pero no se la ha entregado. Opción es lo que Cyrano le dice a Christian, pero es falso y no requiere la inferencia. Opción 3 no se apoya por el texto; Cyrano le asegura a Christian que Rosana pensará que ha sido escrita para ella. Christian parece considerar su caso como sin esperanza y por eso es improbable que vaya a ganar algo de estudiar la carta de Cyrano. Opción 4 se puede eliminar. Christian lo ha hecho claro que no puede conquistar a Rosana con sus propias palabras, entonces, se puede eliminar la opción 5 también.

16. Opción 4 es correcta. Una alusión es una referencia a la literatura clásica o bíblica; Daphne y Chloe son figuras de la mitología griega. La repetición de sonidos consonantes es la definición de la aliteración, lo que hace la primera opción incorrecta. Personificación, opción 2, es la entrega de las cualidades humanas a cosas no humanas, por lo que no es correcta. Opción 3, la metáfora, se refiere a una comparación directa de dos cosas diferentes. Por tanto, está mal también. La quinta opción, símil, es una comparación indirecta de dos cosas diferentes utilizando *como* o *tanto como*. Es también una opción incorrecta.

17. La respuesta correcta es la opción 3. Las líneas que indican que esto es correcta son las que se refieren a que seguramente ella le perdonaría, su remordimiento honesto y su determinación de ser un nuevo hombre.

18. Opción 1 es correcta. Los adjetivos que refuerzan esta idea son *quieta, sombrosa, amable, blanca, fresco* y *dulce*. La segunda opción no puede ser apoyada por el texto; no hay indicación de una tormenta o el viento. El mar y sus olas están ausentes del texto, eliminando la opción 3. Respuesta 4 no se establece claramente en el texto; no leemos nada indicativo de los cambios a punto de ocurrir. La quinta opción, del mismo modo, está ausente del texto; no hay ninguna sugerencia de hacer las maletas ni de equipaje esperando ser retirado.

19. La respuesta correcta es la opción 5. Refiere a su necesidad para el perdón y su deseo de hacer una nueva vida. El hecho de que su esposa está usando su apellido de soltera indica un rechazo de su matrimonio. Marion, a quien se refiere como "la mujer que había sido su esposa" le saluda impersonalmente, y Gerta le mira con adoración a Marion, no a él. La opción 1 es incorrecta; ningunos otros niños están presentes para indicar un orfanato. La reacción de desprecio de las mujeres indica que este niño no es de su esposa, eliminando la opción 2. Nada en el texto sugiere que el niño está enfermo, lo que hace la opción 3 incorrecta. Nada sugiere una disputa legal sobre el niño, entonces la opción 4 es incorrecta.

20. Opción 2 es correcta. Las flores que el hombre ve en el salón le recuerdan de su antigua felicidad y el amor que ha perdido. La decisión de Marion de utilizar su apellido de soltera no traería la felicidad del hombre. Por lo tanto la opción 1 no es correcta. Madonna es una palabra para la madre, que Marion no era; la palabra describe Gerta, por lo que la opción 3 es incorrecta. La puerta ancha no está vinculada a su antigua felicidad, por lo que la cuarta opción es incorrecta. Opción 5 también es incorrecta; el niño era el símbolo de la división, no la felicidad.

21. La tercera opción es la opción correcta. Apoyo a esto se encuentra en el texto, que incluye la frase "Marion, calma, fuerte, definitivamente impersonal, nada pero una clara palidez de su estrés interior." Las palabras clara y palidez están relacionadas. La primera respuesta es incorrecta; el texto no indica un temor de ver a él solo. La segunda respuesta también es falsa; Marion no se niega a verlo. Ella no le habla con palabras amables, lo que hace la opción cuatro incorrecta. El texto no hace mención de un desmayo; por eso la opción 5 no es correcta.

22. La segunda respuesta es correcta. Una analogía es una comparación extensa, más amplio que el símil o la metáfora. En el primer párrafo, ella establece una analogía extendida entre los instrumentos de tortura utilizados en la Inquisición—cremallera, tornillo, instrumentos de tortura con los dientes de hierro — y la maquinaria utilizada en las fábricas. Respuesta 1 no es correcta; ella no tiene una analogía con el sistema legal, a pesar de que ataca las leyes. Los regalos de la pública que considera insuficiente, pero no los uso en una analogía, por lo que la opción 3 no es correcta. Ella no menciona a la Revolución Industrial, eliminando la respuesta 4. La opción 5 es también errónea, el gobierno no se compara con nada.

23. La respuesta correcta es la opción 5. "Les hemos juzgado a ustedes ciudadanos; les estamos juzgando ahora..." indica que los ciudadanos son los que se están juzgando. Los dueños de las fábricas no se mencionan en el grupo general. La primera respuesta, por lo tanto, es incorrecta. El discurso no se refiere a los supervisores ni las puertas cerradas, y por eso la segunda respuesta incorrecta también. La opción 3 es incorrecta; no hay condena de que los padres mandaron a sus hijos a las fábricas. Las uniones se confirmaron como una fuerza positiva para la seguridad de la clase obrera, entonces la opción 4 es inexacta.

24. Opción 4 es la respuesta correcta. "*La vida de los hombres y de las mujeres es tan barata y la propiedad es tan sagrada*," dice ella. La primera opción es incorrecta; Rose no hace uso de las mujeres muertas y ella misma como un contraste. Opción 2 también es incorrecta; la diferencia entre los supervisores y los trabajadores no es su tema. Ella no hace ninguna distinción entre las leyes y su aplicación, entonces la opción 3 es incorrecta. El tema de su discurso no es el contraste entre los salarios de los trabajadores y propietarios, y por eso la opción 5 es también incorrecta.

25. La respuesta correcta es la opción 5. El segundo párrafo empieza, "Esta no es la primera vez que niñas se han quemado vivas en esta ciudad." Opción 1 es incorrecta; las muertes no son raras. Rose dice, "Cada semana tengo que aprender de la muerte inoportuna de una de mis hermanas trabajadoras. Cada año miles de nosotros somos mutiladas." Estas palabras también se aplican a la segunda opción, que también

es incorrecta. No hay indicación al descuido de la chica; Rose refiere a las estructuras que atrapan los incendios. La opción 3 se puede eliminar. Tampoco hay indicación de un supervisor dormido, lo que hace la opción 4 incorrecta.

26. La segunda respuesta es la correcta. Rose concluye su discurso con la oración, "La única manera de salvarse es por un movimiento fuerte de la clase obrera." Ella intenta, aun cuando enfrenta la muerte, para reforzar la causa de la unión. Opción no es precisa; ella no menciona a los periódicos. Respuesta 3 también se puede eliminar; no hace referencia a los dueños ni a acción legal. Ella no culpa al entrenamiento que reciben las chicas, lo que hace la cuarta opción incorrecta. Aunque si pide para regalos más generosos, no piensa que vaya a resolver el problema, y por eso la opción 5 es incorrecta.

27. La primera respuesta es la opción correcta. Las palabras de Dickinson *agobia, heridas, desesperación* y *inmenso sufrimiento* confirman que la depresión es la mejor respuesta. El poema ciertamente no contiene ninguna palabra que podría referirse a la alegría, por lo que la opción 2 es incorrecta. Del mismo modo, la tercera opción, la incertidumbre, no puede ser apoyada por el texto. No hay sentido de sorpresa en las líneas; sino un cierto sesgo de luz que casi se puede predecir que viene de las tardes del invierno. Entonces, se puede eliminar la opción 4. Dickinson no es emocionada sino resignada a esta melancolía, lo que hace la respuesta 5 incorrecta.

28. La tercera respuesta es correcta. Un símil, es una comparación indirecta de dos cosas diferentes utilizando *como* o *tanto como*. Dickinson dice que el sesgo de luz oprime como "el peso de los cánticos de las catedrales." La personificación es la entrega de las cualidades humanas a cosas no humanas, una técnica no usada aquí, lo que hace la opción 2 incorrecta. Una metáfora es una comparación directa, que no es el caso en estas líneas, lo que hace la opción 4 incorrecta. La onomatopeya refiere al uso de palabras que sugieren qué son, como *explosión*. Esto hace la opción 5 una opción incorrecta.

29. La segunda opción es la opción correcta. La personificación es la entrega de las cualidades humanas a cosas no humanas. Aquí, el paisaje escucha y las sombras no respiran, imitando el comportamiento humano o animal. La asonancia es la repetición de los sonidos vocálicos, que no es evidente aquí, lo que hace la opción 1 incorrecta. Un símil, es una comparación indirecta de dos cosas diferentes utilizando *como* o *tanto como*. Porque este no es el caso aquí, la opción 3 no es correcta. Una metáfora es una comparación directa, que no es el caso en estas líneas, lo que hace la opción 4 incorrecta. La onomatopeya refiere al uso de palabras que sugieren qué son, como *explosión*. Esto hace la opción 5 una opción incorrecta.

30. La cuarta opción es correcta porque la primera estrofa claramente se refiere a las "tardes del invierno." El solsticio no es una estación sino un día en el cual las estaciones se cambian, lo que hace la segunda opción incorrecta. La segunda respuesta, verano, no se apoya en el texto del poema. También, la opción 3, otoño, es ausente del texto. La referencia a "la mirada de la muerte" en la línea final del poema no se puede construir como algo excepto el invierno. La idea del poema se refiere a la estación de la primavera, nuevos comienzos, no se puede apoyar del texto. Entonces, la opción 5 es también incorrecta.

31. La respuesta correcta es la opción 5. La pregunta está buscando cuál de las palabras no cabe en el estado de humor del poema. El estado de ánimo del poema evoca una especie de desesperación tranquila a la que la tercera estrofa alude. Una catedral no es parte de la idea de la desesperación, pero suele representar la fe y la esperanza. La opción 1 es incorrecta; *heridas* están en la alineación con el sentimiento del poema. Del mismo modo, la *cicatriz* es una palabra que encaja con el estado de ánimo, entonces la opción 2 puede ser eliminada. La *desesperación* se utiliza en el propio poema y complementa el estado de ánimo. La opción 3, por lo tanto, es incorrecta. El *sufrimiento* es congruente con el estado de ánimo y el significado del poema, lo que hace la opción 4 incorrecta.

32. Opción 4 es la respuesta correcta. El punto del artículo es que para mantener la buena salud, se requiere una vacuna contra la gripe cada año. Opción 1 puede ser eliminada. Aunque el artículo menciona que las personas mayores de 50 años necesitan una vacuna, ese grupo no es el único. La opción 2 es incorrecta también. No hay ninguna indicación de la necesidad de vacunas gratuitas en el artículo. Opción 3 no es correcta. El artículo afirma que las temporadas altas de actividad de la gripe en enero, lo que hace septiembre sólo la primera fecha disponible para una vacuna contra la gripe. La quinta respuesta es también errónea. Los niños se encuentran entre los grupos prioritarios de vacunación.

33. La segunda respuesta es correcta. Gente sana entre las edades de 25–50 no se encuentran entre los grupos para quienes se recomienden las vacunas. La primera respuesta es incorrecta. La gente de cualquier edad con ciertas condiciones médicas se encuentra entre los grupos para quienes se recomienden las vacunas anuales. Opción 3 no es correcta. Los trabajadores de los cuidados de salud se encuentran entre los grupos para quienes se recomienden las vacunas anuales. El texto recomienda que las mujeres embarazas reciban una vacuna anual, lo que hace la opción 4 incorrecta. Opción 5 es incorrecta. Las personas que viven en un asilo u otro lugar para el cuidado de largo tiempo se encuentran entre los grupos para quienes se recomienden las vacunas anuales.

34. La primera respuesta es la opción correcta. Dado que la gripe por lo general tiene su temporada alta tan tarde como enero, todavía hay oportunidad de contraer la enfermedad. Una vacuna contra la gripe se recomienda. La opción 2 es incorrecta; la mayoría de la gente no tiene la oportunidad de evitar otras personas por un periodo de meses. La tercera respuesta es incorrecta. No hay tal cosa como una vacuna doble, ni estar esperando resolvería el problema del año actual. La junta local de salud pública no tiene jurisdicción sobre la decisión privada de un individuo de tomar la vacuna, lo que hace la opción 4 incorrecta. La opción 5 es incorrecta. La gripe no es una enfermedad sensible al clima.

35. Opción 3 es correcta. La pregunta pide cuál trabajo sería menos deseable que ser dueño de tierras. Stewart habla de lavar para otra gente siendo menos deseable que ser dueño de tierra y que requiere menos fuerza y labor. La primera opción es incorrecta. La carta no menciona cocinar ni restaurantes. Respuesta 2 es también incorrecta. No hay referencia a una cama y desayuno en la carta. La cuarta opción también es incorrecta. La carta no se refiere a la enseñanza. Opción 5 no es correcta. Ser enfermera tampoco se menciona como una opción en la carta.

36. Respuesta 5 es correcta. Cosechar papas es tan fácil que su hija de seis años lo puede hacer sin mucha ayuda. El asunto no es de labor infantil, así que la respuesta 1 no es correcta. Stewart no menciona las escuelas; el lector no sabe si su hija asiste a la escuela o no, lo que hace la opción 2 imprecisa. Si las mujeres trabajan tanto como los hombres no es el punto que está haciendo Stewart. Opción 3, por eso, no es la respuesta correcta. Opción 4 tampoco es correcta; Jerrine sí misma pide permiso cosechar papas y no se presenta como perezosa.

37. La segunda respuesta es la respuesta correcta. La carta alude a los pobres de Denver en riesgo de perder puestos de trabajo y pasar el invierno en las raciones de hambre a pesar de trabajar duro en el servicio de lavandería para los demás. La Sra. Coney fue empleadora de Stewart; suponemos que trató Stewart bien, pero podemos saber los casos en que ella pudiera haber comportado con más generosidad hacia Stewart u otras sirvientas. La primera respuesta es incorrecta; Stewart no parece ser perezosa. La tercera respuesta no es probable; una mujer con sirvientas no estaría acostumbrar al trabajar duro. La opción 4 es incorrecta; ninguna razón para el enojo se da. La carta menciona las ventajas de una dueña de tierra; Stewart no está sugiriendo que los hombres vengan; por eso, la quinta opción es incorrecta.

38. Opción 4 es correcta. No hay indicación de otras personas fuera de la familia de Stewart trabajando en la tierra. Cosechar fue un trabajo solitario en los tempranos 1900s. Stewart menciona específicamente el

regreso para la inversión del trabajo, usar menos fuerza que lavar, y por eso la opción 1 es incorrecta. La segunda opción es también incorrecta; también aparece en el primer párrafo de la carta. Respuesta 3 es incorrecta porque se menciona como una ventaja en el primer párrafo. Opción 5 es la razón concluyente para ser dueño de tierra, y no es una respuesta correcta.

39. Respuesta 1 es la correcta. Stewart directamente dice que las mujeres tendrán "la satisfacción extra de saber que no van a perder su trabajo, si lo quieren quedarse con ello." Aunque estar en huelga era común en esta época, Stewart no lo menciona. Por eso, respuesta 2 es incorrecta. Denver está en las Rocosas, pero corrimientos de tierra no se mencionan como un riesgo, lo que hace la respuesta 3 incorrecta. El incendio es siempre un riesgo, pero no es uno que menciona Stewart, lo que hace la opción 4 incorrecta. El tratamiento malo de los inmigrantes chinos es muy conocidos, pero Stewart no lo incluye. Opción 5 es incorrecta.

40. La tercera respuesta es la respuesta correcta. La carta es muy positiva, llena de razones por las cuales ser dueña de tierra sería una buena opción. Respuesta 1 es incorrecta; no hay quejas de trabajar duro, clima ni soledad, como se puede esperar. Respuesta 2 tampoco es correcta. No carta no incluye soledad ni tristeza; Stewart celebra el éxito que ha tenido de ser dueña de tierra. También, la cuarta opción no es precisa, porque no ha desesperación incluida en la carta. Porque ni hay arrepentimiento ni echando la culpa en la carta, la quinta opción no es correcta.

La Prueba de las Matemáticas

Núm.	Respuesta	Capacidad	Núm.	Respuesta	Capacidad
1	4	Operaciones numéricas y Sentido numérico	26	5	funciones y los patrones, álgebra
2	4	Medidas y geometría	27	4	funciones y los patrones, álgebra
3	4	Operaciones numéricas y Sentido numérico	28	2	Operaciones numéricas y Sentido numérico
4	1	Operaciones numéricas y Sentido numérico	29	1	funciones y los patrones, álgebra
5	4	Medidas y geometría	30	3	Medidas y geometría
6	525	funciones y los patrones, álgebra	31	1	análisis de datos, probabilidad, estadística
7	2	funciones y los patrones, álgebra	32	1,1	Operaciones numéricas y Sentido numérico
8	168.75	funciones y los patrones, álgebra	33	4	funciones y los patrones, álgebra
9	3.93	Medidas y geometría	34	3	análisis de datos, probabilidad, estadística
10	4	Medidas y geometría	35	3	análisis de datos, probabilidad, estadística
11	2	funciones y los patrones, álgebra	36	2	Medidas y geometría
12	30.16	funciones y los patrones, álgebra	37	2,0	funciones y los patrones, álgebra
13	3.85	funciones y los patrones, álgebra	38	5	análisis de datos, probabilidad, estadística
14	123	funciones y los patrones, álgebra	39	4	Operaciones numéricas y Sentido numérico
15	4	Medidas y geometría	40	4	Operaciones numéricas y Sentido numérico
16	3	funciones y los patrones, álgebra	41	2	análisis de datos, probabilidad, estadística
17	0.48	funciones y los patrones, álgebra	42	5	análisis de datos, probabilidad, estadística
18	1	funciones y los patrones, álgebra	43	1	funciones y los patrones, álgebra
19	910	Medidas y geometría	44	4000	funciones y los patrones, álgebra
20	5	funciones y los patrones, álgebra	45	5	Medidas y geometría
21	4	funciones y los patrones, álgebra	46	2	análisis de datos, probabilidad, estadística
22	2	análisis de datos, probabilidad, estadística	47	1	funciones y los patrones, álgebra
23	3	funciones y los patrones, álgebra	48	5	Medidas y geometría
24	2	Medidas y geometría	49	1	análisis de datos, probabilidad, estadística
25	4	análisis de datos, probabilidad, estadística	50	2	análisis de datos, probabilidad, estadística

Explicación de las Respuestas

Parte I

1. La respuesta correcta es 4. Jamie tenía $2.75 después de todas las transacciones descritas. Para resolver este problema, primero, substraiga $4.25 y $2.00 de la cantidad inicial de $6.50, dejando $0.25. Luego, sume $2.50, lo que llega a la respuesta final de $2.75.

2. La respuesta correcta es 4. Hay dos maneras de resolver este problema: o convierta metros o centímetros y luego use el factor de la conversión en la tabla para convertir centímetros a pulgadas, o use la tabla para convertir metros a yardas, y luego convierta a pulgadas.

   En la primera instante, recuerda que hay 100 centímetros en un metro (*centi* significa "centésimo"). Entonces $19m = 1900cm = (\frac{1900}{2.54}) = 748$ pulgadas.

   En la segunda instante, recuerda que hay 36 pulgadas en una yarda, entonces $19m = 19 \times 1.094 = 20.786yd = 20.786 \times 36 = 748$ pulgadas.

   €

   Las proporciones se suelen usar para las conversaciones. Después de convertir metros a centímetros, use una proporción para resolver para el variable no conocido, *x*.

€

$$\frac{1900\ \text{cm}}{x\ \text{in.}} = \frac{2.54\ \text{cm}}{1\ \text{in}}$$ Multiplique en la forma de una X.

$1900 = 2.54x$ Divida cada lado por 2.54 para resolver para *x*.

$x = 748$

3. La respuesta correcta es 4. Como 16 sillas están ausentes, y esta representa 2/5 de la matriculación total, entonces, la clase entera se tiene que consistir en

   Clase = $\frac{5}{2} \times 16 = 40$ estudiantes

   Use proporciones

€ $\frac{2}{5} = \frac{16}{x}$ Multiplique en la forma de una X.

$2x = 80$ Divida cada lado por 2 para resolver para *x*.

$x = 40$ estudiantes

4. La respuesta correcta es 1. Empiece por determinar el costo total de las cebollas y las zanahorias, como estos precios se dan. Esto va equivaler (2 x $3.69) + (3 x $4.29) = $20.25. Luego, se substraiga este número del costo total de las verduras para determinar el costo de los hongos: $24.15 - $20.25 = $3.90. Finalmente, se divide el costo de los hongos por la cantidad (libras) para determinar el costo por libra:

   Costo por lb = $\frac{\$3.90}{1.5} = \$2.60$

5. La respuesta correcta es 4. Como la figura representa la línea numérica, la distancia del punto A al punto B será la diferencia, *B-A*, que es 5 – (-6) = 11. La distancia del punto B al punto C también será la diferencia, *C-B*, o 8 – 5 = 3. Entonces, el ratio *BC: AB* será 3:11.

6. La respuesta correcta es $525. Durante el primero año que tiene el certificado, el ingreso de Jesse será equivalente a 7.5% del principal que había invertido, $7,000. Refiera a la fórmula: **I = P*rt*** donde I es interés, P es principal, *r* es tasa (expresada como un decimal) y *t* es tiempo (en años).

   Entonces I = $7,000 • .075 • 1, que es $525.

7. La respuesta correcta es 1. El porcentaje de votos del Candidato A es el número de votos que obtuvo dividido por el número total de los votos. Luego, multiplique este decimal por 100 para convertirlo en un porcentaje. Entonces, los votos para el Candidato es: Porcentaje $= \frac{36800}{36800 + 32100 + 2100} \times 100$

   =51.8%

8. La respuesta correcta es 168.75 minutos. Calcule el tiempo que se requiere para montar una milla. Esto equivale 45 / 16, o 2.8125 minutos. Luego, multiplique este por el número de millas que se tiene que montar, o 60, para llegar a la respuesta final. En total, llegamos a la relación:

   Tiempo = $\frac{45}{16} \times 60 = 168.75$ minutos

   Las proporciones son un método seguro para resolver, también. Para empezar a construir sus proporciones:

   €

   $\frac{\textbf{16 miles}}{\textbf{45}\text{ min}} = \frac{\textbf{60 miles}}{x\text{ min}}$ Multiplique en la forma de una X.

   16*x* = 2700 Divida cada lado por 16.

   x = 168.75 minutos

9. La respuesta correcta es 3.93 unidades cuadradas. Note que las áreas sombradas representan una cuarta parte de la diferencia entre las áreas de los círculos internos y externos. La fórmula para calcular el área de un círculo es: $Area = \pi r^2$. Como el radio (*r*) del círculo externo es 3, tenemos $A_{out} = \pi \times 3^2$, o 9л. El radio del círculo interno es $A_{in} = \pi \times 2^2$, o 4 л. Entonces, la área sombrada de la porción sombrada se tiene que determinar como:

   €

   $Area = \frac{1}{4}(9\pi - 4\pi)$ Descomponga en factores п

   $Area = \frac{1}{4}\pi(9 - 4) = \frac{5\pi}{4} = 3.93$

10. La respuesta correcta es 4. El perímetro (*P*) del cuadrilátero es el sumo de todos sus lados, o

    $P = m + (m + 2) + (m + 3) + 2m$

Combine los términos parecido por sumar los variables (términos *m*) juntos y luego sume los constantes, lo que resulta en:

$P = 5m + 5$

En esta aplicación, parece que algunos de los variables no tienen un número que les corresponda; pero, la ausencia de un coeficiente indica la multiplicación por 1 o $m = 1m$, $x = 1x$, etc.

11. La respuesta correcta es B, o $19.00 por acción. Divida la ganancia total de David de $22.00 por el número de acciones que compró, 200 para determinar la ganancia por acción:

    $P = \$22.00 \div 200 = \$0.11$, o 11¢ por acción. Entonces, el precio que él pagó era 11¢ menos que el precio que se muestra en la tabla. Como la tabla muestra que Oracle se cerró a $19.11 por acción hoy, el precio que David pagó era $19.11 - $0.11 = $19.00 por acción.

12. La respuesta correcta es $30.16 por acción. Para calcular el promedio ponderado, multiplique el número de acciones compradas por cada acción por el precio de las acciones. Luego, sume estos totales y divida por el número total de las acciones. Marjorie compró 100 acciones de Microsoft a $45.14, 100 acciones de Computadores de Apple a $16.90, y 200 acciones de Garmin a $29.30. Entonces, So, el total que gastó era $Total = (100 \times \$45.14) + (100 \times 16.90) + (200 \times 29.30) = \$12064$

    Obtuvo un total de 400 acciones. Entonces, el costo promedio por acción es

    $$\Pr omedio = \frac{Total}{acciones} = \frac{\$12064}{400} = \$30.16$$

13. La respuesta correcta es $3.85. Para tener una ganancia de 10%, Pradip tiene que vender las acciones a un precio que sea 10% más alto que lo que pagó. Eso significa, que tienen que venderla a 110% del costo del pago. Como compra las acciones a $3.50 por acción, tiene que venderla a un precio (*P*) así:

    $$P = \frac{110 \times \$3.50}{100} = \$3.85.$$

14. La respuesta correcta es $123. Para calcular esto, primero calcule el número total de las horas que trabajó. De la 7AM hasta el mediodía equivale 5 horas, y del mediodía hasta las 4:30 PM equivale 4.5 horas. Entonces, el número total de horas trabajadas es: 5+4.5 = 9.5 horas. Luego, determine el número de horas que se pagaron a la tasa de tiempo extra. Esto es 9.5 – 8, o 1.5 horas. La tasa para el tiempo extra es 50% más grande que la tasa regular de $12 por hora, o 1.5 x $12 = $18 por hora. Finalmente, calcule la cantidad del pago por cada tasa, tiempo regular y tiempo extra, y súmelos para calcular el pago total: $Total = (8 \times \$12) + (1.5 \times \$18) = \$123$.

15. La respuesta correcta es 4. Primero, sume las porciones rectas de 150 yardas. También, note que la distancia por los dos semicírculos da vuelta para combinar para formar la circunferencia de un círculo. El radio (*r*) de este círculo es la mitad de la dimensión mostrada como la ancha de la pista, o 15 yardas. Ahora, tomando la fórmula para la circunferencia de un círculo, 2πr y añadiéndola a las dos porciones rectas de la pista, tenemos

    $Longitud = (2\pi \times 15) + (2 \times 150) = 394.25$.

    La respuesta D es la aproximación más cercana a esta respuesta.

16. La respuesta correcta es 3. Primero, determine la distancia total del viaje redondo. Esto equivale el doble de las 45 millas del viaje sencillo para llegar al trabajo por la mañana, que son 90 millas. Luego, determine el tiempo total que Elijah gastó en su viaje redondo por convertir su tiempo de viaje en minutos. Una hora y diez minutos son 70 minutos, y una hora y media son 90 minutos. El tiempo total de viaje de Elijah era 70 + 90 = 160 minutos. La velocidad promedia de Elijah se puede determinar en millas por minuto:

   $Velocidad\ \frac{90 millas}{160\ \text{min}} = 0.5625$ millas por minuto

   Finalmente, para convertir esta velocidad promedia a millas por hora, multiplique por 60 como hay 60 minutos en una hora:

   Velocidad promedia (mph) = 60 x 0.5625 = 33.75 millas por hora

17. La respuesta correcta es 0.48 segundos. Modifique la relación dada en la pregunta para resolver para tiempo. Como $d = rt$, entonces tiempo (*t*) equivale $t = \frac{d}{r} = \frac{60.5\,pies}{125\,pies\,/\,seg} = 0.484 seg$. Aproximando a más cercano centésimo de un segundo da la respuesta de 0.48 segundos.

18. La respuesta correcta es 1. La tasa del aumento equivale el cambio en el importe de la cuenta dividido por la cantidad original, \$80. Multiplique este decimal por 100 para llegar al porcentaje del aumento. Para determinar el cambio en el importe, substraiga la cantidad original del importe nuevo: $Cambio = \$120 - \$80 = \$40$. Ahora, determine el porcentaje del aumento como se describe arriba: $Porcentaje = \frac{\$40}{\$80} \times 100 = 50\%$.

19. La respuesta correcta es 910 pies cuadrados. Se determina la respuesta por calcular el área del rectángulo grande y también el área del rectángulo que no está mostrado en la figura. Luego, se substraiga el área del rectángulo que no está mostrado en la figura de el área del rectángulo grande. El área del rectángulo es el producto de su longitud y su anchura, $A_{rect} = 20 \times 50 = 1000$ pies cuadrados. Como la figura que falta también es rectángulo, su área se calcula en la misma manera: $A_{faltante} = 6 \times 15 = 90$ pies cuadrados. Sustrayendo da la respuesta:

   $Area = A_{rect} - A_{faltante} = 1000 - 90 = 910$ pies cuadrados.

20. La respuesta correcta es 5. Empiece como lo haría con una ecuación regular.

   $4x - 12 > 4$

   $+12 \quad +12$ Sume 12 a cada lado

   $\frac{4x}{4} < \frac{16}{4}$ Divida cada lado por 4

   Note que la desigualdad no cambia como resultado de la división por la división fue por un 4 *positivo*.

Como x tiene que ser menos de 4, y no equivalente a el (< no ≤), la respuesta 4 es incorrecta; la solución no incluye 4. Solamente la respuesta E satisface la condición que sea menos de 4.

21. La respuesta correcta es 4. Primero, calcule el valor dentro de los paréntesis, $3b+5=3\times7+5=26$. Luego, calcule $4a$ = -24. Note que a es negativa, entonces este producto también lo es. El producto $4a(3b+5)$ entonces también será negativo, y equivale -624. Finalmente, sume el valor de $2b$, o 2 x 7 =14, a -624, para llegar a la respuesta final $624+14=-610$.

Sustituya los valores dados para los variables en la expresión

4·-**6** (3 · **7** +5) + 2· **7**

Usando el orden de las operaciones, calcule la expresión en los paréntesis primero.

Recuerde que primero tiene que multiplicar 3 por 7, y luego sumar 5 para seguir el orden de las operaciones

=4·-**6** (21 +5) + 2· **7**	Luego, suma el valor en los paréntesis.
= 4·-**6** (26) + 2· **7**	Simplifique y multiplique los número afuera de los paréntesis.
=-24(26) +14	Multiplique -24 por 26
=-624 +14	Sume.
=-610	

22. La respuesta correcta es 2. Como la tasa, millas por minuto, es constante, esta se puede resolver al construir una proporción: $\frac{millas}{\min}=\frac{10}{12}=\frac{210}{t}$. Ahora, resuelva para el tiempo: $t=\frac{210\times12}{10}=252$ minutos. Finalmente, convierta a horas por dividir este total por 60, como hay 60 minutos en una hora: $t=\frac{252}{60}=4$ horas y 12 minutos.

Note que cuando está dividiendo 252 por 60 le da una respuesta con un decimal, 4.2 horas; pero, las respuesta se presentan en una unidad diferente. 4.2 horas no equivale 4 horas y 2 minutos ni es 4 horas y 20 minutos. Para llegar al número de minutos correcto, se tiene que convertir el decimal (.2) a minutos. Para convertirlo, multiplique .2 por 60 que da 12 minutos.

23. La respuesta correcta es 3. Defina la variable t como el tiempo transcurrido (en horas) del tiempo de que se despegó el primer avión. Entonces, a cualquier tiempo la distancia viajada por el primer avión es $d_1=250t$. El segundo avión se despega 30 minutos más tarde, entonces a cualquier tiempo la distancia que ha viajado es: $d_2=280(t-30)$. Este avión superará el primero cuando las dos distancias sean iguales, o cuando $d_1=d_2$, o cuando $250t=280(t-30)$. Primero, use la propiedad distributiva para resolver para t: $250t=280t-8400$.

Luego, sume 8400 a cada lado de la ecuación: $250t+8400=280t$.

Luego, sustraiga $250t$ de cada lado de la ecuación: $8400=30t$.

Luego, divida ambos lados por 30: 280 = t.

Esto le da el valor de t en minutos. Convierta a horas por dividir 280 por 60 minutos por hora, lo que da un tiempo transcurrido de 4 horas y 40 minutos (recuerda multiplicar el decimal (.66...) por 60 para convertirlo en minutos (40 min). Debido a que el primer avión salió a las 2 PM, 4 horas y 40 minutos más tarde son las 6:40 PM.

24. La respuesta correcta es 2. Como la figura es un triángulo rectángulo, se puede aplicar el Teorema de Pitágoras. El lado que tiene una longitud de 25 unidades es la hipotenusa, y su cuadrada será la suma de las cuadradas de los otros dos lados. Eso es, $25^2 = 15^2 + x^2$. Resuelva para x^2por sustraer 15^2de cada lado de esta ecuación y luego tome la raíz cuadrada para determinar x.

$$x=\sqrt{25^2-15^2}=\sqrt{625-225}=\sqrt{400}€=20.$$ € €

25. La respuesta correcta es 4. Como cada de los 3 modelos están disponibles en cada de los 6 colores diferentes, hay 6 x 3 = 18 combinaciones disponibles.

€ Si le nombramos los modelos A, B, y C y los colores como 1 hasta 6, entonces las combinaciones se pueden representar como:

Modelos	**Colores**	
Modelo A	A1 A2 A3 A4 A5 A6	
Modelo B	B1 B2 B3 B4 B5 B6	
Modelo C	C1 C2 C3 C4 C5 C6	=18 Combinaciones Totales

Este método requiere más tiempo; sin embargo, le da una representación visual de por qué el total de combinaciones se basan en el producto.

Parte II

26. La respuesta correcta es 5. Primero, examine cada expresión para ver cuál satisface la condición $x > y$. Esta condición está satisfecha por cada respuesta excepto C y D, entonces no es necesario considerarlas más. Luego, examine las opciones restantes para ver cuál satisface la desigualdad $x + y > 0$. Se puede ver que esta desigualdad se queda para las opciones A y B, pero no para la opción E, como $x + y = 3 + (-3) = 3 - 3 = 0$. En este caso la suma de $x + y$ no es más de 0. €

€ 27. La respuesta correcta es 4. Para multiplicar dos poderes que tienen el mismo base, sume sus €exponentes. Entonces, $x^3x^5 = x^{3+5} = x^8$.

También note que x^3=x·x·x; entonces la expresión equivale x·x·x · x·x·x·x·x

28. La respuesta correcta es 2. Una proporción como esta se puede resolver por tomar el producto de la multiplicación en la forma de una X de los numeradores y los denominadores de un lado.

$\frac{12}{x} \times \frac{30}{6}$ Tome el producto de la multiplicación en la forma de una X

$30x = 6 \times 12$ Multiplique 6 por 12

$30x = 72$ Divida cada lado por 30.

$x = 2.4$

29. La respuesta correcta es 1. Esta es una típica gráfica de una variación inversa, en la cual el producto de los variables dependiente e independiente, *x* y *y*, siempre equivale el mismo valor. En este caso, el producto siempre equivale 1, entonces la gráfica ocupa la primera y tercera cuadrantes del plano de coordenadas. Como *x* sube y se acerca a la infinidad, *y* baja y llega se acerca a cero, manteniendo el producto constante. En contraste, respuesta B es una gráfica linear que corresponde a la ecuación de la forma $y = x$. C es una gráfica cuadrática que corresponde a $y = x^2$. D es una gráfica exponencial que corresponde a $y = 2^x$. E es otra linear que corresponde a $y = \frac{x}{4} + 1$.

30. La respuesta correcta es 3. Los ángulos internos de un triángulo siempre se suman a 180°. Como ΔABC es un triángulo rectángulo, entonces ∠ABC = 90°, y ∠ACB se da como as 30°. La letra mediana representa el vértice. Al usar el teorema de la suma del triángulo, la respuesta tiene que ser: ∠BAC = 180 – (90+30) que equivale 60°.

31. La respuesta correcta es 1. Esta ecuación representa una relación linear que tiene un pendiente de 3.60 y pasa por el origen. La tabla indica que por cada hora de renta, el costo sube por $3.60. Esto corresponde al pendiente de la ecuación. Por supuesto, si no se renta la bicicleta (0 horas) no va a haber un cargo ($0). Si se traza en el plano cartesiana, la línea tendrá un intercepto *y* de 0. La relación *A* es la única que satisface estos criterios.

32. La respuesta correcta es (1,1). La línea en la gráfica se extiende de un punto en el superior izquierdo (IV cuadrante) con los coordinadas *x, y* (-4,4) a un punto en el inferior derecho (II cuadrante) con coordinadas (6,-2). Para determinar el punto medio, sume las coordinadas *x* y *y* para cada puntos individualmente y divida por 2. Entonces, para *x*: $x_{med} = \frac{x_1 + x_2}{2} = \frac{(-4) + 6}{2} = \frac{2}{2} = 1$

Similarmente, para y

$$y_{med} = \frac{y_1 + y_2}{2} = \frac{4 + (-2)}{2} = \frac{2}{2} = 1$$

33. La respuesta correcta es 4. Los pendientes de líneas perpendiculares son recíprocos de signos opuestos. Por ejemplo, en la figura siguiente, línea A tiene un pendiente de -1/2, mientras líneas B tiene un pendiente de 2.

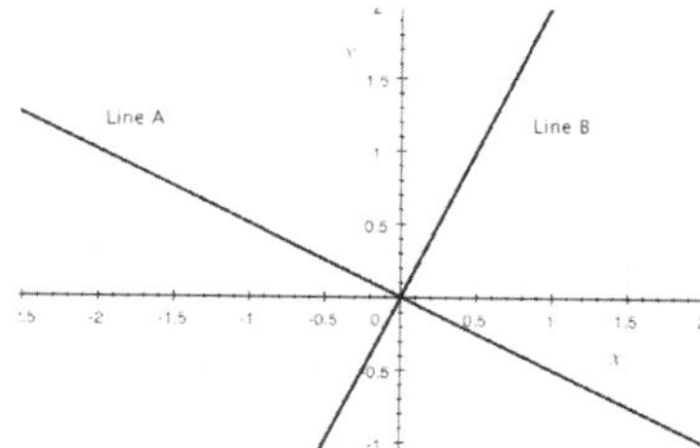

34. La respuesta correcta es 3. Para ver esto, considere la tabla siguiente, que muestra el número de monedas sumadas a los primeros pocos cuadros y los poderes equivalentes de 2:

Cuadrado	1	2	3	4
Moneda	1	2	4	8
Poder de 2	2^0	2^1	2^2	2^3

La tabla muestra que en esta serie, el número de monedas en cada cuadro representa poderes consecutivos de 2, como el número se dobla con cada cuadro consecutivo. Sin embargo, la serie de poderes empieza con 0 por el primero cuadro, para que por la 64 cuadro, el número de monedas sea 2^{63}.

35. La respuesta correcta es 3. Como hay cuatro colores diferentes, un color se tiene que excluir de cada manojo de globos. Entonces, hay un juego de color para cada color excluido, o cuatro en total.

Este problema se puede resolver en la siguiente manera matemática. Un arreglo como este, en el cual el orden de los componentes individuales no es importante, se llama una combinación. El número de combinaciones (n) que se toma cada vez (k) se da por $C = \frac{n!}{(n-k)!k!}$. La notación ! indica el producto *factorial*, donde $n! = 1 \times 2 \times 3 \times \ldots \times (n-1) \times n$. En este caso, n = 4 colores, y k = 3 globos por manojo. Sustituyendo en la ecuación arriba, y simplificando da:

$$C = \frac{4!}{(4-3)! \times 3!} = \frac{1 \times 2 \times 3 \times 4}{(1)(1 \times 2 \times 3)} = 4$$

36. La respuesta correcta es 2. Los dos triángulos rectángulos son similares porque comparten un par de ángulos verticales. Los ángulos verticales siempre son congruentes (ángulo ACB y ángulo DCE). Obviamente ambos ángulos rectángulos (ángulo B y ángulo D) son congruentes. Por eso, ángulos A y E son congruentes por el teorema de la suma del triángulo.

Con triángulos similares, los lados correspondientes serán proporcionales. Segmento BC es ½ la longitud del segmento CD, entonces AC será ½ la longitud de CE. La longitud de CE se puede calcular por el teorema de Pitágoras, como es la hipotenusa de un triángulo rectángulo por lo cual las longitudes de los otros dos lados se saben: $CE = \sqrt{6^2 + 8^2} = \sqrt{100} = 10$.

La longitud de este segmento AC será ½ de este valor o 5 unidades.

37. La respuesta correcta es (2,0). Para determinar esto, primero aparte las dos expresiones para que sean iguales y resuelva para la variable x. Esto se conoce como el método de la sustitución que da:

$-3x + 6 = 2x - 4$.

Juntando los términos similares en cada lado de la ecuación y aislando las variables da

$10 = 5x$. Finalmente, divida cada lado por 5 para que tengamos $x = 2$.

Ahora, sustituya este valor de x en cada de las ecuaciones originales para determinar la coordinadora y: $y = -3x + 6 = -6 + 6 = 0$.

38. La respuesta correcta es 3. Por cada dado hay 1 chance en 6 que un 6 va a dar para arriba, como los dados tienen 6 lados. La probabilidad de que un 6 se va a dar para cada dado no se afecta por los resultados de cualquier otro dado. Como estas probabilidades son independientes, la probabilidad total de tirar 3 seises es el producto de las probabilidades individuales, o

$$P = \frac{1}{6} \times \frac{1}{6} \times \frac{1}{6}$$

$$= \frac{1}{6^3}$$

$$= \frac{1}{216}$$

39. La respuesta correcta es 4. La ganancia de Rafael para cada computadora se da por la diferencia entre el precio que paga y el precio que les cobra a sus clientes, o \$800-\$450. Si vende *n* computadores en un mes, su ganancia total sería *n* veces esta diferencia, o $n(800 - 450)$. Sin embargo, es necesario sustraer sus costos fijos de \$3000 de esto y calcular su ganancia total por mes.

40. La respuesta correcta es 4. Cuando un número se eleva a un poder, se multiplica por sí mismo las veces que el poder indica. Por ejemplo, $2^3 = 2 \times 2 \times 2 = 8$. Un número elevado a un poder de 0 siempre es equivalente a 1, entonces 6^0 es el número más pequeño mostrado. Similarmente, para los otros números: $9 = 9^1 = 9$; $10^1 = 10$; $4^2 = 4 \times 4 = 16$.

41. La respuesta correcta es 2. La figura es un gráfico circular, un diagramo circular que muestra las cantidades relativas de cada variable como un pedazo del círculo entero. La más grande la variable, la más grande el pedazo del círculo. También, el porcentaje de cada variable, o material reciclada, se muestra al lado de cada pedazo. En esta tabla, el papel es la material más reciclada, o la variable más grande, representando 40% del total. La segunda más grande es el vidrio, a 25% del total. Todas las otras materiales representan porciones más pequeñas del total.

42. La respuesta correcta es 5. La tabla indica que 40% de material reciclada total es el papel. Como 50,000 toneladas de material se reciclan cada mes, el total de papel sería 40% de 50,000 toneladas, o $\frac{40}{100} \times 50{,}000 = 20{,}000$ toneladas.

43. La respuesta correcta es 1. Deje que *D* representa la edad de Dorotea, y *H* la edad de su hermana. Como hoy tiene la mitad de edad de su hermana, tenemos $D = \frac{H}{2}$, o *H* = 2*D*. En veinte años, su edad será *D* + 20 años, y la edad de su hermana será *H* + 20 años. A este tiempo, Dorotea tendrá ¾ de la edad de su hermana, entonces, $D + 20 = \frac{3 \times (H + 20)}{4}$. Sustituyendo 2*D* por *H* en esta ecuación da

$$D+20=\frac{3(2D+20)}{4}$$

$$D+20=\frac{6D+60}{4}$$

Use la propiedad distributiva y reduzca.

$$D+20=\frac{3}{2}D+15$$

$$D+20=\frac{3D}{2}+15$$

Juntando los términos similares:

$20-15=\frac{3D}{2}-D$ que es equivalente a $5=\frac{D}{2}$.

Entonces, D = 10 años de edad. Dorotea tiene diez años hoy día y su hermana tiene veinte. En veinte años, Dorotea tendrá 30 años y su hermana tendrá 40.

44. La respuesta correcta es $4000. Aparte del $600 que le quedan, Chan ha pagado un total de 85% (30% + 30% +25%) de su bono para los gastos descritos en la pregunta. Entonces, $600 representa lo restante de 15%. Para determinar su bono total, resuelva $\frac{100}{15}\times 600=4000$ dólares.

45. La respuesta correcta es 5. No es necesario usar la fórmula para un círculo para resolver este problema. Sino, note que 50 km/hr corresponde a 50,000 metros por hora. Nos dan las revoluciones del coche por minuto y la respuesta se tiene que representar en metros; entonces, la velocidad se tiene que convertir en metros por minutos. Esto corresponde a una velocidad de $\frac{50{,}000}{60}$ metros por minuto, como hay 60 minutos en una hora. En cualquier minutos el coche viaja ($\frac{50{,}000}{60}$metros/min), los neumáticos dan vueltas 500 veces, entonces 500 veces a su circunferencia. Esto corresponde a $\frac{50{,}000}{60\times 500}=\frac{10}{6}$ metros por revolución, que es la circunferencia del neumático.

46. La respuesta correcta es 2. En este problema de probabilidad, hay tres eventos independientes (los códigos para cada dígito, cada uno con diez resultados posibles (los numerales 0-9). Como los eventos son independientes, el total de los resultados posibles equivale el producto de los resultados posibles para cada uno de los tres eventos, o $P=P_1\times P_2\times P_3=10\times 10\times 10=1000$

    Esto hace sentido cuando relacione el problema a una secuencia, empezando con las combinaciones 0-0-0, 0-0-1, 0-0-2...... En orden ascendente, la última combinación de 3 dígitos sería 9-9-9. Aunque puede parecer que habrá 999 posible combinaciones, hay que incluir la combinación inicial, 0-0-0.

47. La respuesta correcta es 1. Calcule el producto usando el método PEIU, en el cual el *P*rimero término, luego los términos *E*xteriores, luego los términos *I*nteriores y finalmente los términos *Ú*ltimos se calculan en una secuencia de la multiplicación. Como un resultado, $(a+b)(a-b)=a^2+ba-ab-b^2$. Como *ab* equivale *ba*, los términos mediando se cancela, dejando a^2-b^2.

48. La respuesta correcta es 5. El área del círculo es πr^2 mientras la circunferencia es $2\pi r$. Tomando el ratio de estas dos expresiones y reduciéndolas da: $Ratio = \frac{\pi r^2}{2\pi r} = \frac{r}{2}$

49. La respuesta correcta es 1. El modo es el número que aparece más frecuentemente en un juego de datos. Si ningún término aparece con más frecuencia, entonces el juego de datos no tiene un modo. En este caso, Kyle logró un hit tres veces, dos hits dos veces, tres hits una vez y cuatro hits una vez. Un hit ocurrió con más frecuencia, así que el modo de este juego de datos es 1.

50. La respuesta correcta es 2. La media o promedio es la suma de los números en un juego de números, divididos por el número total de artículos. Este juego de datos contiene siete artículos, una para cada día de la semana. El número total de hits que Kyle tuvo durante la semana es el número en la parte derecha de la columna, o 14. Esto da: $Media = \frac{14}{7} = 2$.

Preguntas requiriendo una red numérica:
Núm. 6, 8, 12,13, 14, 17, 19, 33
Preguntas requiriendo una red de coordinadas:
Núm. 32, 37

La Prueba de las Ciencias

Núm.	Respuesta	Área del Contendido	Núm.	Respuesta	Área del Contenido
1	C	Ciencias de Vida	26	C	Ciencias de Vida
2	D	Ciencias del Espacio y de la Tierra	27	B	Ciencias de Vida
3	D	Ciencias Físicas	28	A	Ciencias de Vida
4	B	Ciencias Físicas	29	D	Ciencias del Espacio y de la Tierra
5	D	Ciencias Físicas	30	B	Ciencias del Espacio y de la Tierra
6	B	Ciencias de Vida	31	E	Ciencias del Espacio y de la Tierra
7	E	Ciencias de Vida	32	B	Ciencias del Espacio y de la Tierra
8	B	Ciencias de Vida	33	C	Ciencias Físicas
9	E	Ciencias Físicas	34	C	Ciencias Físicas
10	B	Ciencias Físicas	35	E	Ciencias Físicas
11	E	Ciencias del Espacio y de la Tierra	36	D	Ciencias Físicas
12	B	Ciencias del Espacio y de la Tierra	37	B	Ciencias Físicas
13	A	Ciencias de Vida	38	B	Ciencias de Vida
14	B	Ciencias de Vida	39	A	Ciencias de Vida
15	A	Ciencias de Vida	40	E	Ciencias de Vida
16	D	Ciencias de Vida	41	C	Ciencias de Vida
17	A	Ciencias de Vida	42	E	Ciencias del Espacio y de la Tierra
18	C	Ciencias de Vida	43	E	Ciencias Físicas
19	D	Ciencias de Vida	44	D	Ciencias Físicas
20	A	Ciencias Físicas	45	E	Ciencias de Vida
21	C	Ciencias del Espacio y de la Tierra	46	C	Ciencias Físicas
22	B	Ciencias de Vida	47	D	Ciencias Físicas
23	A	Ciencias Físicas	48	B	Ciencias de Vida
24	A	Ciencias Físicas	49	D	Ciencias de Vida
25	D	Ciencias Físicas	50	A	Ciencias de Vida

Explicaciones de las Respuestas

1. La respuesta correcta es C. Un espermatozoide normal tiene que contener uno de cada pareja de los cromosomas humanos. En total hay 23 parejas de cromosomas. Veinte y tres de estas son cromosomas *autonómicos*, que no toman un papel para determinar el género. Las parejas restantes se consisten de o dos cromosomas X en el caso de una hembra, o de una X y una Y en el caso de un macho. Entonces, un espermatozoide normal contendrá 22 cromosomas autonómicas y o una cromosoma X o una cromosoma Y, pero no ambas.

2. La respuesta correcta es 4. La figura muestra que las temperaturas en la estratosfera inferior están al -50°C o menos, permitiendo la operación de motores más eficiente. El texto indica que 75% de la atmosfera de la Tierra está en la troposfera, que es abajo de la estratosfera. También dice que una mezcla de convección del aire y, también los efectos del clima, son características de la troposfera. En la estratosfera, estratificación basada en la temperatura del aire conduce a un ambiente estable. Todos estos efectos combinan para dejar que los aviones funcionan con la mejor eficiencia de combustible posible en las partes inferiores de la atmósfera.

3. La respuesta correcta es 4. Esto se puede leer en la figura. La termosfera contiene ambas las temperaturas más altas y más frías en las regiones atmosféricas abajo del espacio ultraterrestre. En la termosfera, los gases atmosféricos forman niveles de especies moleculares que son más o menos puras. En sus partes inferiores, CO_2 contribuye al enfriamiento por emisiones de radiación, como en la mesosfera. En sus partes superiores, el oxigeno molecular absorba la radiación solar y causa calentamiento significativo.

4. La respuesta correcta es 2. El tono de un sonido depende de la frecuencia de la onda del sonido. La más alta la frecuencia, la más alta el tono del sonido. La frecuencia varia inversamente con la longitud de la onda, así que un sonido con un tono más alto con una frecuencia más alta tendrá una longitud de onda más larga. El volumen del sonido depende del grado al cual las moléculas del aire están (o cualquier otro medio por lo que viaja el sonido) Esta compresión se representa por la amplitud de las ondas. La más grande la amplitud, la más fuerte el sonido.

5. La respuesta correcta es 4. Las ondas correspondientes a dos sonidos emitidos serán sumadas, y los que se oirá por el observador será la suma de las dos ondas. Como estas ondas son a la mitad de una onda de distancia, son perfectamente fuera de fase, y se cancelarán. Eso es, el pico de la amplitud de una onda coincidirá con la depresión de amplitud de otra. Este fenómeno se llama la cancelación. El opuesto también es posible: si las ondas están perfectamente en fase, se combinarán aditivamente, produciendo un sonido mucho más fuerte. Finalmente, si las ondas son fuera de fase de la una y la otra, esto causaría la intensidad del sonido variar.

6. La respuesta correcta es 2. El axis vertical de esta figura es una escala exponencial, con cada marca regularmente espaciada que corresponde a un incremento de diez veces en la cantidad que se mide. La curva corresponde a las células de control, las que crecen en la ausencia de la droga, mostrando una concentración celular de aproximadamente 500 células/mL al inicio, 5000 células/mL después de 4 días, y 50,000 células por mL después de 8 días, indicando una muestra de crecimiento en la cual el número de las células se aumenta por un factor de diez cada cuatro días.

7. La respuesta correcta es 5. Los efectos de dos concentraciones de metotrexato (MTX) para el crecimiento de las células de cáncer se muestran por los pentágonos abiertos y cuadras sólidas en la figura. Se pueden comparar estas curvas de crecimiento a las células que no reciben la droga (el control) mostradas por los círculos sólidos. Se puede ver, entonces, que a una concentración de 10 micromolares por litro (10 micromolares), el crecimiento celular se inhibe levemente cuando se compara con el control. A la concentración más grande de 100 micromolares por litro (equivalente de 0.1 milimolares), las células ni crecen. El experimento se trata de las células del cáncer, no con la bacteria, entonces la opción B es incorrecta.

8. La respuesta correcta es 2. La reproducción sexual permite a la información genética de dos padres mezclarse. Los eventos de recombinación entre las dos copias de los padres de los genes individuales pueden ocurrir, creando nuevos genes. La producción de nuevos genes y nuevas combinaciones de

genes llegan a un aumento en la diversidad dentro de la población, lo que es una gran ventaja en términos de adaptar a cambios en el ambiente.

9. La respuesta correcta es 5. La carga se tiene que conservar en la reacción. Como los reactivos, dos átomos del helio, con dos protones cada uno, van a tener una carga eléctrica total de +4. El producto de la reacción, helio-4, también tiene dos protones, y por eso tiene una carga total de +2. Hacen falta dos cargas positivas para que la reacción sea balanceada. De las opciones dadas, solamente E, con dos protones, tiene una carga de +2.

10. La respuesta correcta es 2. Como tritio es un isótopo del hidrógeno, el núcleo contiene un solo protón, dándole una carga de +1. Los neutrones extras no contribuyen a la carga. Los electrones tienen una carga de -1. Para neutralizar la carga positiva singular del protón nuclear, se requiere un solo electrón orbitando.

11. La respuesta correcta es 5. La actividad volcánica permite que el magma llegue a la superficie de la Tierra, donde se enfría y se solidifica en la roca, un proceso similar al enfriamiento. Como se muestra en la figura y en el texto, estos tipos de rocas se conocen como las rocas *ígneas*. Ejemplos de las rocas ígneas son la obsidiana y el basalto. El tipo de la roca ígnea que se forma depende de la composición química del magma.

12. La respuesta correcta es 2. Las rocas metamórficas ("metamórfica" significa "forma cambiada") se forman a distancias muy profundas, normalmente de precursores sedimentarias. Como más y más sedimento se acumula encima de ellas, la presión aumentada y el calor hace que las estructuras cristalinas relativamente abiertas de las rocas sedimentarias se caigan y tomen una estructura más densa. Ejemplos de las rocas metamórficas son el cuarzo y el gneis.

13. La respuesta correcta es 1. La aptitud evolutiva es una medida de la capacidad de transmitir los genes a las generaciones siguientes. Como tal, se caracteriza por la capacidad de producir descendencia. Aunque lobo varón descrito en la opción A se murió joven, vivió tanto para producir 4 descendientes, más que cualquier de los otros animales descritos en las otras opciones. Entonces, sus genes tienen la mayor chance de ser repercutidos. Es importantes reconocer que el "éxito" o aptitud evolucionario simplemente requiere que un organismo vivir tantos años para reproducirse y se mide exclusivamente por el éxito reproductivo.

14. La respuesta correcta es 2. Un alelo es un variante de la secuencia original de ADN para un gene. Se puede diferir del original por un base singular (por ejemplo, puede contener una C en lugar de una G), o por una región entera en la cual la secuencia de bases difieren. Puede tener bases extras en ella (inserciones) o puede estar faltando alguna material (supresiones). Lo que sea la diferencia, resultará en RNA y subsecuentemente en una proteína, cuya secuencia difiere de la del original. A veces, estas proteínas diferentes son defectivas. Pueden resultar en enfermedades o pueden desarrollar anomalías. A veces son benignas, como en la diferencia en los ojos azules o cafés, como en los humanos.

15. La repuesta correcta es 1. La secuencia se puede leer directamente de la tabla. Se lee tres bases a la vez, como tres bases constituyen un codón y dan la información necesaria para especificar un solo aminoácido. En la secuencia dada, el primer codón es GTT. La tabla muestra que este corresponde al aminoácido valina. Similarmente, el segundo codón es ACA, que corresponde a treonina. El tercer codón, AAA, corresponde a lisina, y el cuarto, AGA, a arginina. Cada secuencia de aminoácido produce una proteína específica que es diferente de cualquier otra.

16. La respuesta correcta es 4. Empiece a separar cada secuencia de la primera base y divídala en tres partes para representar cada codón. La secuencia en opción A, por ejemplo, es GTA CCC CTA, representando valina-prolina-leucina. Solamente la secuencia en la opción D contiene uno de los codones de STOP, que son TGA, TAA, y TAG. En opción D, el segundo codón es TAA. Cuando la polimerasa llega a este codón, va a empezar a separarse de la ADN, terminándose en una copia mRNA y finalmente en el producto proteína del gene.

17. La repuesta correcta es 1. La molécula de la ADN es una cadena larga de fosforiboses a la que las bases se pegan. La secuencia de bases especifica los individuos aminoácidos que están en la cadena para hacer una proteína. Hay 4 bases diferentes y 23 aminoácidos diferentes. Cada aminoácido se especifica por una "palabra" de tres bases llamada un codón en el lenguaje del ADN. Como se muestra en la tabla, se pueden combinar las 4 bases en 64 maneras diferentes para codificar los 23 aminoácidos diferentes (además de los señales de STOP), para que algunos aminoácidos se puedan especificar por más de un solo codón.

18. La respuesta correcta es 3. Mientras las proteínas están *codificadas* en la ADN, de hecho son *producidas* por los ribosomas, que encadan a las proteínas de los aminoácidos en el citoplasma de las células. La información necesaria para encadenar las proteínas en la secuencia correcta se da por las mRNAs que se hacen por los polimerasas, que leen los codones en la ADN. Los RNA transferencia traen los aminoácidos a los ribosomas, donde se hacen en proteínas.

19. La respuesta correcta es 4. El fosforibose da la columna de la cadena de la ADA de la cual los genes están compuestos. Allí, las bases como citosina y guanina se encadan y se organizan en formas triples conocidas como codones, que codifican la proteína que se va a producir. La proteína en si se hace lejos del gene, que se encuentra en el núcleo de la célula por el ribosoma, que está en el citoplasma de la célula.

20. La respuesta correcta es 1. Las velocidades de ambos el viento y el avión se pueden representar por vectores, con la longitud del vector representando la velocidad y la dirección del vector representando la dirección de o el viento o el avión. Como la velocidad del viento se opone la del avión, el piloto va a medir la suma de la velocidad real del viento más la de su avión:

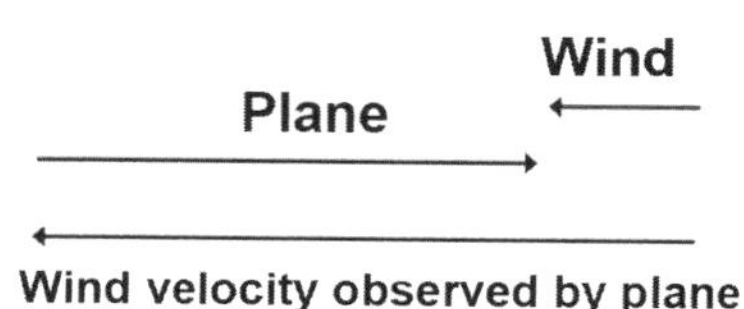

21. La respuesta correcta es 3. La figura muestra que las materiales del plástico y del cartón juntas se componen 15% de las materiales recogidas, entonces es incorrecto decir que hay más plástico que cartón. Se presentan en cantidades iguales.

22. La respuesta correcta es 2. La ovogénesis es el proceso que crea el óvulo o los huevos en los mamíferos. El ovocito es un huevo inmaduro en el ovario. En los humanos, un ovocito se madura durante cada ciclo menstrual. Se desarrolla primero en una forma intermediara llamada el ootid, y eventualmente en un óvulo. El prefijo *oo-* se deriva del griego y significa "huevo."

23. La respuesta correcta es 1. Las reacciones descritas en el texto son unas en que los electrones con una carga negativas se producen por una reacción que se reduce el ánodo de plomo con una carga

positiva. El agente reductivo, entonces, es oxidado por esta reacción. Estos electronos viajan por el cable para el cátodo donde tienen una reacción con el oxidante del ácido sulfúrico y lo reduce para formar sulfato de plomo. En una batería de cocho, el ánodo es el electrodo con una carga positiva y normalmente se indica con una marca roja.

24. La respuesta correcta es 1. En una reacción de oxidación, un agente oxidante gana electronos de un agente reductor. Al contribuir electrones, el agente reductor reduce (hacer más negativa) la carga en el oxidante. En una batería de coche, la reducción de un ánodo con una carga positiva da electrones, que luego dan al cátodo, donde la oxidación ocurre. En un oxidación, un agente oxidante sube (hacer más positiva) la carga en un reductor. En esta manera, los electrones extras en el cátodo con una carga negativa son neutralizadas por el agente oxidante en su alrededor.

25. La respuesta correcta es 4. La reacción descrita en el texto es una en la cual dos moléculas del agua (H_2O) son producidas por cada molécula del oxido de plomo (PbO_2) que tiene una reacción al cátodo.

26. La respuesta correcta es 3. Los datos indican que hasta las 4 semanas, la producción de seda de ambas colonias era similar. Esto sugiere que los gusanos de cada colonia produjeron la misma cantidad de seda, y hace las opciones A y B incorrectas. Los datos también indican que por un largo tiempo, la seda producida por la colonia entera de los gusanos genéticamente diversos era más que los gusanos genéticamente idénticos. Esto puede ser porque los gusanos producen por más tiempo y por otro mecanismo. El experimento no indica qué puede ser el otro mecanismo.

27. La respuesta correcta es 2. El aumento en la producción de la cultura diversa ocurre a casi 4 semanas, lo que coincide con el tiempo al cual los nuevos gusanos se nacen y empiezan a producir seda.

28. La respuesta correcta es 1. La digestión del almidón empieza con su exposición a la enzima amilasa, que está presente en la saliva. Amilasa ataca los enlaces glucosúricos en el almidón, reduciéndolos a dejar libre azucares. Esta es la razón por que cual algunas comidas con almidón pueden tener un sabor dulce si se mastican extensivamente. Otra forma de la amilasa se produce en el páncreas, y continúa la digestión de los almidones en el intestino superior. Los di y tri sacáridos, que son los productos iniciales de la digestión, se conviertan eventualmente a glucosa, un monosacárido que se absorba fácilmente por la pared intestinal.

29. La respuesta correcta es 4. El término *ciclo hidrológico* se define en el primer párrafo, donde se describe como ser equivalente al *ciclo del agua*. Se deriva de la raíz griego *hidra*, que significa "agua."

30. La respuesta correcta es 2. El segundo párrafo da ejemplos de embalses diferentes para el agua en el ciclo del agua. Los acuíferos subterráneos se dan como un ejemplo. Un *acuífero* (una palabra derivada de la raíz latina *aqua*, significando agua) es cualquiera formación geológica que contiene agua subterráneo.

31. La respuesta correcta es 5. Según la tabla, el tiempo promedio de la residencia del agua en el terreno es solamente dos meses. Solamente su tiempo de residencia en la atmósfera, 9 días, en menos. El tiempo de residencia se refiere en el texto como el tiempo promedio que una molécula de agua gasta en casa de los embalses mostrados en la tabla antes de que se vaya al próximo embalse en el ciclo del agua.

32. La respuesta correcta es 2. Según el párrafo final del texto, los niveles oceánicos bajan durante una edad de hielo. Esto es porque más agua se guarda en las capas de hielo y los glaciales cuando las temperaturas prevalentes son muy frías, y menos agua se queda en los océanos.

33. La respuesta correcta es 3. Debido a que la adición de calor causa a las moléculas de una sustancia aumentar su tasa de moción, se considera una forma de la energía cinética. La temperatura de una sustancia es proporcional a la energía cinética de las moléculas de que la componen. La adición de calor a un sistema normalmente resulta en un aumento en su temperatura, pero la temperatura no es una forma de calor. Es una cantidad medida de la cantidad de la energía cinética que está presente en un sistema.

34. La respuesta correcta es 3. Energía en la forma de calor siempre se absorba por las moléculas de una sustancia para hacerlas mover más rápidamente. Durante un cambio de estado, algunas moléculas están absorbiendo energía y están escapando la fase sólida para hacerse líquidas, o están escapando la fase líquida para hacerse gases. Como las moléculas en un gas se muevan más rápidamente que las en un líquido, la velocidad promedia se aumenta. Note que la opción E es incorrecta, porque el calor de la vaporización del agua es más que su calor para la fusión.

35. La respuesta correcta es 5. En región B del diagramo, el agua está al 0°C. El calor se está siendo aumentado a él y progresivamente está cambiándose a un líquido. En región C, la temperatura está subiendo del 0°C al 100°C, y toda el agua está en una fase líquida. En región D, el agua está al 100°C, y se está cambiando progresivamente a un gas cuando más energía se está añadiendo. Una vez que se ha cambiado a un gas, la temperatura una vez más se subirá cuando se añade más calor (región E).

36. La respuesta correcta es 4. El agua al 1°C está en la fase líquida. Usando la definición de la capacidad del calor específico dada en el texto, va a requerir 99 calorías para subir la temperatura de 1 gramo de agua líquido al 100°C. Usando la definición del calor de la vaporización dada en el texto, va a requerir otras 540 calorías adicionales para convertirlo en la fase gaseosa cuando llega al 100°C. Finalmente, otra caloría adicional se tiene que añadir para que la temperatura del gas llegue al 101°C. Entonces, la cantidad total del calor que se tiene que añadir tiene que ser 640 calorías.

37. La respuesta correcta es 2. La región B del diagramo representa la transición entre las fases sólidas y líquidas del agua. Si se añade calor al sistema, el agua sólido se derrite en un líquido. Conversamente, si el calor se quita del sistema, el agua líquido se congelará en esta región del diagramo. Similarmente, la región D representa la transición entre el agua líquido y gaseoso. En esta región el aguo o se evapora o se condensa, dependiendo de que si el calor se añade o se quita de él. La sublimación (opción E) es la transición directa de la fase sólida a la gaseosa, que solamente ocurre bajo las condiciones de la presión muy leve.

38. La respuesta correcta es 2. El cuerpo de la célula, que contiene el núcleo, es el centro de control de la célula y el sitio de su actividad metabólica. Las dendritas, que se extienden desde el cuerpo celular, recibe señales de otras células en la forma de neurotransmisores. Esto inicia un impulso eléctrico, que viaja por el axón hasta la siguiente célula en la ruta de la señal. Al final del axón, los neurotransmisores son liberados otra vez, cruzan la sinapsis, y actúan sobre la célula siguiente.

39. La respuesta correcta es 1. El cuerpo de la célula contiene el núcleo, como se muestra en la figura. En todas las células *eucariotas* (células que contienen un núcleo), el núcleo es el sitio en donde viven las cromosomas. Los cromosomas llevan los genes, que dirigen las actividades de la neurona.

40. La respuesta correcta es 5. La información corre en una dirección, moviendo de la dendrita al axón dentro de una neurona y luego cruzando del axón a la dendrita para mover de una célula a célula a la sinapsis. El impulso eléctrico que lleva información por el axón es ayudado por mielina, pero no hay mielina al sinapsis, entonces no puede tener un papel allí. El flujo de la información por la sinapsis se logra por el medio de los neurotransmisores, que se difunden por la sinapsis para interactuar con los receptores dendríticos en el otro lado.

41. La respuesta correcta es 3. La arteria pulmonar lleva sangre que falta oxigeno del corazón a los pulmones, donde el CO_2 se deja libre y el suministro de oxígeno se repone. La sangre entonces se regresa al corazón por la arteria pulmonar y se lleva por la aorta y una serie de arterias en la forma de ramificaciones a las capilares, donde la mayoría de los gases intercambian con el tejido ocurre. La sangre que falta oxigeno regresa al corazón por las venas la forma de ramificaciones (la vena femoral la lleva de las piernas) a la vena cava, que la lleva otra vez al corazón. Como la arteria pulmonar es último paso antes de la reposición del contenido de oxígeno de la sangre, contiene la sangre que es el más empobrecido de oxígeno.

42. La respuesta correcta es 5. Un tsunami, a veces llamado una onda de marea, es una onda muy grande o una serie de ondas causado por el desplazamiento de un gran volumen de agua. Mientras la causa más común es un terremoto, los corrimientos grande de tierra (o cayéndose al mar o tomando lugar bajo el mar) o las acción volcánica explosiva, también pueden causar un tsunami. Los tsunamis tienen la forma de de mareas muy altas, sostenidas y pueden mover el agua muy lejos de la costa. Tormentas muy grandes, como los ciclones y huracanes, también pueden desplazar grandes cantidades de agua, causando una marea muy alta conocida como una marea de tempestad que también parece como un tsunami.

43. La respuesta correcta es 5. Como el cilindro es hermético, el pistón no se puede bajar a los líquidos inyectados, entonces, no va a desplazar un volumen de fluido igual a su peso. Como los líquidos no se puede comprimir, la densidad del fluido inyectado no hace diferencia en este experimento. Volúmenes iguales de cualquier fluido subirán el cilindro por una cantidad igual.

44. La respuesta correcta es 4. Los términos *preciso* y *exacto*, suelen ser usados indistintamente en el habla informal, pero tienen significaciones distintas cuando se usan como términos científicos. La precisión se describe cuánto cerca una medición es la dimensión real que se está midiendo. En este caso, ambas mediciones tienen la misma exactitud. La precisión es el grado de exactitud que caracteriza a una medición, o el número de cifras significativas con las que se puede informar. La medición de Nancy es más precisas de las dos, porque ha reportado la longitud al milímetro más cercano, mientras la medición de Mark es al centímetro más cercano. Note que la regla no puede medir la longitud con una precisión mayor que la que Nancy ha especificado debido a que el milímetro es su división más pequeña.

45. La respuesta correcta es 5. Todos los organismos vivientes de la Tierra utilizan el mismo código genético triplete, en el cual una secuencia de tres nucleótidos llamada un codón da información que corresponde a un aminoácido específico que debe juntar a una proteína. En contraste, muchos organismos, especialmente ciertos tipos de la bacteria, no usan el oxigeno. Estos organismos viven un ambientes que faltan oxigeno y producen la energía por la fermentación. Otros organismos pueden vivir en ambientes oscuros, como cavernas, o en lugares muy profundos bajo el terreno. Muchos organismos se reproducen asexualmente por el florecimiento o la auto-fertilización, y solamente los organismos más avanzados evolucionariamente usan los neurotransmisores en sus sistemas nerviosos.

46. La respuesta correcta es 3. Ambas balas de cañón estarán sujeto a una aceleración vertical debido a la fuerza de la gravedad. Aunque hay otro componente vertical a la velocidad de la bala de cañón A, su velocidad vertical será igual. En cada caso, la altura del objeto al tiempo t será $h = -\frac{1}{2}t^2 + 20$.

47. La respuesta correcta es 4. Primero, note que 5 metros equivale 500 cm, entonces, la velocidad horizontal de la bala de cañón es 500 cm/seg. El impulso debe ser conservada en el sistema de

retroceso. El movimiento vertical de la gravedad puede ser ignorada, ya que implica la conservación del momento entre el cañón y la Tierra en lugar de cañón. En la dimensión horizontal, la conservación del impulso requiere que $MV = mv$, donde *M* y *V* representan la masa y la velocidad del cañón, y *m* y *v* representan la masa y la velocidad de la bala de cañón. Resolviendo para *V* da

$$V = \frac{1}{M} \times mv = \frac{1}{500} \times 5 \times 500 = 5 \text{ cm/seg.}$$

48. La respuesta correcta es 2. Esta célula tiene ambos cloroplasto y una pared celular, que son características de las células de plantas y no se encuentran en otros tipos de células en la lista. Cloroplastos, que contienen el pigmento clorofilo, son los motores de la fotosíntesis y proveen la célula con energía de la luz solar. La pared celular, hechas de celulosa, dan una cubierta protectora.

49. La respuesta correcta es 4. El núcleo es la casa de los cromosomas, que se componen de ambas la ADN y un componente de la proteína. Los cromosomas contienen el código genético en la forma de una secuencia particular de bases que forman la cadena de la ADN.

50. La respuesta correcta es 1. La mitocondria proveen energía química para la célula en la forma de ATP, o adenosina trifosfato, que se usa en una variedad de reacciones celulares. Lo hacen al convertir fuentes de energía nutricionales, como glucosa, por una serie complejo de reacciones químicas que ocurren por los sistemas de las membranas que se encuentran dentro de las membranas exteriores de los mitocondria.

Clave Secreto #1 – El Tiempo es su Peor Enemigo

Para tener éxito en el examen del GED, Ud. tiene que usar su tiempo en una manera inteligente. La mayoría de los estudiantes no terminan por lo mínimo una sección.

Los límites del tiempo que le dan son rígidos. Para tener éxito, Ud. tiene que racionar su tiempo en una manera apropiada. Si a Ud. no le queda tiempo para contestar una sección, las preguntas que Ud. no contesta a tener un efecto mucho más negativo que las preguntas en las cuales Ud. gastó mucho tiempo pero está seguro/a que sí son correctas.

La Estrategia del Éxito #1

Marque el Paso de Sí Mismo/a

Lleve un reloj al examen del GED. Al iniciar el examen, cheque el tiempo (o ponga el cronómetro de su reloj para contar los minutos) y cheque el tiempo después de cada parte o después de unas preguntas para asegurarse que Ud. sí esté bien en su plan para el tiempo.
Acuérdese que para cada sección Ud. tiene entre uno y dos minutos para cada pregunta. Si Ud. puede trabajar rápidamente, Ud. puede lograr completar una pregunta en un minuto, lo que hace fácil el tomar en cuenta el tiempo.
Si Ud. se da cuenta que se le está acabando el tiempo durante el examen, hay que tener más prisa. Aunque una respuesta apurada tal vez sea incorrecta, es mejor contestar incorrectamente unas preguntas que no contestar a muchas preguntas que vienen al final de la sección de cada parte del examen. Es mejor que le quede tiempo que no tener tiempo suficiente para contestar las preguntas.

Si Ud. tiene que tener prisa, hágalo con eficiencia. Normalmente, una o dos de las opciones de las respuestas se pueden eliminar sin mucha dificultad. Lo más importante es que a Ud. no le entre el pánico. No tenga prisa y empiece a elegir opciones de respuestas en una manera sin pensar. Si Ud. cheque el tiempo que le queda y lo esté checando continuamente, Ud. siempre sabrá exactamente cuánto tiempo le queda y también si va bien o si le está acabando el tiempo. Si Ud. se da cuenta que solamente está atrasado/a solamente por unos minutos, no empiece a tener tanta prisa que deje unas preguntas sin contestaciones para intentar guardar su tiempo. Sería mejor que Ud. empezara a gastar menos que un minuto en cada pregunta y después de hacer esto por unas preguntas, Ud. habrá ahorrado el tiempo gradualmente. Al llegar otra vez en su plan de horario, Ud. puede continuar trabajando con cada pregunta en la misma manera (una pregunta por cada minuto). Si al final le queda tiempo, Ud. puede regresar a las preguntas en las cuales no gastó el minuto entero para asegurarse que las contestó bien.
También, no empiece a enfocarse en los problemas en los cuales Ud. no tuvo tiempo adecuado para contestar. Si un problema tomó mucho tiempo y Ud. lo contestó con prisa, a lo mejor era un problema difícil. Las preguntas más difíciles son las cuales que se suelen contestar en error de todas maneras, así que, no sería una gran perdida. Si a Ud. le queda tiempo, vuelve a las primeras preguntas que no puedo contestar y empiece a contestarlas. No gaste más de un minuto en cada pregunta. Si no puede contestar, vaya a la próxima pregunta.

Finalmente, a veces es mejor tomar su tiempo si a Ud. siempre le queda tiempo al terminar una sección del examen. Si trabaja con más paciencia, es más probable que Ud. se va a dar cuenta de un error que fue hecho sin querer que cuando trabaja con prisa. También, para los estudiantes que saquen notas de alta calificación (a los que les suelen quedar tiempo), los errores hechos sin querer tienen un efecto en su nota más que si uno de verdad sabe la materia.

La Estimación

Para algunos de los problemas de las matemáticas, hay que estimar. Haciendo las calculaciones toma tiempo y Ud. debe evitar esto cuando sea posible. Normalmente uno puede eliminar tres de las opciones que son obviamente incorrectos con mucha facilidad. Por ejemplo, vamos a suponer que una gráfica muestra que un objeto ha viajo 48 metros en 11 segundos y le pregunta a Ud. averiguar la velocidad de tal objeto. Le dan estas opciones:

1) 250 m/s
2) 42 m/s
3) 4.4 m/s
4) 1.2 m/s
5) 275 m/s

Ud. ya sabe que 48 dividido por 11 será un poco sobre 4, así que puede escoger la respuesta 3 sin hacer la calculación.

Repasando la materia

Para las preguntas que se refieren a una sección de texto, no gaste su tiempo intentando leer, entender y comprender todo. Simplemente repase el texto para obtener una idea general de qué se trata. Va a regresar al texto para contestar cada pregunta, así que no hay necesidad de memorizarlo. Ud. debe gastar solamente el tiempo que se requiere para repasar el contenido y obtener una idea general de qué se trata el texto.

Clave Secreto #2 – La Acción de Conjetura no es Conjetura

La mayoría de los estudiantes no entienden el impacto que la conjetura puede tener en su nota. Al menos que Ud. saque una nota extremadamente alta, la acción de conjetura va a contribuir una cantidad significativa a los puntos de su nota.

Los Monos Toman el GED

Si tiene cinco opciones para las respuestas, Ud. tiene un chance de 20% para llegar a la respuesta correcta. Lo que la mayoría de los estudiantes no entiendan es que para llegar al chance de 20%, Ud. tiene que conjeturar en una manera no específica. Si ponen 20 monos en un cuarto para tomar el GED, estando seguro/a que van a contestar una vez por cada pregunta y se comportaron bien, contestarían 20% de las preguntas con la respuesta correcta por término medio. Si ponen a 20 estudiantes universitarios en el cuarto, el promedio sería mucho más bajo. ¿Por qué?

1. El examen GED intencionalmente incluye opciones como respuestas que "ven" correcta. Un/a estudiante no tiene idea de la pregunta y escoge la respuesta que "ve" mejor, lo que normalmente no es correcta. El mono no tiene idea de lo que ve bien o ve mal y entonces, va a tener suerte 20% de las veces que responde.

2. Los estudiantes eliminarán unas respuestas de las opciones por la intuición. Las respuestas que ven simples suelen ser eliminadas, lo que deja un 0% chance de contestar correctamente. El mono no tiene idea de eso, y suele tener suerte con escoger la respuesta correcta.

Es por eso que el proceso de la eliminación, lo que suelen recomendar la mayoría de otras guías o cursos del GED, no es buena idea. Es un detrimento a su ejecución en el examen – los estudiante no conjeturan, normalmente suelen escoger respuestas en una manera ignorante y/o sin un método.

Estrategia de Éxito #2

Deje que le introduzca a una de las ideas más valerosa de este curos – el apuesto de $5:

Ud. solamente marca su 'mejor respuesta' si está capaz de apostar $5 en esta respuesta.
Ud. solamente elimina una opción de las respuestas si está capaz de apostar $5 en ella.

¿Por qué $5? Cinco dólares es una cantidad de dinero que es pequeña, pero no es insignificante y puede llegar a ser una cantidad grande (20 preguntas le puede costar $100). Además, cada respuesta que Ud. Escoge tiene un impacto pequeño en su nota, puede llegar a ser muchas puntas al final.

El proceso de la eliminación SÍ es valioso. La tabla siguiente le muestra su chance de la adivinación correcta:

Si Ud. elimina este número de opciones:	0	1	2	3	4
El chance de la adivinación correcta:	20 %	25 %	33 %	50 %	100 %

Si Usted elimina la respuesta correcta por accidente o usa su intuición para escoger una respuesta incorrecta, su chance de escoger la opción correcta baja drásticamente a 0%. Al escoger entre todas las opciones, LE GUARANTARIZA tener una chance de escoger la respuesta correcta.

Es por eso que la prueba de los $5 es tan valiosa. Si se quita la ventaja y la seguridad de una adivinación pura, Usted debe estar seguro/a que vale la pena.

Lo que no hemos cubierto todavía es cómo estar seguro que cualquiera adivinación que se hace es de verdad de azar. Lo que sigue es la manera más fácil:

Siempre escoge la primera opción de las que quedan.

Ésta técnica va a significar que Ud. ha decidido, antes de que empiece el examen, exactamente la manera en que va a adivinar y como el orden de las opciones no le indica cuál de las opciones sea la correcta, esta técnica sea perfectamente un azar.

Intentemos un ejemplo -

¿Cuál es coseno de un ángulo en un triangulo que es de 3 metros por el lado adyacente, 5 metros por el hipotenusa y 4 metros al lado opuesto?

1) 1
2) 0.6
3) 0.8
4) 0.75
5) 1.25

Para esta pregunta, el/la estudiante tiene un pensamiento. Está casi seguro/a que el coseno está al opuesto lado de la hipotenusa, pero no apostaría $5 en su pensamiento. Sabe que el coseno es "algo" sobre la hipotenusa, y como la hipotenusa es el número más grande, apostaría $5 que las respuestas 1 y 5 no son correctas. Con eso le quedan las respuestas 2, 3 y 4. Y por eso, el/la estudiante va a escoger la respuesta 2, como es la respuesta primera que le queda.

El/la estudiante es correcto/a al escoger 2, porque el coseno es adyacente sobre la hipotenusa. Solamente eliminó las respuestas en las cuales estaba preparado/a para apostar Y no dejaba que sus memorias viejas (suele pasar que las cosas que uno no sabe por seguro se quedan en la manera opuesta de cómo deben de ser en su mente) sobre la fórmula para el coseno influir su adivinación. Escogió de una manera de azar la respuesta primera que le quedaba y le salió bien su adivinación de azar.

Esta sección no debe asustarlo/la de la estrategia de hacer adivinaciones educadas ni de la eliminación de otras opciones. La prueba de $5, junto con una estrategia de la adivinación de azar, es la mejor manera de asegurarse que vaya a recibir todos los beneficios de la adivinación.

Técnicas Específicas para la Adivinación

El Lenguaje Popular

Las respuestas que suenan más científicas son mejores que las que suenan ser de lenguaje popular. En las respuestas que siguen, la opción 2 es mucho menos científica y es incorrecta, mientas la opción 1 es una opción analítica científica y es correcta.
Ejemplo:

1) Para comparar el resultado de las diferentes tipos de tratamiento.
2) Porque algunos sujetos insistieron en obtener o el uno o el otro de los tratamientos.

Las declaraciones extremas

Evite las respuestas locas o absurdas que contienen ideas muy controversiales que intentan ser presentadas como un hecho establecido. La opción 1 abajo es una idea radical y es incorrecta. La opción 2 es una declaración racional y se presenta con calma. Hay que tomar en cuenta que la opción 2 no toma una postura definitiva ni inflexible. Utiliza la palabra "si" para dar flexibilidad a la declaración.
Ejemplo:

1) La cirugía de la desviación se debe ser suspendida por completo.
2) La medicina se debe usar en lugar de la cirugía para los pacientes que no han tenido un infarto si sufren de dolores simples del seno y de los obstáculos no muy severos en las arterias coronarias.

Las respuestas que son similares

Cuando tiene dos opciones que son opuestas directas, normalmente una de ellas es la respuesta correcta.
Ejemplo:
Ejemplo:

1) La selección 1 describió el razonamiento del autor sobre la influencia de su adolescencia en su vida adulta.
2) La selección 2 describió el razonamiento del autor sobre la influencia de su adolescencia en su vida adulta.

Estas respuestas son muy similares y caben en la misma familia de respuestas. Una familia de respuestas ocurre cuando dos o tres opciones son muy similares. Normalmente dos serán opuestas y la otra demostrará una igualdad.
Ejemplo:

1) Operación I o Operación II se puede hacer por el mismo costo
2) Operación I costaría menos que la Operación II
3) Operación II sería menos cara que la Operación I
4) Ni la Operación 1 ni la Operación sería efectiva en prevenir la extensión del cáncer.

Note como las tres opciones son relacionadas. Todas tienen que ver una comparación del costo. Tenga cuidado de notar de inmediato que las opciones 2 y 3 son opuestas y de escoger una de ellas. La opción 1 es de la misma familia de preguntas y también se debe considerar. Pero, la opción 4 no cabe dentro de la misma familia de las respuestas. No tiene nada que ver con el costo y debe ser ignorada en casi todos los casos.

Palabras que no limitan

Cuando la pregunta quiere que Usted llegue a una conclusión, busque frases críticas que contienen palabras que no limitan, como "puede, a veces, la mayoría de veces, normalmente, generalmente, raramente," etc. Los escritores de los exámenes usan estas frases para cubrir cada posibilidad. Suele pasar que una respuesta puede ser incorrecta porque no deja para las excepciones. Ud. debe evitar las respuestas que contienen palabras definitivas, como "exactamente" y "siempre."

Resumen de la técnicas de la Adivinación

1. Elimine tantas respuestas que puede al usar la prueba de $5. Use las estrategias comunes de la adivinación para ayudar en el proceso de la eliminación, pero solamente elimine las respuestas que pasan la prueba de $5.
2. De las opciones que quedan, solamente escoge que "mejor adivinación" si pasa la prueba de $5.
3. En cualquier otro caso, adivine de azar al escoger la primera opción que le queda que ya no fue eliminada.

Clave Secreto #3 – Practique Más Inteligentemente, No Más Fuertemente

Muchos estudiantes se demoran el proceso de tomar el examen porque tienen mucho miedo del tiempo que creen que va a ser necesario para toda la práctica que creen que va a ser necesario para tener éxito en el examen. Hemos trabajado para presentarles un método que tomará una fracción del tiempo.

Hay un número de obstáculos que uno va a encontrar en su llegada al GED. Entre estos son la contestación de las preguntas, el terminar al tiempo, y la dominación de las estrategias de tomar el examen. Tiene que ejecutar todos estos a su máximo en el día del examen, o la nota de Ud. va a sufrir. El examen del GED es un maratón mental que va a tener un impacto grande en su futuro.
Igual como el que corre en los maratones, es importante prepararse para el desafío. Primero, enfóquese en las preguntas, luego en el tiempo y finalmente en la estrategia:

Estrategia para el Éxito

1. Encuentre unos buenos exámenes de práctica.
2. Si tiene tenga tiempo, considere comprando más que una guía para estudiar para el examen – las diferentes guías le darán diferentes maneras para considerar la información y puede ayudar que logre a entender los conceptos difíciles.
3. Tome un examen de práctica sin pensar en los límites del tiempo y con los libros abiertos. Tome su tiempo y enfóquese en aplicar las estrategias.
4. Tome un examen de práctica bajo las condiciones de los límites del tiempo, con los libros abiertos.
5. Tome un examen final de práctica sin los libros abiertos y bajo las condiciones de los límites del tiempo.

Si tenga tiempo para tomar más exámenes de práctica, repita el paso 5. Al exponerse a los rigores del examen, le dará una chance de acostumbrarse al estrés del día del examen y maximizará su éxito.

Clave Secreto #4 - Prepárese, No Espere Hasta el Último Momento

Déjeme decirle algo obvio: Si toma el examen tres veces, le va a salir tres notas diferentes. Esto se debe a cómo se siente el día del examen, el nivel de preparación que Ud. tenga y, a pesar de lo que dicen los escritores del examen, algunos exámenes sí le harán más fáciles.
Como su futuro depende mucho en su nota, Ud. debe maximizar sus chances de tener éxito. Para maximizar la posibilidad de éxito, hay que prepararse antes del examen. Esto significa tomar los exámenes de práctica y gastar tiempo aprendiendo la información y las estrategias de tomar el examen que va a necesitar para tener éxito.

Usted nunca debe tomar el examen oficial como un examen de práctica, esperando que lo pueda volver a tomar si necesita. Debe tomar los exámenes de práctica todas las veces que quiere, pero cuando va a tomar el examen oficial, hay que estar preparado/a, enfocado/a y hacer lo mejor que se puede la primera vez.

Clave Secreto #5 – ¡Examínese!

Todo el mundo sabe que el tiempo es dinero. No hay necesidad de gastar demasiado de su tiempo o tan poco de sus tiempo preparándose para el examen. Ud. debe gastar solamente el tiempo que se requiere preparándose para sacar la nota que necesite.

Cuando ya ha tomado un examen de práctica bajo las condiciones reales del examen oficial, ya sabrá si está listo/a para el examen.

Si Ud. saca una nota extremadamente alta la primera vez que toma el examen de práctica, entonces, ya no hay necesidad de gastar tantas horas estudiando, porque ya está en el nivel adecuado.

Mide sus capacidades por retomar los exámenes de práctica para ver cuánto ha mejorado. Al ver su nota ser tan alta para tener éxito, entonces, Usted está listo/a para tomar el examen oficial.

Si a Ud. le sale una nota muy baja de lo que esperaba, entonces, hay que echar muchas ganas y empezar a estudiar mucho. Es importante que cheque su mejoramiento regularmente durante su periodo preparación al usar los exámenes de práctica bajo las condiciones reales del examen oficial. Sobre todo, no deje que le entre el pánico, no se preocupe y no se deje por vencido/a. La persistencia es la clave al éxito.

Cuando va a tomar el examen oficial, sea confidente y acuérdese de lo bueno que hizo en los exámenes de práctica. Si puede sacar una nota alta en un examen de práctica, entonces, puede hacer lo mismo para el examen oficial.

Estrategias Generales

La más importante cosa que puede hacer es ignorar sus miedos y empiece de inmediato a tomar el examen – no se desespere al ver unos términos que suenan raros. Hay que entrar de inmediato al examen como se hace al meterse a la alberca – ya de una vez es la mejor manera.

Haga Predicciones

Como lee y comprende las preguntas, intente adivinar qué será la respuesta. Acuérdese que muchas de las opciones de las respuestas son incorrectas y que al empezar a leerlas, su mente empezará de llenarse con opciones de respuestas que se diseñan para confundirlo/a. Su mente es típicamente la más enfocada inmediatamente después de leer la pregunta y haber digerido el contenido de ella. Si se puede, intente prevenir cuál sería la respuesta correcta. Se puede sorprenderse a lo que puede prevenir. Lee con rapidez las opciones y ve si su predicción se encuentra en la lista de las opciones. Si está en la lista, entonces, Ud. puede tener confianza que tiene la respuesta correcta. No le hará daño revisar las otras opciones, pero la mayoría de veces, ya la tiene.

Conteste la pregunta

Esto de elegir la respuesta que conteste la pregunta se debe parecer obvio, pero los escritores del examen pueden crear unas excelentes opciones que son incorrectas. No elija una opción solamente porque suena correcta o que Ud. cree que es correcta. TIENE que contestar la pregunta. Ya que ha hecho su selección, siempre regrese y chéquela contra la pregunta y esté seguro/a que no leyó mal la pregunta y que la respuesta que Ud. eligió sí contesta la pregunta que se está haciendo.

El Estándar de las Opciones para Hacer la Comparación

Después de leer la primera opción en las respuestas, decida si cree que suena correcta o no. Si no suena correcta, entonces siga a la próxima opción. Si sí suena correcta, haga una nota mental. Esto no significa que está seguro/a que va a elegir esta opción, solamente indica que es la mejor opción que ha visto hasta aquí. Siga a la próxima opción y léala. Si la segunda opción es peor que la que ya eligió, siga a la próxima opción. Si la segunda opción es mejor que la que ya había elegido, entonces hay que marcarla mentalmente como su mejor opción. La primera selección que hace va a ser el estándar. Va a comparar cada otra opción de respuesta con el estándar. La opción que Ud. eligió como el estándar va a seguir siéndolo hasta que encuentre otra opción que sea mejor. Ya que ha decidido que no hay otra opción que le parezca mejor, cheque que la opción que eligió sí contesta la pregunta.

Información válida

No descuente ninguna de la información que se incluye en la pregunta. Cada pedazo de información debe ser necesario para determinar la respuesta correcta. Ninguna parte de la información en la pregunta está allí para causarle confusión (pero las repuestas sí van a contener información que le cause confusión). Si le parece que se discuten dos temas que no son relacionados, no ignore ninguno de los dos. Hay que tener confianza que va a ser una relación entre ellos, o no se incluirían en la pregunta y a lo mejor Ud. va tener que determinar cuál es la relación entre ellos para llegar a la respuesta correcta.

Evite "Trampas de Hechos"

No se distraiga en las opciones que son factualmente ciertas. Usted está buscando la respuesta que contesta la pregunta. Enfóquese y no elija una opción que sea correcta, pero es incorrecta para la pregunta. Siempre vuelve a la pregunta y estar seguro/a que está eligiendo la respuesta que de verdad contesta la pregunta y no solamente es un dicho verdadero. Cualquier respuesta puede ser factualmente correcta, pero TIENE que contestar la pregunta que se hace. También, dos respuestas pueden parecer correctas, entonces, hay que leer todas las opciones, y estar seguro que elige la que MEJOR contesta la pregunta.

Aproveche de la Pregunta en su Entereza

Algunas de las preguntas pueden servir para confudirlo/a. Se deben tratar de un tema al cual Usted no conoce o uno que no ha repasado en años. Mientras la falta de conocimiento puede ser una debilidad, la pregunta en sí se puede dar muchas pistas que pueden ayudar llegar a la respuesta correcta. Lea con cuidado y busque pistas. Mire bien para adjetivos o sustantivos que describen los términos o palabras que no reconozca. Si no entiende por completo una palabra, si la puede reponer con un sinónimo u otra palabra que conoce puede ayudar a entender de qué se trata la pregunta. En lugar de pensar en la información detallada sobre un término o una palabra, intente usa otros términos o palabras que son más fáciles de entender.

La Trampa de la Familiaridad

No escoja una palabra solamente porque lo reconoce. Para las preguntas difíciles, es probable que no vaya a reconocer muchas palabras en las opciones de respuestas. Los escritores de los exámenes no ponen "palabras inventadas" en el examen; no piense que solamente porque usted reconoce todas las palabras en una opción de las respuestas, que ésta tiene que ser la correcta. No sólo reconocer todas las palabras en una opción, entonces, enfóquese en ésta. ¿Es la correcta? Intente su mejor para determinar si sea la correcta o no. Sí es la correcta, muy bien, pero si no, no la elimine. Cada palabra y opción de respuesta que elimine mejora sus chances de llegar a la respuesta correcta aunque si tenga que adivinar entre las opciones no familiares.

Elimine respuestas

Elimine unas opciones al momento de darse cuenta que son incorrectas. Pero, ¡tenga cuidado! Hay que estar seguro/a que considere todas las opciones de las respuestas. Solamente porque una parece correcta no significa que la próxima no será aún mejor. Los escritores de los exámenes suelen poner más que una opción buena para cada pregunta y por eso es importante que leas todas las opciones. No se preocupe si no pueda decidir entre dos opciones que parecen ser correcta. Al llegar a dos opciones, su chance de escoger la correcta ya subió a 50/50. En lugar de gastar mucho tiempo decidiendo entre ellas, hay que jugar la ventaja. Está adivinando, pero está adivinando con inteligencia, porque ha podido eliminar algunas de las opciones que sabe que son incorrectas. Si está eliminando opciones y se da cuenta que la última opción que le queda es obviamente incorrecta, no se preocupe. Empiece de nuevo y considere cada opción otra vez. Puede ser que algo se le fue la primera vez y se va a dar cuenta la segunda vez que la lea.

Preguntas Difíciles

Si no puede contestar una pregunta o le parece demasiada difícil, no desgaste tiempo. ¡Continué el examen! Pero, acuérdese que si puede checar por opciones de las respuestas que son obviamente incorrectas, puede mejorar sus chances de adivinar correctamente. Antes de darse por vencido/a completamente, debe intentar eliminar unas opciones. Elimine lo que se puede, y luego adivine entre las opciones que le quedan antes de continuar a la pregunta siguiente.

Generando ideas

Si no sabe la respuesta a una pregunta difícil, gaste unos segundos generando ideas. Lea rápidamente las opciones de respuestas. Mire cada opción y pregunte, "¿esta opción puede contestar la pregunta?" Haga esto por cada opción y considérela independientemente de las otras opciones. Al repasar las opciones sistemáticamente, puede encontrar algo que no habrá visto sin hacer repasar las opciones. Acuérdese que cuando no sabe la respuesta, es importante que continúe en el examen.

Lea con Cuidado

Entienda la pregunta o al problema. Lea la pregunta y las opciones de respuestas con cuidado. No conteste incorrectamente a una pregunta por leer mal los términos. Tiene tiempo suficiente para leer cada pregunta con cuidado y para estar seguro/a que entiende lo que se está preguntando. Pero, es importante que llegue a un balance y por eso no desgaste tiempo. Hay que leer con cuidado, pero también eficientemente.

Valor Nominal

Cuando tenga dudas, use el sentido común. Siempre acepta la situación en su valor nominal. No vea más de lo que hay en el problema o pregunta. Estos problemas no le van a obligar hacer grandes inferencias de la lógica. Los escritores de los exámenes no están intentando confundirlo/a con una trampa fácil. Si tiene que llegar más allá de la creatividad y hacer grandes inferencias de la lógica para hacer que una respuesta tenga sentido, entonces, debe buscar otra opción en las respuestas. No complique demasiado el problema al crear relaciones teoréticas o explicaciones que no hacen sentido. Los problemas que se presentan en el examen se ubican en la realidad. Solamente es que la relación o explicación no se le parece tan obviamente y que tiene que llegar a una conclusión. Use el sentido común para interpretar cualquier cosa que no sea clara.

Los Prefijos

Si tiene problemas con una palabra en la pregunta o en las opciones de las respuestas, intente dividirla en partes. Aprovéchese de cada pista que se puede incluir en la palabra. Los prefijos y sufijos pueden ser una gran ayuda. Normalmente, ellos le ayudan determinar la significación básica de la palabra. Pre- significa ante, post- significa después, pro – significa positivo/a, de- significa negativo/a. De estos prefijos y sufijos, puede llegar a la idea general de la significación de una palabra y esto le puede ayudar contextualizarla. Pero, tenga cuidado de las trampas. ¡Sólo porque 'con' es el opuesto de 'pro' no significa que 'congreso' es el opuesto de 'progreso'!

Las Frases que no Limitan

Tenga cuidado para las frases que no limitan como probable, puede(n), a veces, muchas veces, casi, normalmente, suele, generalmente, raramente, de vez en cuando, etc. Los escritores de los exámenes usan estas frases que no limitan para cubrir cada posibilidad. Muchas veces, una respuesta es incorrecta simplemente porque no deja espacio para las excepciones. Hay que evitar las opciones que contiene palabras con "exactamente," y "siempre."

Palabras que hacen que desvíe el pensamiento

Esté alerto/a para las palabras que hacen que desvíe el pensamiento. Frecuentemente, estas palabras y frases se usan para indicar una desviación en el pensamiento. La más común es "pero." Otras incluyen: aunque, por la otro mano, mientras, a pesar de eso, por el otro lado, no obstante, sin embargo, empero, aún así.

Información Nueva

Las respuestas correctas raramente tendrán información incluida en ellas. Las opciones de las respuestas típicamente son reflexiones directas del contenido del cual se está preguntando y estarán relacionadas directamente a la pregunta. Si se incluye nueva información en una opción de las respuestas que no sea relevante al tema del cual se está discutiendo, entonces, es probable que esta opción sea incorrecta. Toda la información que se necesita para contestar la pregunta normalmente se incluye para Usted, y Usted no tendrá que hacer adivinaciones que no sean apoyadas por el texto ni tendrá que escoger opciones de respuestas que requieren información que no se puede razonar con sus propios recursos.

La Destreza del Tiempo

Para las preguntas técnicas, no se pierda en los términos técnicos. No desgaste demasiado tiempo en una pregunta específica. Si no sabe qué significa uno de los términos, y como no puede usar un diccionario, entonces, es probable que no vaya a entenderlo después. Debe reconocer de inmediato los términos y saber si sí sabe qué significan o no. Si no lo sabe, trabaje con las pistas que tienes y con las opciones de las respuestas y los términos que tienes, pero no desgaste demasiado tiempo intentando determinar la significación de un término difícil.

Las Pistas Contextuales

Busque las pistas contextuales. Una respuesta puede ser verdad, pero no correcta. Las pistas contextuales le pueden ayudar encontrar la respuesta que es la más verdad y la correcta. Hay que entender el contexto en el cual se hace una frase o dicho. Esto le ayudará hacer distinciones importantes.

No Deje que Le Entre el Pánico

Estar aterrorizado/a no le ayudará contestar ninguna pregunta. Por eso, es mejor que no le entre el pánico. Si al ver por primera vez la pregunta, si su mente se queda en blanco, respire profundamente. Fuércese seguir mecánicamente los pasos que ha aprendido para resolver los problemas y use las estrategias que ha aprendido.

Marque Su Paso

No se enfoque tanto en el reloj. Es fácil dejar que le entre el pánico cuando está viendo una página llena de preguntas, su mente está llena de pensamientos no muy claros y se siente confundido/a, y el reloj se está moviendo más rápido que le gustará. Hay que mantener la calma y mantener la velocidad que ha organizado para si mismo/a. Al menos que se quede en su plan y le está checando su plan para el tiempo, le quedará tiempo suficiente para terminar el examen. Cuando llegue a los últimos momentos del examen, puede parecer que no le quede tiempo suficiente, pero si solamente le quede las preguntas que pueden terminar en el tiempo que le quede, entonces está marcando bien su paso.

La Manera de Seleccionar la Respuesta Correcta

La mejor manera de escoger una respuesta es eliminar todas las respuestas que son incorrectas, hasta que le quede una y Usted puede confirmar que ella sea la correcta. De vez en cuando, suele pasar que una respuesta parece correcta de inmediato. ¡Tenga cuidado! Tome un segundo para estar seguro/a que las otras opciones no sean tan obvias. No haga un error por usar mal el tiempo y no leer bien la respuesta. Solamente hay dos instantes cuando Usted no debe checar las otras opciones. El primer instante sería cuando Usted está seguro/a que la respuesta que ha escogido es correcta. El segundo es cuando se le está acabando el tiempo, y tiene que adivinar rápidamente.

Cheque Su Trabajo

Como es probable que no va a saber todos los términos que se presentan ni la respuesta a cada pregunta, es importante que le den crédito para las que sí sabe. No conteste mal las preguntas al hacer errores descuidados. Si sea posible, intente verificar su respuesta y estar seguro/a que ha elegido la respuesta que quería elegir y que no ha hecho un error descuidado (como indicar una respuesta que no quería seleccionar como la respuesta a la pregunta). El acto de checar rápidamente su trabajo valdrá la pena, especialmente cuando se compara con el crédito que le darán por el tiempo que le costará.

Tenga Cuidado de las Respuestas que Sean Citadas Directamente del Texto

A veces una opción de las respuestas se repetirá palabra por palabra de un fragmento de la pregunta o de la selección del texto que tenía que leer. Hay que tomar en cuenta que esta duplicación puede ser una trampa. Es más probable que la respuesta correcta resumirá un punto que repetirlo palabra por palabra.

El Lenguaje Popular

Las respuestas que suenan científicas son siempre mejores que las que usan el lenguaje popular. Una opción que empieza "Para comparar los resultados..." suele ser correcta muchas veces más que una que empieza, "Porque unas personas insistieron..."

Las declaraciones extremas

Evite las respuestas locas o absurdas que contienen ideas muy controversiales que intentan ser presentadas como un hecho establecido. Una opción que dice que "el proceso se debe usar en ciertas circunstancias, si..." suele ser correcta muchas veces más que una que dice que "el proceso se debe discontinuar completamente." La primera es una declaración racional y no toma una postura definitiva ni inflexible. Usa la palabra que no limita "si" para dar flexibilidad a todas las situaciones, mientras la segunda es una idea radical y mucha más extrema.

Las Familias de las Opciones de las Respuestas

Cuando hay dos o más opciones de respuestas a una pregunta son opuestas directas o similares, suele ser que una de ellas es la respuesta correcta. Por ejemplo: una opción dice "x aumenta" y otra dice "x baja." Estas respuestas caben en la misma familia de respuestas a la pregunta. Una familia de respuestas ocurre cuando dos o tres respuestas a una pregunta son muy similares en estructura, pero tienen la significación opuesta. Normalmente, la respuesta correcta va a caber dentro de la familia de respuestas. La que "no cabe" o una opción que no tiene la significación opuesta también suele ser incorrecta.

Reporte Especial: Cuál de las Guías y los Exámenes de Práctica de Verdad Valen su Tiempo

Creemos que la siguiente guía ofrece un valor poco común a nuestros clientes que deseen "de verdad estudiar" para el GED. Mientras que nuestra guía enseña algunos trucos y consejos valiosos que nadie más cubra, los cursos de aprendizaje básicos probado en el GED es también útil, aunque toman mucho más tiempo.

Guía para Estudiar

http://www.apexprep.com/ged

Tarjetas de Estudio

http://www.flashcardsecrets.com/ged

Reporte Especial: Lo Que Su Calificación del GED Significa

El GED es un mecanismo para lograr un certificado de equivalencia de escuela secundaria después de completar los cursos necesarios. Para la mayoría de alumnos que han alcanzado un GED es un peldaño hacia la universidad y las cosas mejores. En otras palabras, puede aumentar significativamente sus ganancias de por vida y le permitirá conseguir ese trabajo que le compense mejor.

En la mayoría de los estados un puntaje mínimo de 40 si es necesario en cada sección. Además de una puntuación media de 45 normalmente se requiere para las 5 pruebas.

Usted puede esperar lograr un aumento salarial de hasta $ 10,000/año con el trabajo mejor pagado que su GED le permitirá alcanzar. Una vez que haya recibido su GED, por todos los medios dé el siguiente paso. Si actualmente tiene un trabajo, vea si su empleador actual aumentará su salario como consecuencia de su logro. Si no, busque en otra parte. Una educación paga, y usted debe buscar el máximo beneficio de sus esfuerzos.

Sin embargo, no frívolamente deseche de su trabajo actual. Un nuevo trabajo puede tardar semanas o incluso meses para encontrar, y debe esperar hasta que haya conseguido un nuevo trabajo antes de hacer algo drástico, como dejar su trabajo actual.

Ejemplo de las Preguntas: La Prueba de las Matemáticas

Tres monedas se lanzan en el aire. ¿Cuál es la probabilidad de que dos de ellos caerán en el lado con la cabeza arriba y que una caerá con la cola arriba?

2. 1/8
3. 1/4
4. 3/8
5. 1/2

Vamos a examinar unos métodos y pasos para resolver este problema.

1. La reducción y la División
Elimine rápidamente las probabilidades de que usted inmediatamente sabe. Sabe que la probabilidad de que salen con puras cabezas es de 1 / 8, y que hay una probabilidad que salen puras colas es de 1 / 8. Como hay en total las probabilidades de 8/8, puede quitar estas dos, lo cual le deja con 8/8 – 1/8 – 1/8 = 6/8. Entonces, al eliminar las posibilidades de tener puras cabezas o puras colas, se queda con la probabilidad de 6/8. Debido a que hay sólo tres monedas, todas las demás combinaciones se van a involucrar a uno cualquiera o cabeza o cola, y dos de las otras. Todas las otras combinaciones o será de 2 cabezas y 1 cola o 2 dos colas y 1 cabeza. Ambas de esas combinaciones restantes tienen la misma probabilidad de ocurrir, lo que significa que usted puede cortar la probabilidad restante de 6/8 a la mitad, dejándole con la oportunidad de 3/8 que habrá dos cabezas y una cola y otra oportunidad de 3/8 que habrá 2 colas y 1 cabeza, lo que hace la opción 4 correcta.

2. Trabaje por las Posibilidades para este Resultado
Sabe que tiene que tener dos cabezas y una cola en las tres monedas. Hay solamente tantas combinaciones, entonces, trabaje rápidamente por todas ellas.

Es posible tener:
Ca, Ca, Ca
Ca, Ca, Co
Ca, Co, Ca
Co, Ca, Ca
Co, Co, Ca
Co, Ca, Co
Ca, Co, Co
Co, Co, Co

Revise estas opciones y puede ver que tres de las ocho opciones tienen dos cabezas y una cola, lo que hace la repuesta 4 la correcta.

3. Llene los espacios con la simbología y las probabilidades
Muchos problemas de probabilidad pueden ser resueltos por los espacios en blanco al dibujar en una hoja de papel de borrador (o tomando notas mentales) para cada objeto que se utiliza en el problema, y luego llenando en los espacios las probabilidades y multiplicándolas. En este caso, ya que hay tres monedas

siendo lanzadas, dibuje tres espacios en blanco. En el primer espacio en blanco, marque con una "Ca" y sobre el escriba "1/2". Este representa el caso en el cual la primera moneda se cae y tiene la cabeza arriba. En este caso (en donde la primera moneda se cae y tiene la cabeza arriba), una de las otras monedas tiene que caer y tener la cola arriba para cumplir con el criterio que se presenta en el problema (2 cabezas y 1 cola). En el segundo espacio, ponga una "1" o "1/1". Eso es así porque no importa lo que salga para la segunda moneda, al menos que la primera tenga la cabeza arriba. En el tercer espacio, ponga "1/2". Esto es porque la tercera moneda tiene que ser el opuesto de lo que hay en el segundo espacio. La mitad del tiempo la tercera moneda será la misma como la segunda y la otra mitad será el opuesto, así que hay que ponerle "1/2". Ahora multiplique las probabilidades. Hay una media chance que la primera moneda se caerá y tener la cabeza arriba, y entonces no importa como sale la segunda moneda, y hay una media chance que la tercera será el opuesto de la segunda moneda, lo cual da el resultado querido de 2 cabezas y 1 cola. Entonces, eso da 1/2*1/1*1/2 = 1/4.

Pero ahora tienes que calcular las probabilidades que resultarán si la primera moneda cae y tiene la cola arriba. Entonces, dibuje tres espacios más. En el primer espacio en blanco, marque con una "Co" y sobre el escriba "1/2". Este representa el caso en el cual la primera moneda se cae y tiene la cola arriba. En este caso (en donde la primera moneda se cae y tiene la cola arriba), ambas de las otras monedas tienen que caer y tener la cabezas arriba para cumplir con el criterio que se presenta en el problema. En el segundo espacio, ponga una "Ca" y sobre el escribe "1/2". En el segundo espacio, ponga una "Ca" y sobre el escribe "1/2". Ahora multiplique las probabilidades. Hay una media chance que la primera moneda se caerá y tener la cola arriba, y hay una media chance que la segunda moneda tendrá la cabeza arriba y una media chance que la tercera tendrá la cabeza arriba. Entonces, eso da 1/2*1/2*1/2 = 1/8.

Ahora, sume las probabilidades juntas. Si lance la primer moneda y cae y da una cabeza, hay una chance de 1/4 de completar el criterio del problema. Si lance la primer moneda y cae y da una cola, hay una chance de 1/8 de completar el criterio del problema, lo que da 1/4 + 1/8 = 2/8 + 1/8 = 3/8, que hace la respuesta 4 la correcta.

Ejemplo de las Preguntas: La Prueba de la Literatura

Mark Twain era muy consciente de su celebridad. Fue uno de los primeros autores en emplear un servicio de corte para seguir la cobertura de prensa de sí mismo, y no era raro que él emitiera sus propias declaraciones de prensa si quería influir o "girar" la cobertura de una historia en particular. La celebridad que Twain alcanzó durante sus últimos diez años todavía resuena hoy. Casi todas sus novelas más populares fueron publicadas antes de 1890, mucho antes de su pelo se pusiera gris o que empezó a usar su traje blanco famoso en público. Apreciamos al autor, pero parece que recordamos la celebridad.

Basándose en el texto arriba, parece que a Mark Twain le interesaba:

1. mantener su celebridad
2. vender más libros
3. ocultar su vida privada
4. aumentar sus popularidad
5. escribir la novela perfecta

Vamos a examinar unos métodos diferentes para resolver este problema.

1. Identifique las palabras claves en cada repuesta. Estas son los sustantivos y los verbos que son las más importantes en la respuesta.

1. mantener, celebridad
2. vender, libros
3. ocultar, vida
4. aumentar, popularidad
5. escribir, novela

Ahora intente vincular cada de las palabras claves con el texto y ver en dónde caben. Está intentando encontrar sinónimos y replicaciones exactas entre las palabras claves de las respuestas y las palabras claves en el texto.

1. mantener – no hay partidos, celebridad- hay partidos en las oraciones 1, 3 y 5
2. vender – no hay partidos – libros- hay partidos con "novelas" en la oración 4.
3. ocultar – no hay partidos; vida – no hay partidos
4. aumentar – no hay partidos; popularidad –hay partidos con "celebridad" en las oraciones 1, 3 y 5, porque pueden ser sinónimos
5. escribir – no hay partidos; novela –hay partidos en la oración 4

En este momento sólo hay dos opciones que tienen más de un partido, las opciones 1 y 4, y ambos tienen el mismo número de partidos, y con la misma palabra en el pasaje, que es la palabra "celebridad" en el pasaje. Esta es una buena señal, porque el GED suele escribir dos opciones de respuesta que son similares. Tener dos opciones de respuesta que apunta hacia la misma palabra clave es un fuerte indicador de que las palabras clave tienen la "llave" para encontrar la respuesta correcta.

Ahora vamos a comparar opciones 1 y 4 y las palabras clave que no tienen partido. La opción 1 tiene aún "mantener", que no tiene un partido claro, mientras que la opción 4 tiene "aumentar", que no tiene un partido de claro. Mientras ninguno de esos partidos tiene claro un partido en el pasaje, pregúntese cuáles son los mejores argumentos que apoyarían cualquier tipo de conexión con cualquiera de esas dos palabras.

"Mantener" hace sentido cuando se considera que Twain estaba interesado en seguir su cobertura en la prensa y que estaba activamente manejando "girar" ciertas historias.

"Aumentar" hace sentido cuando se considera que Twain estaba activamente emitiendo sus propias declaraciones de prensa, pero un punto clave de acordar es que solamente estaba emitiendo estas declaraciones si ya había otra que existía en la prensa.
Como las declaraciones de prensa de Twain no se daban en aislamiento, sino como un mecanismo de responsa para asegurar control sobre el ángulo de la historia, sus declaraciones eran más para *mantener* control sobre su imagen en vez de *aumentar* una imagen en primer lugar.

Por otra parte, al comparar los términos "popularidad" y "celebridad", hay semejanzas entre las palabras, pero al referirse de nuevo al pasaje, es claro que "celebridad" tiene una conexión más fuerte con el pasaje, siendo la palabra exacta que fue utilizada tres veces en el pasaje.

Como "celebridad" tiene un partido más fuerte que la "popularidad" y "mantener" tiene más sentido que "aumentar", está claro que la opción 1 es correcta.

2. Use el proceso de la eliminación.
1. el mantenimiento de su celebridad - El pasaje describe cómo Mark Twain era a la vez consciente de su estatus de celebridad y tomaría medidas para asegurarse de que tenía la cobertura adecuada en cualquier historia de las noticias y mantener la imagen que deseaba. Esta es la respuesta correcta.

2. vender más de sus libros - las novelas de Mark Twain se mencionan por su popularidad y mientras el sentido común dictaría que estaría interesado en vender más de sus libros, el pasaje no hace ninguna mención de él haciendo nada para fomentar las ventas

3. ocultar su vida privada - Mientras que el pasaje demuestra que Mark Twain estaba vivamente interesado en cómo el público veía su vida, no indica que él se preocupaba por ocultar su vida privada, ni siquiera menciona su vida fuera del ojo público. El pasaje trata con la forma en que fue visto por el público.

4. aumentando popularidad - Al principio, esta suena como una opción buena respuesta, porque la popularidad de Mark Twain se menciona varias veces. La principal diferencia es que aunque él no estaba tratando de aumentar popularidad, sino simplemente garantizar que la popularidad que tenía no era distorsionada por la mala prensa.

5. escribir la novela perfecta – Aunque cada autor de la ficción se esfuercen por escribir la novela perfecta, y Mark Twain era un autor famoso, el pasaje no menciona nada de su búsqueda de escribir la novela perfecta.

Ejemplo de los Temas: La Prueba de la Escritura

Las posesiones puede ser extremadamente difícil renunciar o perder debido a la conexión personal que desarrolla a lo largo de los años.

Asignación: ¿Está de acuerdo o en desacuerdo con la afirmación de tema? Apoye a su posición con uno o dos ejemplos concretos de la experiencia personal, la experiencia de los demás, los acontecimientos actuales, la historia o la literatura.

Vamos a ver algunos métodos diferentes y los pasos para resolver este problema.

1. ¿Cuál es la meta?
Recuerde que en la parte de ensayo del GED, no hay una respuesta "correcta". La respuesta que usted elija para el tema no tiene que ser la primera cosa que viene a su mente. De hecho, el lado o la respuesta que elige, ni siquiera tiene que apoyar la parte del tema en la cual cree usted. Es mejor tener una buena explicación para su postura en lugar de realmente creer en la posición sobre el tema. Sin embargo, por lo general usted va a encontrar que la parte en la cual cree es normalmente el lado que tiene la mayoría de la información de que se puede escribir.

Para repasar algunos de los pasos por los cuales usted puede caminar pasar, vamos a elegir a apoyar la creencia de la conexión desarrolla a lo largo de los años.

Al considerar algunos buenos ejemplos de sus posesiones, su primer pensamiento podría ser la importancia de su casa o automóvil, que son necesarios para las funciones básicas de la vida, tales como proporcionar un techo sobre su cabeza y un método de transporte. Sin embargo, ¿cuál sería su respuesta de apoyo acerca de por qué su coche es importante y sería difícil dejar? Algunas posibilidades podrían ser: "me lleva a donde tengo que ir, que es totalmente nuevo, es caro, me gusta mucho, sería difícil de reemplazar, es brillante."

Estas opciones de respuesta se pueden llenar un espacio, pero no tienen mucho significado. Hay otras posesiones en su vida que tienen mucho más significado y más prioridad en otras maneras y serían mejor escribir de ellas.

Piense en las posesiones que tienen un significado más allá de los meros fundamentos de la vivienda o el transporte. Quiere ejemplos de los cuales podría escribir páginas y páginas, llenando cada una de ellas con una profundidad de detalle apasionado. Mientras que usted probablemente no tendrá tiempo para escribir páginas y páginas, es bueno tener ejemplos que se pueden ampliar profundamente.

2. Haga una lista corta
La mejor manera de pensar en unos ejemplos que le gustaría incluir sería crear una lista corta de posibilidades.

¿Cuáles son algunas que verdaderamente odiaría renunciar? ¿Cuáles son las cosas que lamentaría haber dejado y que extrañaría en los próximos años? ¿Cuáles son los elementos que se ajustan a la descripción de tener un vínculo emocional que desarrollan a lo largo de los años? Tal vez una herencia preciosa, un artículo antiguo de la familia o una fotografía descolorida serían ejemplos adecuados.

Después de haber hecho la lista, revísela y cheque cuáles son las posesiones de las cuales podría escribir la más información. Estas son las que quiere incluir como ejemplos.

3. Respuesta "¿Por qué?"
Tenga en cuenta que la elección de las posesiones y el escribir sobre ellos no es lo único que tienes que hacer. Usted tiene que explicar su posición. Tiene que contestar "¿Por qué?".

Es ésta una pregunta sumamente importante. Si escribiera una oración como parte de su responsa y uno de los lectores le preguntaría ¿por qué? ¿La oración siguiente contestaría su pregunta?

Por ejemplo, suponemos que escribió, "La silla vieja que antes pertenecía a mi abuelo significa mucho."

Si alguien le pregunta, "pero ¿por qué?" ¿La oración siguiente contestaría su pregunta?

Su oración siguiente debe decir, "Significa muchos porque ere la silla en la cual se sentaría mi abuelo cada día y de la cual contaba cuentos."

Contestando la pregunta "Por qué" es sumamente importante a su éxito en escribir un ensayo excelente. No es beneficial escribir un ensayo si no contesta esa pregunta.

Ejemplo de las Preguntas: La Prueba de las Capacidades de Escribir

Problema de la Corrección de las Oraciones - Elige cual de las cinco maneras de escribir la parte subrayada de la frase es correcta.

Mientras sea un líder, uno puede decidir de permitir al grupo determinar su curso por un voto simple de la mayoría, o podemos optar de guiar al grupo, sin permitir la oportunidad para el debate.
1. Mientras sea un líder, uno puede decidir
2. Mientras seamos líderes, podemos decidir
3. Mientas sea un líder, podemos decidir

4. Mientras seamos líderes, uno puede decidir
5. Mientras esté siendo el líder, uno puede decidir

Vamos a ver algunos métodos diferentes y los pasos para resolver este problema.

1. La concordancia en el número del pronombre
Todos los pronombres tienen que concordar en número con su antecedente o el sustantivo que están representando. En la parte subraya, el pronombre "uno" tiene como su antecedente el sustantivos "líder".

Revise las opciones e intente encontrar un partido para cada uno de los pronombres en las respuestas con sus antecedentes.
1. líder, uno – vincula correctamente un antecedente singular con un pronombre singular
2. líderes, nosotros – vincula correctamente un antecedente plural con un pronombre plural
3. líder, nosotros – vincula incorrectamente un antecedente singular con un pronombre plural
4. líderes, uno – vincula incorrectamente un antecedente plural con un pronombre singular
5. ?, uno – no hay antecedente

Basándose en la concordancia del número de los pronombres, puede eliminar las opciones 3 y 4 de la consideración, porque no pasar la prueba.

2. Paralelismo
No solamente los pronombres y los antecedentes en la parte subrayada de la oración tiene que ser correctos, pero el resto de la oración tiene que tener concordancia también. El resto de la oración tiene que ser paralelo a la parte subrayada. La parte de la oración que no está subrayada contiene la frase "podemos optar." Note cómo esta frase utiliza el pronombre plural de "nosotros". Esto significa que la parte subraya de la oración tiene que ser plural también para tener concordancia con el resto de la oración y hay que haber pronombres y sustantivos plurales también.

Revise rápidamente las respuestas y cheque si los pronombres y sustantivos en las respuestas son singulares o plurales.
1. líder, uno – sustantivo singular, pronombre singular
2. líderes, nosotros – sustantivo plural, pronombre plural
3. líder, nosotros - sustantivo singular, pronombre plural
4. líderes, uno – sustantivo plural, pronombre singular
5. ?, uno – pronombre singular

La única respuesta que tiene ambas un sustantivo plural y un pronombre plural es la 2, lo cual hace la 2 la correcta.

Reporte Especial: Material Adicional de Bono

Debido a nuestros esfuerzos de mantener este libro a una longitud manejable, hemos creado un link que le dará acceso a toda su material adicional de bono.

Favor de visitar http://www.mometrix.com/bonus948/gedspanish para tener el acceso a la información.